青銅器時代 住居址 集成
청동기시대 주거지 집성

● 편집인

손준호

1972년 서울 출생
1998년 고려대학교 고고미술사학과 졸업
2002년 고려대학교 대학원 문화재학과 고고학전공(석사)
2006년 고려대학교 대학원 문화재학과 고고학전공(박사)
현재 고려대학교 한국고고환경연구소 책임연구원

논문 및 저서

2002, 「금강유역 송국리문화단계의 지석묘 검토」, 『고문화』 60
2002, 「한반도 출토 반월형석도의 변천과 지역상」, 『선사와 고대』 17
2003, 「반월형석도의 제작 및 사용방법 연구」, 『호서고고학』 8
2003, 「마제석기 분석을 통한 관창리유적 B구역의 성격 검토」, 『한국고고학보』 51
2004, 「금강유역 송국리문화의 군집 저장공 연구」, 『과기고고연구』 10
2005, 「청동기시대 마제석기 연구의 현황과 문제점」, 『국립공주박물관기요』 4
2005, 「마제석기 사용흔분석의 현황과 한국에서의 전망」, 『호남고고학보』 21
2006, 「북한지역 청동기시대 마제석기의 변화상」, 『호서고고학』 14
2006, 「한일 청동기시대 석기 비교」, 『영남고고학』 38
2006, 『청동기시대 마제석기 연구』
2007, 『야요이시대의 석기』(번역)
2007, 「마제석촉의 변천과 형식별 기능 검토」, 『한국고고학보』 62
2007, 「송국리유적 재고」, 『고문화』 70
2008, 「朝鮮半島における磨製石劍の展開と起源について」, 『地域・文化の考古學』

고려대학교 한국고고환경연구소 학술총서 7
청동기시대 주거지 집성 I

초판인쇄일	2009년 1월 2일	
초판발행일	2009년 1월 7일	
편 집 인	손준호	
발 행 인	김선경	
발 행 처	도서출판 서경문화사	
	주소 : 서울 종로구 동숭동 199 - 15(105호)	
	전화 : 743 - 8203, 8205 / 팩스 : 743 - 8210	
	메일 : sk8203@chollian.net	
인 쇄	한성인쇄	
제 책	반도제책사	
등 록 번 호	제 1 - 1664호	

ISBN 978-89-6062-037-7   93900

• 파본은 본사나 구입처에서 교환하여 드립니다.

정가 21,000원

청동기시대 주거지 집성 I

- 충청남도 -

손준호

서 경 문 화 사

일러두기

1. 본 책에서는 대전광역시, 충청남도, 충청북도에 위치하는 유적 가운데 2008년 6월 25일까지 발간 및 배포된 보고서만을 검토 대상으로 하여, 청동기시대에 해당하는 주거지 도면을 모두 집성하였다.

2. 청동기시대의 시기구분은 최근의 연구성과에 따라 전기와 후기로 나누었으며, 초기철기시대에 해당하는 유구는 검토 대상에서 제외하였다. 단, 초기철기시대의 유물이 청동기시대 후기 유물과 공반하는 경우는 검토 대상에 포함시켰다.

3. 유적 및 유구에 대한 세부 내용은 대부분 보고자의 견해를 그대로 따랐으나, 일부 생각을 달리하는 부분은 수정한 내용을 별도로 기술하였다.

4. 주거지의 축척은 모두 1/100로 통일하였으나, 편집상 이를 벗어나는 경우는 도면 하단에 따로 표시하였다.

5. 주거지의 화재 유무는 최신 연구성과를 받아들여 바닥에 탄목이나 탄재가 관찰되는 것을 기준으로 판단하였다(허의행·오규진, 2008, 「청동기시대 복원주거의 화재실험」『嶺南考古學』44, 嶺南考古學會, 70쪽). 단, 사진이나 도면에서 이러한 흔적을 확인할 수 없지만 유구 설명에서 화재 주거지라 언급한 경우도 화재폐기로 인정하였다.

6. 주거지의 절대연대는 보고서에 제시된 보정연대(2σ)를 기록하였으며, 보정연대가 제시되지 않은 경우는 OxCal 3.10을 이용하여 연대 값을 산출하였다.

책머리에

　이 책은 『한국 청동기시대 주거지 집성』 시리즈의 네 번째 간행물이다. 2004년도에 첫 번째 책이 출간된 이후로 5년 만에 충청남북도 편이 완성된 것이다. 여러 가지 사정으로 출판사가 변경되면서 제목이나 전체적인 체제 등이 기존 자료집과는 약간 다르게 구성되었다. 특히 주거지에서 출토된 유물의 도면을 수록하지 못하였는데, 이는 주거지 도면을 하나도 빠짐없이 제시하면서 동시에 활용 가능한 축척으로 나타내고자 한 필자의 편집 의도가 반영된 결과이다. 현재 같은 연구소에서 근무하는 허의행 선생을 중심으로 호서지역 주거지 출토 유물의 집성 작업이 이루어지고 있다. 즉, 본 책의 속편에 해당한다고 할 수 있는데, 이 책이 출간되면 주거지와 출토 유물의 직접적인 비교·검토가 가능할 것이다. 한편, 본 자료집에서는 초고가 완성된 시점인 2008년 6월 25일까지 발간 및 배포된 보고서만을 검토 대상으로 하고 있다. 자료집의 출간이 늦어진 관계로 현재까지 새로이 보고된 다수의 주거지 자료를 모두 다루지 못한 점 또한 아쉬움으로 남는다.

　당초 편집을 담당하기로 내정되어 있었던 선생님의 개인적인 사정 때문에 갑작스럽게 자료집의 정리를 본인이 떠맡게 되었다. 일람표의 작성에 상당히 많은 시간을 할애하였는데, 개인적으로 많은 공부가 되기는 하였지만 솔직히 무척 고단하고 힘든 작업이었다. 먼저 필자에게 고된 작업의 기회를 주신 김무중 선생님과 부족한 점이 많은 책을 또 한번 학술총서로 출간하게 해주신 이홍종 선생님께 감사 드린다. 그리고 도면 작업을 도와주신 동료 연구원들, 특히 대부분의 편집과 보정 작업을 맡아주신 임정주 연구원께 고마움을 전하고 싶다. 마지막으로 팔리지도 않으면서 두껍기만 한 책의 출간을 선뜻 허락해주신 서경문화사의 김선경 사장님과 직원 여러분들께 진심으로 죄송하다는 말씀을 드리고 싶다. 아무쪼록 관련 연구자들에게 조금이나마 도움이 될 수 있었으면 하는 바램이다.

손 준 호

차 례

당진군

태안군　서산시

아산시　천안시

예산군

홍성군

연기군

청양군　공주시

계룡시　대전광역시

보령시

부여군

논산시

금산군

서천군

Ⅰ 충청남도

청동기시대 주거지 집성

忠淸南道

태안군 유적 위치도

1. 고남리유적

1. 태안 고남리유적

1) 조사 개요

유적 위치	충청남도 태안군 안면읍 고남면 고남리 일대
조사 기간	1989년 9월 20일~10월 25일
조사 면적	84m²
조사 기관	한양대학교박물관
보고서	김병모·안덕임, 1990, 『안면도 고남리 패총』, 한양대학교박물관
주거지 수	3
유적 입지	구릉(해발 20~25m)
추정 연대	송국리유적 형성 시기와 유사
관련 유구	소형수혈유구 1기, 야외노지 2기

2) 주거지 속성

유구 번호	형태	규모(cm)			면적 (m²)	내부시설	주요 출토유물	화재 유무	절대연대 (BC)
		장축	단축	깊이					
1호	말각장방형	470	310 잔존	56	·	토광형노지, 벽구, 일부불다짐	발형구순각목문토기, 일단경촉	무	
2호	말각장방형	350	240 잔존	40	·	토광형노지, 벽구, 저장공	무문토기저부, 일단경촉	무	AD330-610 C14연대
3호	말각장방형	410	280 잔존	65	·	토광형노지, 일부불다짐	발형구순각목문토기, 발형토기, 일단경촉, 지석, 조	유	1,000-500/AD650-900 C14연대

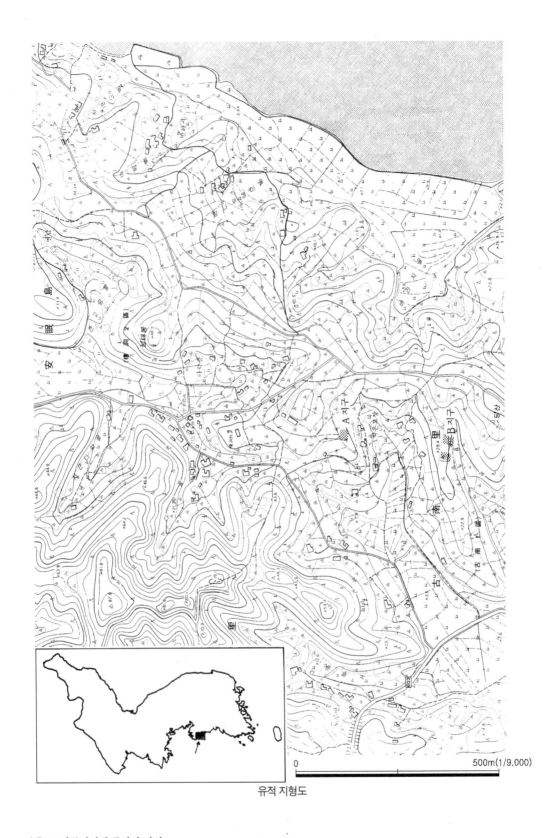

유적 지형도

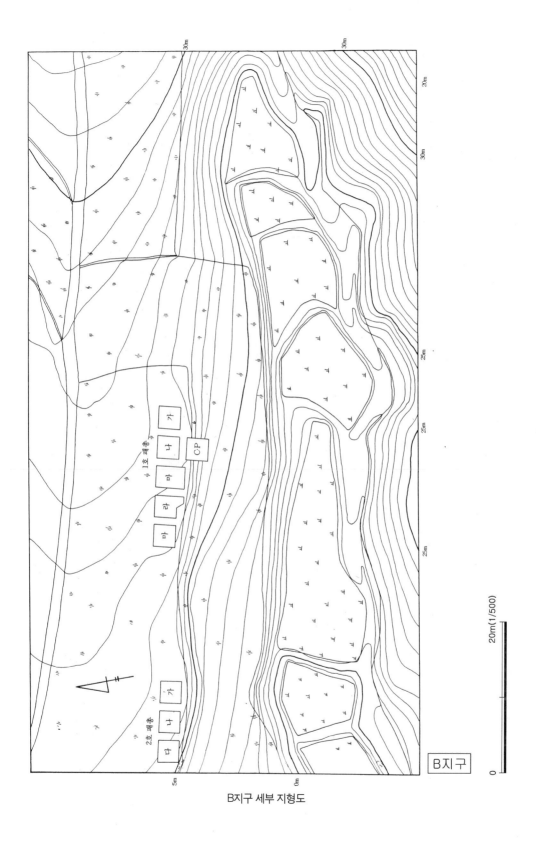

B지구

20m(1/500)

B지구 세부 지형도

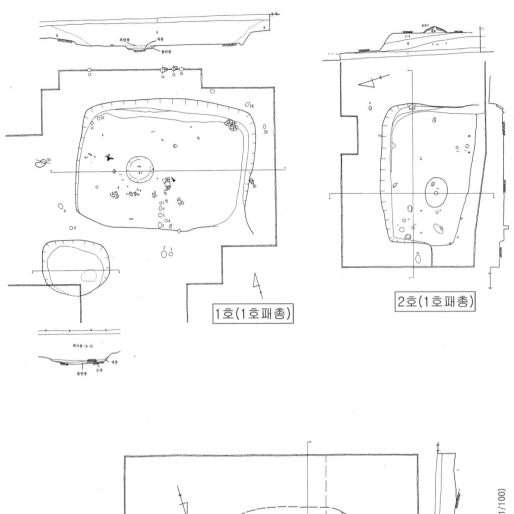

1호(1호패총)

2호(1호패총)

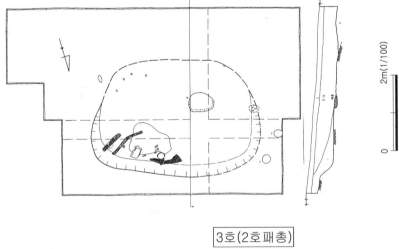

3호(2호패총)

2m(1/100)

0

1~3호 주거지 실측도

서산시 유적 위치도

1. 서산 갈산리 무리치유적

1) 조사 개요

유적 위치	충청남도 서산시 운산면 갈산리 1구 일대
조사 기간	2002년 6월 15일~12월 11일
조사 면적	8,096m²
조사 기관	충청문화재연구원
보고서	오규진, 2005, 『서산 갈산리 무리치유적』, 충청문화재연구원
주거지 수	8
유적 입지	구릉(해발 85~95m)
추정 연대	기원전 10세기 전후
관련 유구	소형수혈유구 1기

2) 주거지 속성

유구 번호	형태	규모(cm)			면적 (m²)	내부시설	주요 출토유물	화재 유무
		장축	단축	깊이				
1호	세장방형	969	300 추정	70	29.1 추정	소형수혈	발형토기, 합인석부	무

2호	세장방형	1,210	430	38	52.0	무시설식노지 6개	이중구연구순각목공렬단사선문토기, 이단경촉	무
3호	장방형	628	340	51	21.4	무시설식노지 2개	이중구연단사선문토기, 구순각목공렬문토기, 이단경촉	무
4호	장방형	659	390	42	25.7	무시설식노지 2개	이중구연구순각목단사선문토기, 구순각목공렬문토기, 방추차	무
5호	세장방형	1,340	430	62	57.6	무시설식노지 3개, 저장공	이중구연구순각목단사선문토기, 구순각목문토기, 구순각목단사선문토기, 주형석도	무
6호	장방형	630	400	62	25.2	무시설식노지, 벽구	이중구연단사선문토기, 공렬문토기, 방추차, 지석	무
7호	세장방형	940	352 추정	72	33.1 추정	무시설식노지 3개	이중구연단사선문토기, 이중구연토기	무
8호	장방형	590	264 잔존	48	·	무시설식노지 2개, 벽구	적색마연토기, 지석	무

무리치 유적 조사지역

유적 지형도

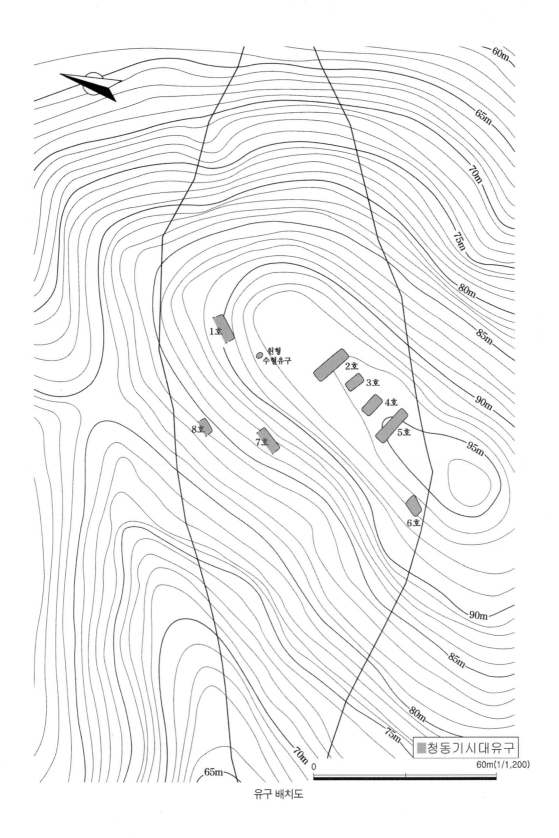

1호

원형
수혈유구

2호

3호

4호

5호

8호

7호

6호

■청동기시대유구

60m(1/1,200)

유구 배치도

60m

65m

70m

75m

80m

85m

90m

95m

90m

85m

80m

75m

70m

65m

0

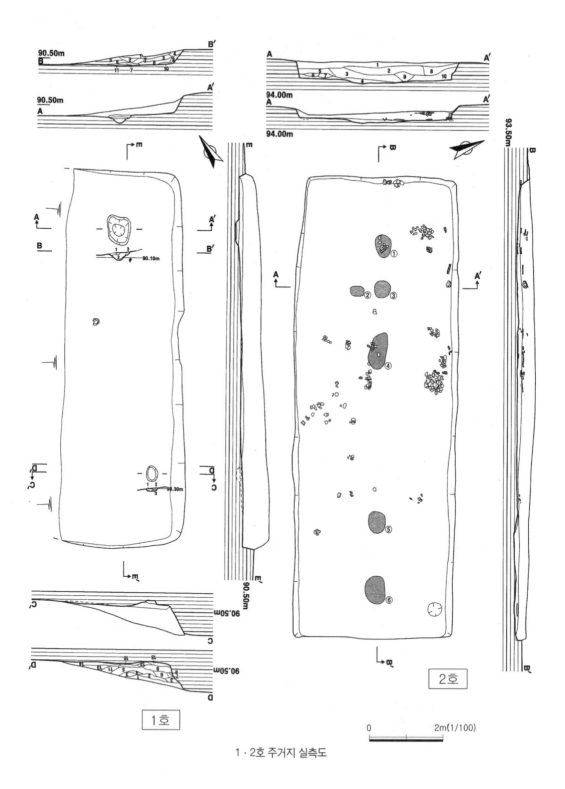

1 · 2호 주거지 실측도

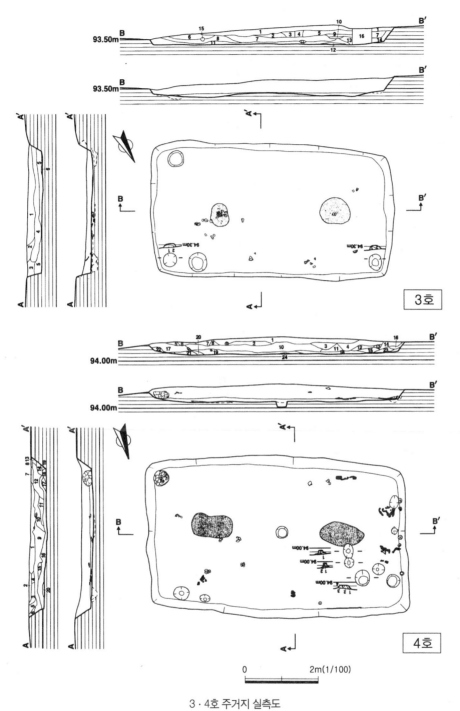

93.50m

3호

94.00m

4호

0   2m(1/100)

3 · 4호 주거지 실측도

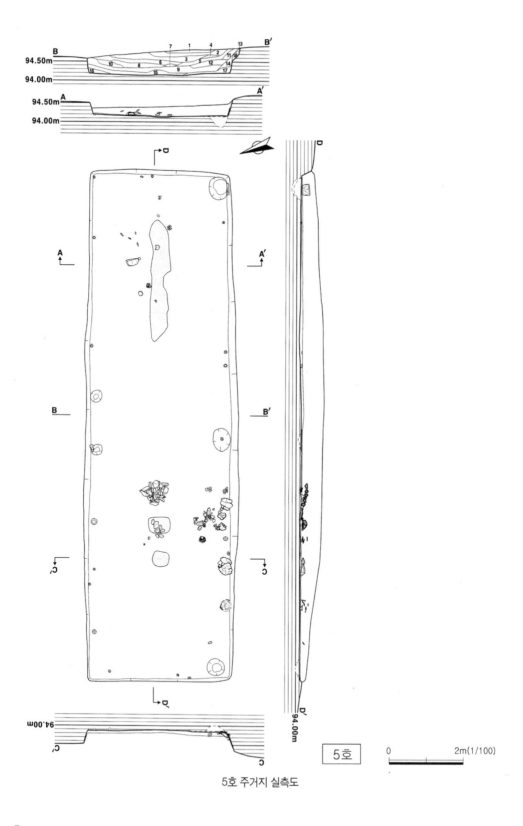

94.50m
94.00m

94.50m
94.00m

94.00m

94.00m

5호

0   2m(1/100)

5호 주거지 실측도

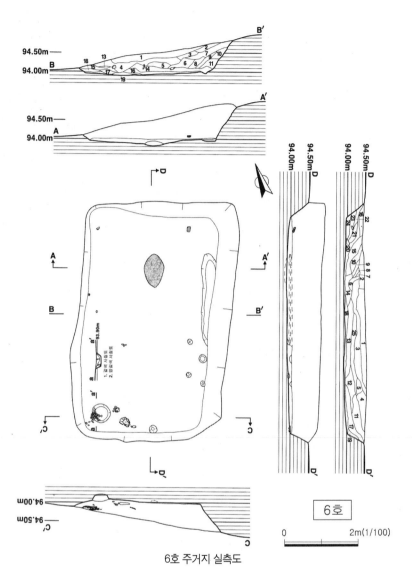

94.50m —
94.00m —

94.50m —
94.00m —

94.00m —
94.50m —

6호 주거지 실측도

6호

0   2m(1/100)

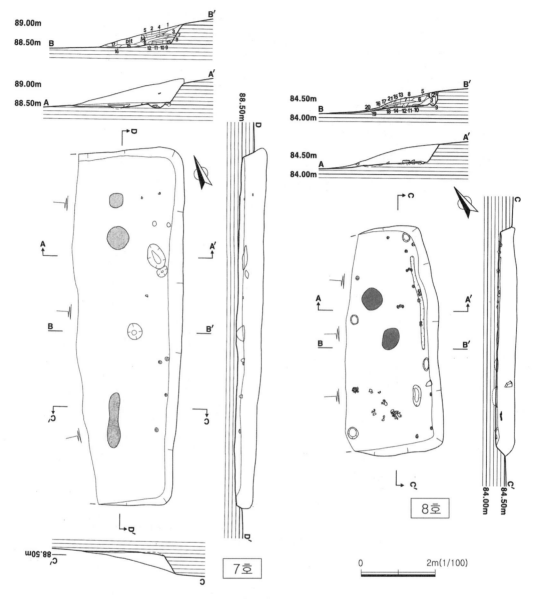

7 · 8호 주거지 실측도

2. 서산 휴암리유적

1) 조사 개요

유적 위치	충청남도 서산시 해미면 휴암리·고산면 용암리 1구 일대
조사 기간	1968년 5월 31일~6월 10일, 10월 10일~18일, 1969년 5월 8일~19일, 1970년 9월 7일~15일
조사 면적	476m²
조사 기관	국립중앙박물관
보고서	윤무병·한영희·정준기, 1990, 『휴암리』, 국립중앙박물관
주거지 수	11
유적 입지	1지점-구릉(해발 76m 내외), 2지점-구릉(해발 50m 내외)
추정 연대	기원전 7세기 전후
관련 유구	야외노지 1기

2) 주거지 속성

유구 번호	형태	규모(cm)			면적 (m²)	내부시설	주요 출토유물	화재 유무	선후 관계
		장축	단축	깊이					
1호	방형	440	420	25	14.5	타원형토광	발형토기, 석검	무	1호·2호 중복
2호	타원형	570	520	57	23.3	타원형토광, 4주	구순각목문토기, 지석	무	1호·2호 중복
3호	타원형	515	450	40	18.2	타원형토광, 4주	석검, 일단경촉, 석도미제품, 편평편인석부	무	5호→4호→ 3호
4호	장방형	600	480	60	28.8	타원형토광		무	5호→4호→ 3호
5호	장방형	540 추정	440	65	23.8 추정	타원형토광	무문토기저부	무	5호→4호→ 3호
6호	장방형	445	360	60	16.0	타원형토광, 점토다짐	즐문토기, 일단경촉, 지석	무	
7호	원형	500	460 추정	60	18.1 추정	타원형토광	즐문토기, 발형토기, 삼각형석도, 방추차, 지석	무	
8호	장방형	340	290	55	9.9	타원형토광	즐문토기, 구순각목문토기, 합인석부, 지석	무	
9호	장방형	310	200 잔존	30	·	주공	발형구순각목문토기, 편평만입촉, 편평편인석부	무	
A호	장방형	495	330	45	16.3	타원형토광	즐문토기, 발형구순각목문토기, 구순각목공렬문토기, 적색마연토기	무	
B호	장방형	450	353	35	15.9	타원형토광	구순각목문토기, 지석	무	

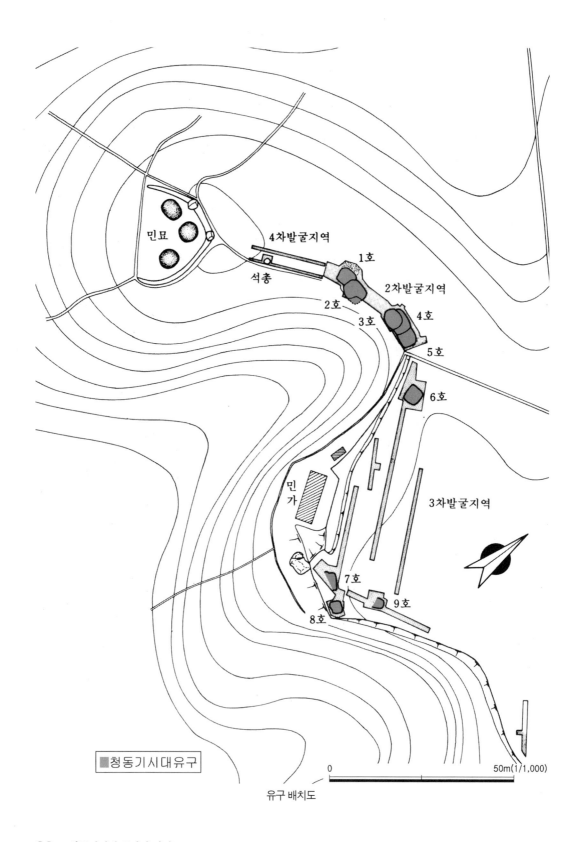

민묘

4차발굴지역

석총

1호

2차발굴지역

2호

3호

4호

5호

6호

민
가

3차발굴지역

7호

9호

8호

■청동기시대유구

0   50m(1/1,000)

유구 배치도

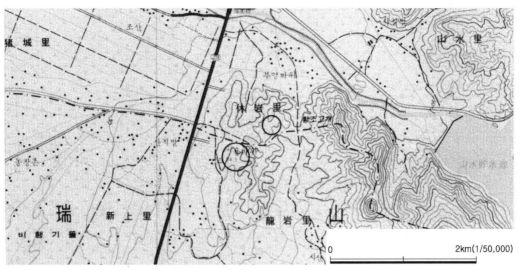

유적 지형도

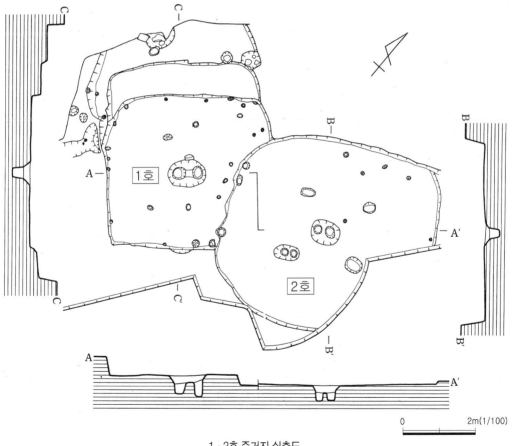

1 · 2호 주거지 실측도

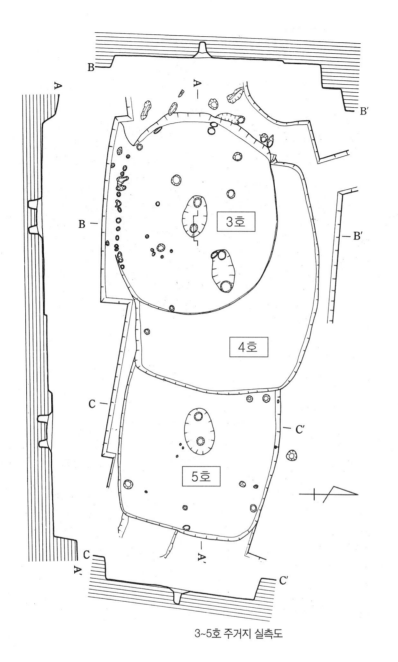

3~5호 주거지 실측도

2m(1/100)

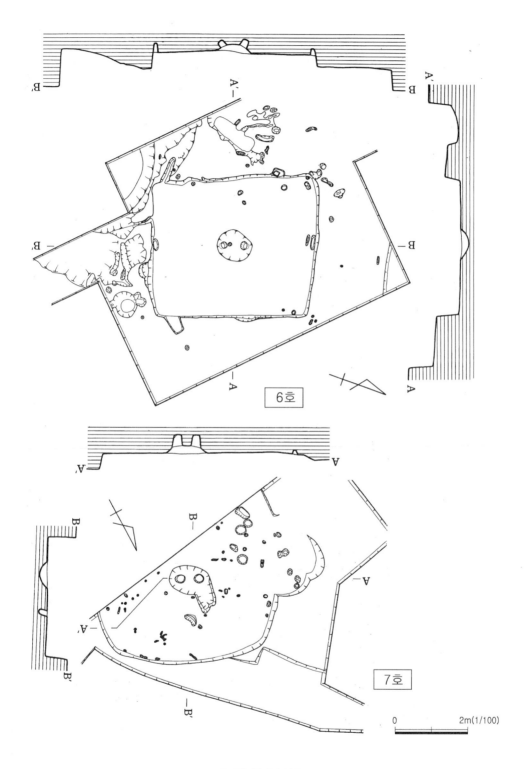

6호

7호

0   2m(1/100)

6 · 7호 주거지 실측도

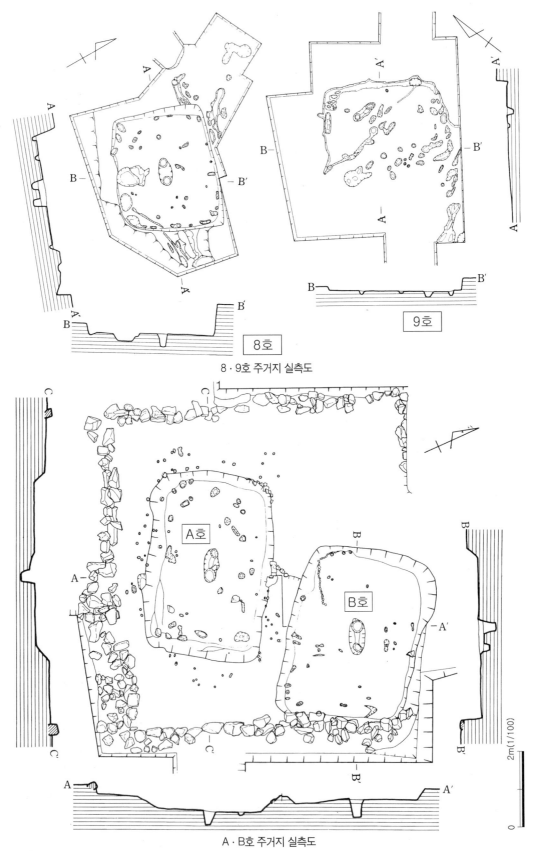

8호

9호

8 · 9호 주거지 실측도

A호

B호

2m(1/100)

A · B호 주거지 실측도

당진군 유적 위치도

1. 자개리유적 Ⅰ
2. 자개리유적 Ⅱ

1. 당진 자개리유적 Ⅰ

1) 조사 개요

유적 위치	충청남도 당진군 면천면 자개리 일대
조사 기간	2003년 3월 28일~12월 26일, 2004년 8월 19일~12월 16일
조사 면적	37,215m²
조사 기관	충청문화재연구원
보고서	나건주, 2006, 『당진 자개리유적Ⅰ』, 충청문화재연구원
주거지 수	58
유적 입지	구릉(해발 55~84m)
추정 연대	기원전 900~550년
관련 유구	소형수혈유구 12기, 미상유구 3기, 석관묘 1기

2) 주거지 속성

유구 번호	형태	규모(cm)			면적 (m²)	내부시설	주요 출토유물	화재 유무	선후 관계	절대연대 (BC)
		장축	단축	깊이						
1호	원형	483	410	94	15.5	타원형토광, 4주	구순각목문토기, 외반구연토기, 타날문토기, 편평촉, 벼, 보리	무		
2호	말각 방형	540 잔존	280 잔존	83	·		방추차, 고석	무	2호→ 3·4호	
3호	방형	396	335	80	13.3	타원형토광	삼각형석도, 선형석기	무	2호→ 3호→4호	
4호	방형	359	342	68	12.3	타원형토광	타날문토기, 주형석도, 벼	무	2·3호→ 4호	

5호	방형	350	246	90	8.6	소형수혈	타날문토기, 구순각목문토기	무	5호→6호	
6호	방형	422	360 잔존	124	·	무시설식노지	구순각목문토기, 흑색마연토기, 선형석기	무	5호→6호	
7호	원형	647	624	168	31.7	타원형토광, 4주	타날문토기, 지석, 보리	무		
8호	원형	677	662	88	35.2	타원형토광, 4주	타날문토기, 적색마연토기, 삼각형석도, 벼	무		780·680·620·570 AMS, 780-410 C14연대
9호	방형	355	138 잔존	40	·	벽구	발형토기, 유구석부, 팥, 콩	무		
10호	타원형	853	715	158	47.9	타원형토광 3개, 6주	타날문토기, 일단경촉	무		
11호	장방형	730	260 추정	40	19.0 추정	무시설식노지 2개	발형토기	무		
12호	장방형	732	274 잔존	56	·	무시설식노지 2개	일단경촉, 어형석도	무		
13호	방형	416	279 잔존	70	·	무시설식노지		무		
14호	장방형	360	240 추정	54	8.6 추정	타원형토광	벼, 팥, 콩, 밀	무		
15호	장방형	694	319 추정	22	22.1 추정	무시설식노지, 벽구		무		
16호	방형	455	291	22	13.2	타원형토광	적색마연토기, 무문토기저부, 벼, 콩	무		
17호	방형	455	314	50	14.3	타원형토광	무문토기저부, 지석, 벼, 팥	무		
18호	방형	417	330 잔존	42	·	벽구	보리, 콩	무		
19호	말각방형	479	391	89	18.7	타원형토광	구순각목문토기, 선형석기, 지석	무		
20호	방형	397	307	30	11.2	타원형토광	구순각목문토기, 방추차	무		
21호	말각방형	619	543	64	33.6	타원형토광	외반구연토기, 편평만입촉, 일단경촉, 선형석기	무		790/730·470 AMS, 790-420 C14연대
22호	말각방형	437	436	60	19.1	타원형토광	외반구연토기, 유구석부, 고석	무		
23호	방형	523	396 추정	58	20.7 추정	타원형토광	편평만입촉	무		
24호	말각방형	557	424	94	23.6	타원형토광	무문토기저부	무		
25호	말각방형	533	463	81	24.7	타원형토광	석검	무		
26호	말각방형	559	444	68	24.8	타원형토광	외반구연소호, 일단경촉, 유구석부, 선형석기	무		
27호	방형	511	391	55	20.0	타원형토광	구순각목문토기, 흑색마연토기	무		
28호	방형	521	403	74	21.0	타원형토광	무문토기저부, 일단경촉	무		
29호	말각방형	401	335	62	13.4	소형수혈	구순각목문토기, 선형석기	무		
30호	방형	381	95 잔존	10	·		무문토기저부	무		
31호	말각방형	537	485	66	26.0	소형수혈	일단경촉, 선형석기	무		

호	형태					시설	유물		중복	연대
32호	방형	472	364	71	17.2	타원형토광	구순각목문토기, 지석	무	32호→33호	790·680·610/780 AMS, 800-520 C14연대
33호	말각방형	414	339	52	14.0		편평만입촉, 일단경촉, 선형석기	무	32호→33호	
34호	방형	427	367 잔존	31	·	무시설식노지	무문토기저부, 주상편인석부	무		780·680·600 AMS, 790-410 C14연대
35호	말각방형	369	329	60	12.1	타원형토광	주상편인석부, 선형석기	무		
36호	장방형	473 잔존	243 잔존	45	·	소형수혈	무문토기저부	무	36호→37호	870/780·680·600 AMS
37호	방형	385	265	21	10.2	소형수혈, 벽구	구순각목문토기, 지석	유	36호→37호	
38호	장방형	579	378	34	21.9	타원형토광	편평촉, 일단경촉, 선형석기	무		
39호	방형	448	322	44	14.4	타원형토광	구순각목문토기, 주형석도, 편평만입촉, 선형석기	무		
40호	방형	390	314	83	12.2	타원형토광	적색마연토기, 흑색마연토기, 지석	무		
41호	방형	377	256 추정	32	9.7 추정	무시설식노지, 벽구	구순각목문토기, 지석	무		900-640/1,240-1,080 OSL
42호	장방형	809	276 추정	36	22.3 추정	무시설식노지, 벽구, 저장공	일단경촉, 지석	무		900-720 OSL
43호	방형	428	177 추정	19	7.6 추정	무시설식노지		무		
44호	말각방형	378	360 추정	31	13.6 추정	타원형토광	무문토기저부, 석재	무		
45호	방형	446	372 추정	61	16.6 추정	타원형토광	무문토기저부, 석재	무		
46호	방형	379	152 잔존	40	·	무시설식노지, 저장공	무문토기동체부	무		520-340 OSL
47호	방형	311	129 잔존	54	·		무문토기저부, 흑색마연토기	무		
48호	방형	460	384 추정	44	17.7 추정	타원형토광	무문토기저부, 고석	무		
49호	말각방형	305	277	54	8.4	타원형토광, 벽구	발형토기, 적색마연토기, 선형석기	무		
50호	방형	520	224 잔존	32	·	벽구	구순각목문토기, 일단경촉, 흑색마연토기, 편평만입촉	무	50호→51호	
51호	방형	403	116 잔존	29	·	벽구	구순각목문토기	무	50호→51호	
52호	방형	424 추정	352 추정	19	14.9 추정	타원형토광		무		
53호	말각방형	454	406	40	18.4	타원형토광	흑색마연토기, 일단경촉, 선형석기, 지석	무		600-440 OSL
54호	말각방형	439	381	38	16.7	타원형토광	구순각목문토기, 유구석부, 편평만입촉, 삼각형석도	유		
55호	방형	454	360 추정	10	16.3 추정	타원형토광	일단경촉	무		
56호	방형	368	114 잔존	28	·		적색마연토기, 지석	유		
57호	방형	372	276	51	10.3	타원형토광	적색마연토기	무		
58호	방형	432	172 잔존	43	·	무시설식노지 2개	공렬문토기, 주형석도	무		

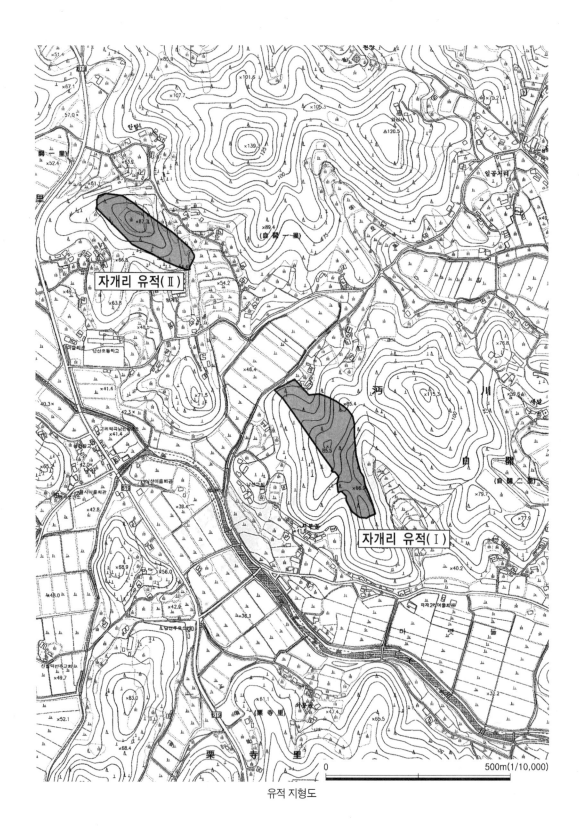

자개리 유적(Ⅱ)

자개리 유적(Ⅰ)

0   500m(1/10,000)

유적 지형도

청동기시대 유물포함층

2003년 조사지역

2004년 조사지역

■청동기시대유구

0   100m(1/2,100)

유구 배치도

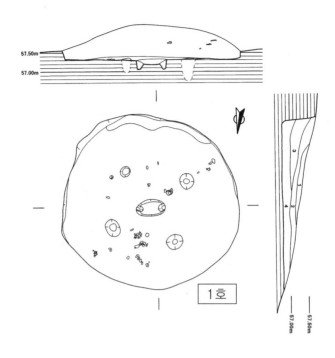

57.50m
57.00m

1호

57.00m
57.50m

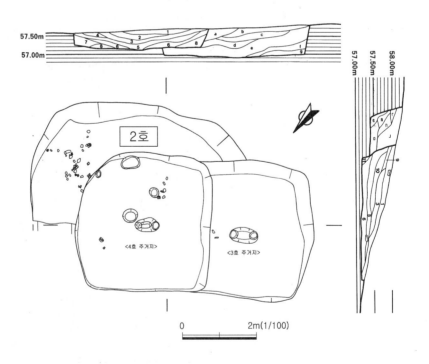

57.50m
57.00m

2호

<4호 주거지>
<3호 주거지>

57.00m
57.50m
58.00m

0   2m(1/100)

1 · 2호 주거지 실측도

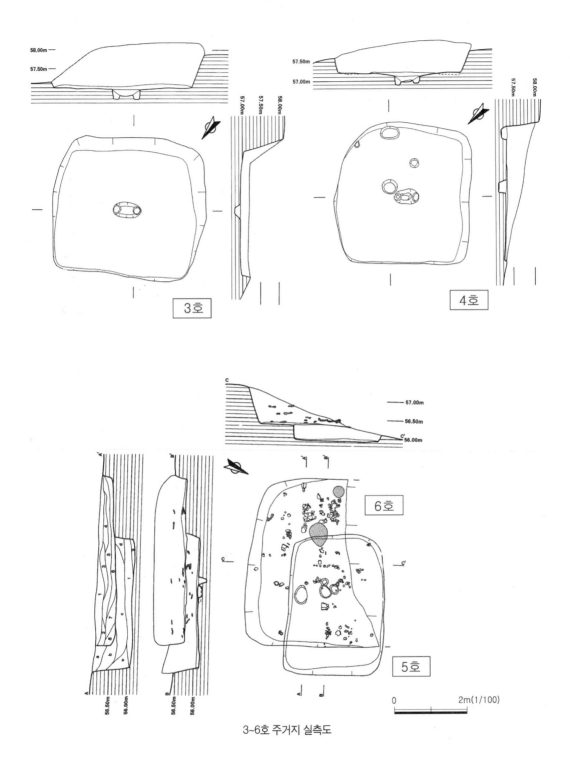

58.00m
57.50m

3호

57.50m
57.00m

4호

57.00m
57.50m
58.00m

57.50m
58.00m

57.00m
56.50m
56.00m

6호

5호

56.50m
56.00m

56.50m
56.00m

0 ⎯⎯⎯ 2m(1/100)

3~6호 주거지 실측도

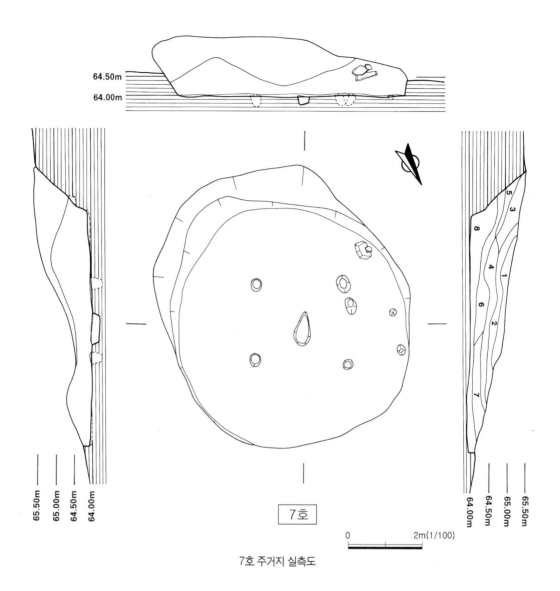

64.50m
64.00m

65.50m
65.00m
64.50m
64.00m

65.50m
65.00m
64.50m
64.00m

5
3
8
4
1
6
2
7

7호

0   2m(1/100)

7호 주거지 실측도

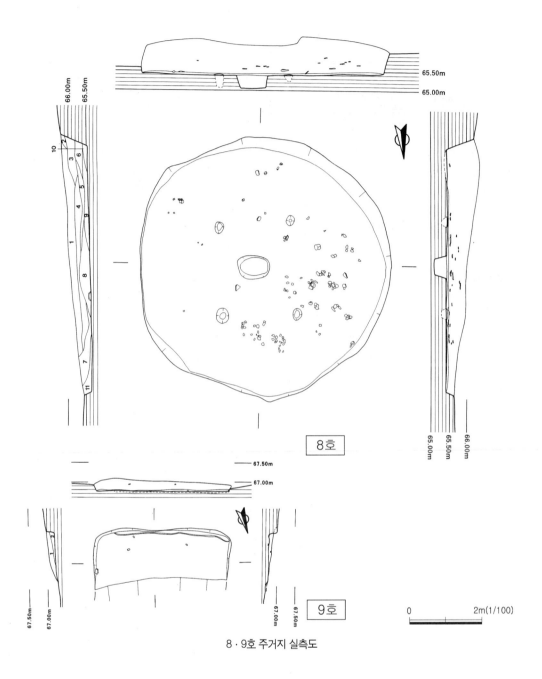

65.50m
65.00m

66.00m
65.50m

10
3 6
5
4
9
1
8
7
11

65.00m
65.50m
66.00m

8호

67.50m
67.00m

67.50m
67.00m

67.00m
67.50m

9호

0   2m(1/100)

8 · 9호 주거지 실측도

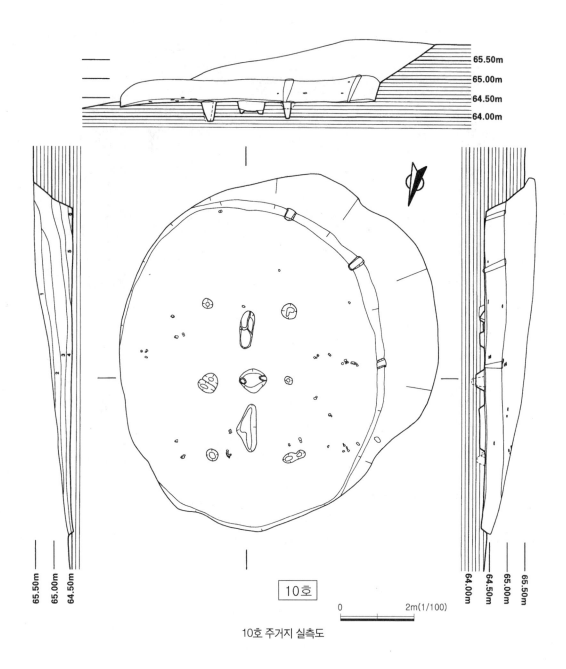

65.50m
65.00m
64.50m
64.00m

65.50m
65.00m
64.50m

64.00m
64.50m
65.00m
65.50m

10호

0　　　　　　　2m(1/100)

10호 주거지 실측도

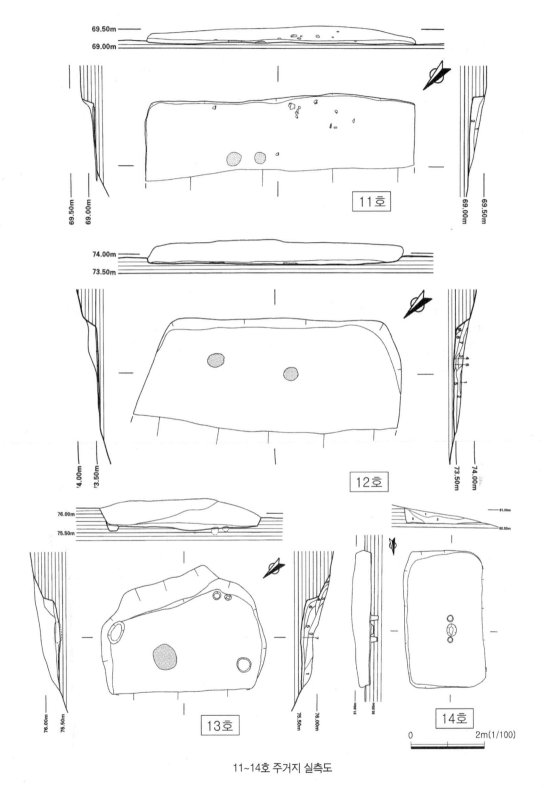

69.50m
69.00m

69.50m
69.00m

69.50m
69.00m

11호

74.00m
73.50m

74.00m
73.50m

74.00m
73.50m

12호

76.00m
75.50m

76.00m
75.50m

81.00m
80.50m

13호

14호

0   2m(1/100)

11~14호 주거지 실측도

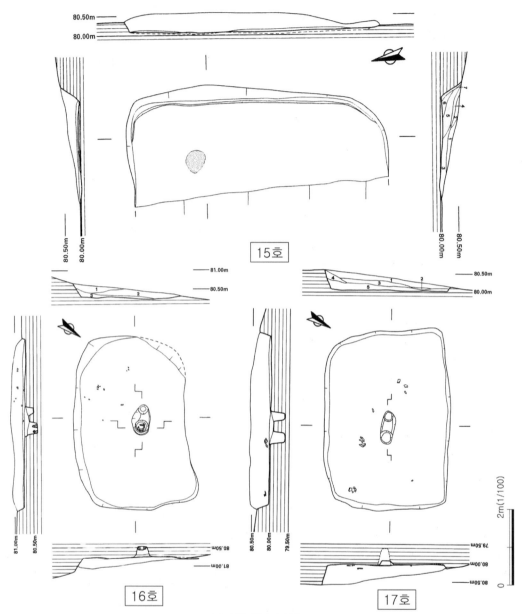

80.50m
80.00m

80.50m
80.00m

80.50m
80.00m

15호

81.00m
80.50m

80.50m
80.00m

80.50m
80.00m

81.00m
80.50m

80.50m
80.00m
79.50m

79.50m
80.00m
80.50m

2m(1/100)

16호

17호

15~17호 주거지 실측도

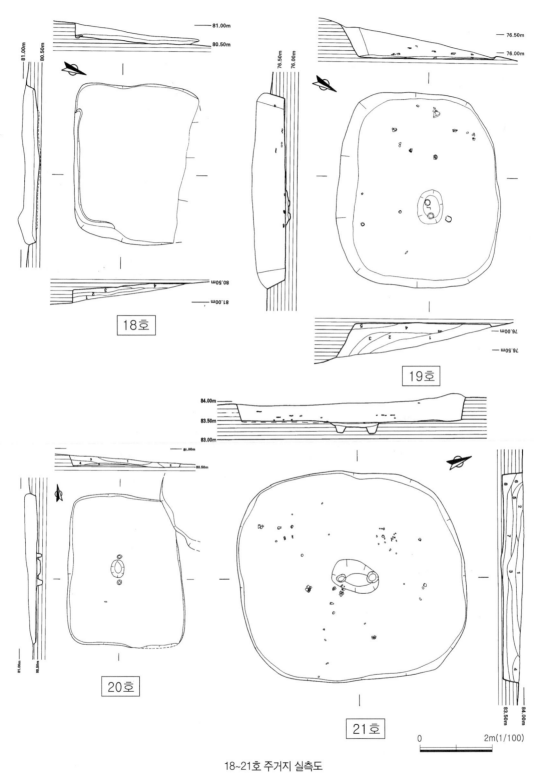

81.00m
80.50m

81.00m
80.50m

80.50m
81.00m

18호

76.50m
76.00m

76.50m
76.00m

76.00m
76.50m

19호

84.00m
83.50m
83.00m

81.00m
80.50m

81.00m
80.50m

20호

84.00m
83.50m

21호

0   2m(1/100)

18~21호 주거지 실측도

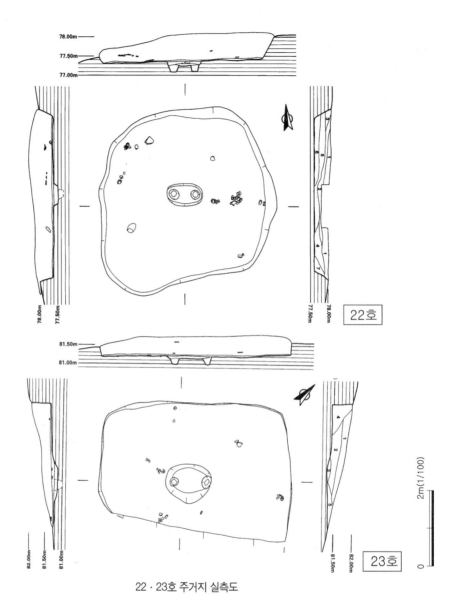

78.00m
77.50m
77.00m

78.00m
77.50m

78.00m
77.50m

22호

81.50m
81.00m

82.00m
81.50m
81.00m

82.00m
81.50m

23호

22 · 23호 주거지 실측도

2m(1/100)

0

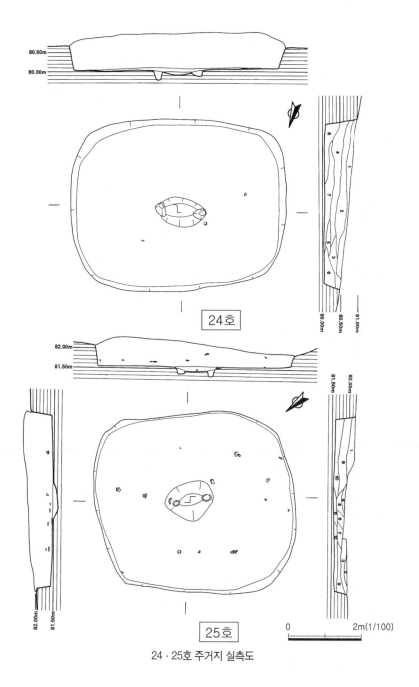

80.50m
80.00m

24호

81.00m
80.50m
80.00m

82.00m
81.50m

81.50m
82.00m

82.00m
81.50m

25호

0   2m(1/100)

24 · 25호 주거지 실측도

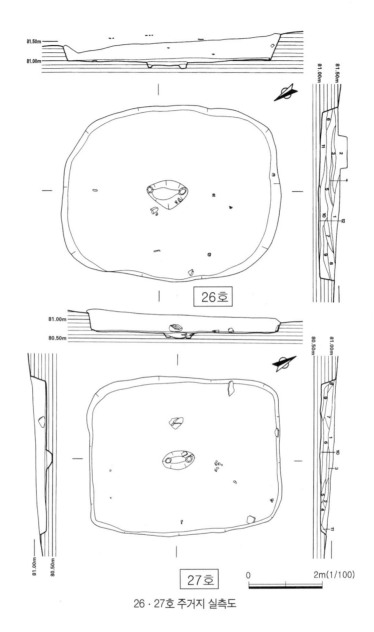

81.50m
81.00m

81.50m
81.00m

26호

81.00m
80.50m

80.50m
81.00m

81.00m
80.50m

27호

0　　　　　　　　2m(1/100)

26 · 27호 주거지 실측도

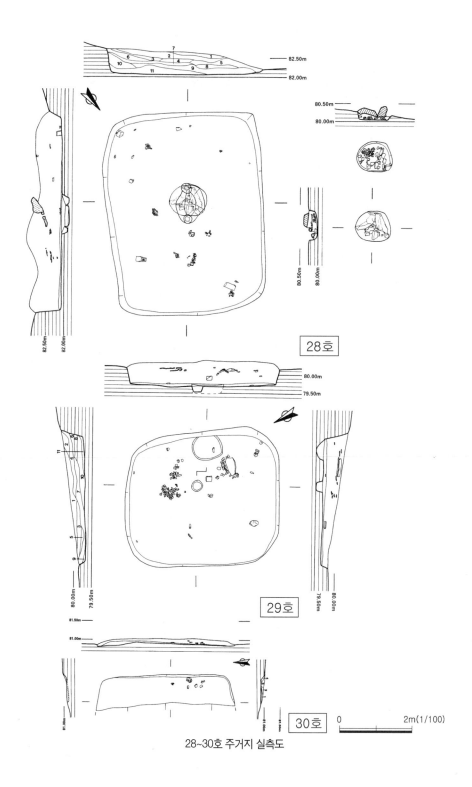

28호

29호

30호

0   2m(1/100)

28~30호 주거지 실측도

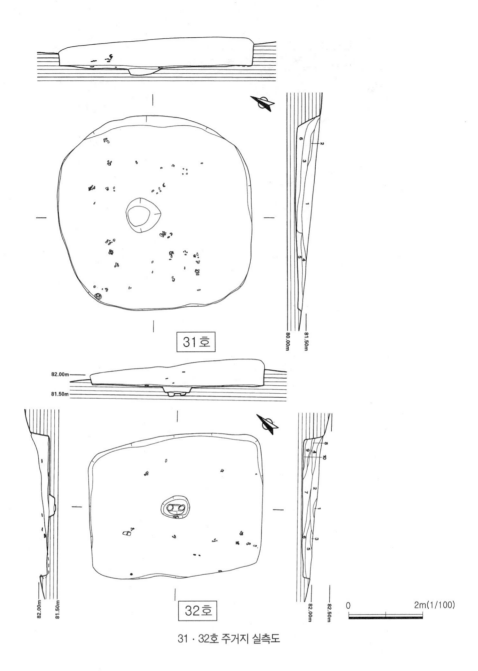

82.00m
81.50m

31호

32호

82.00m
81.50m

82.00m
81.50m

80.00m
81.50m

82.50m
82.00m

0   2m(1/100)

31 · 32호 주거지 실측도

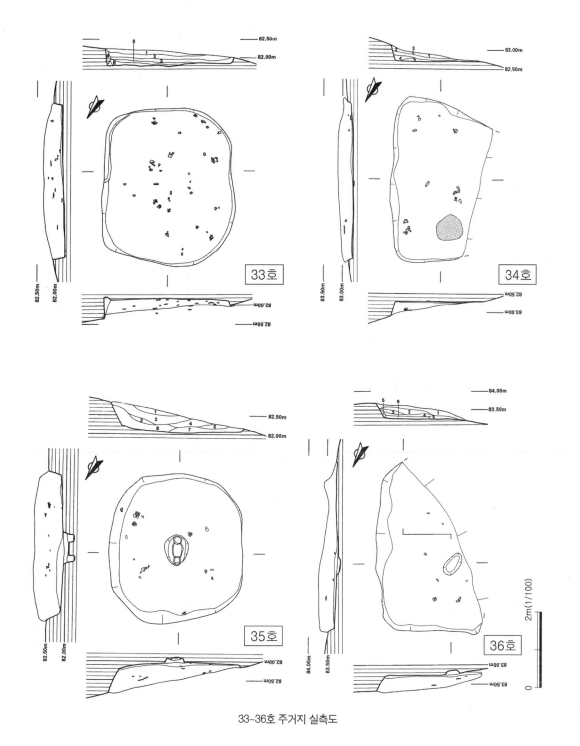

33~36호 주거지 실측도

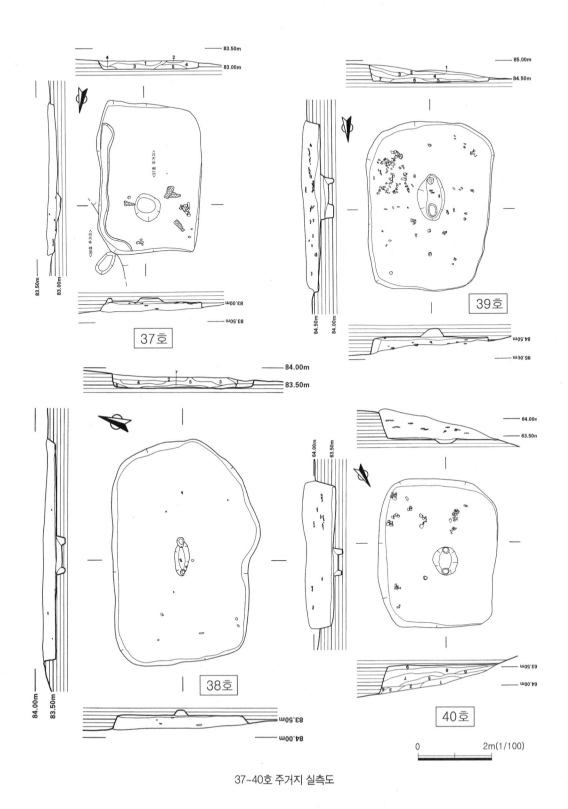

37~40호 주거지 실측도

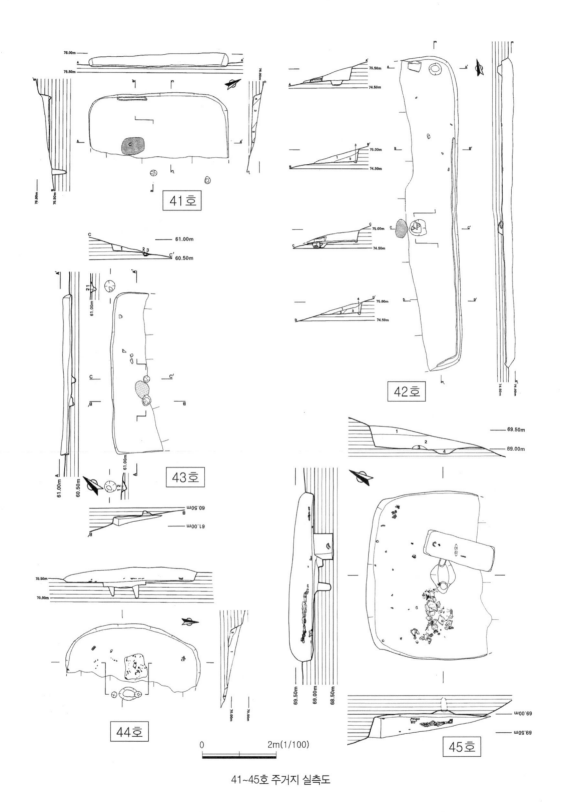

41~45호 주거지 실측도

0　　　　2m(1/100)

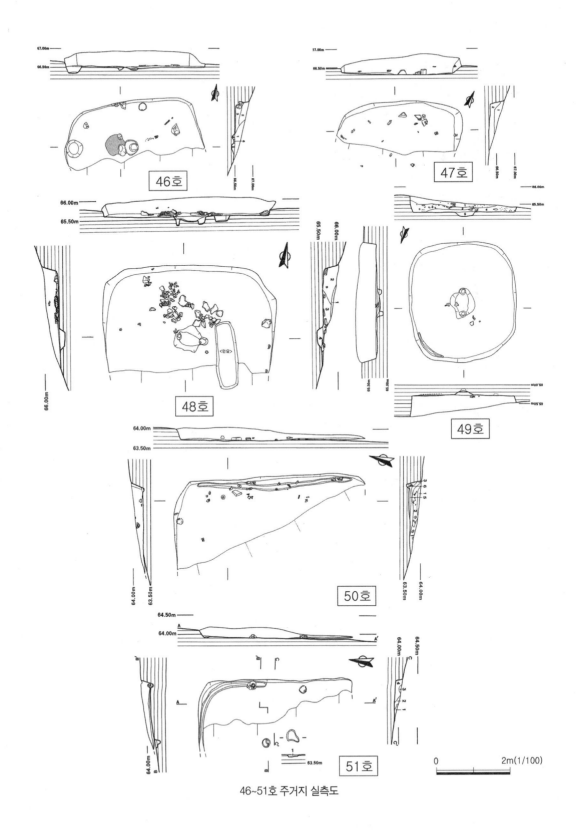

46~51호 주거지 실측도

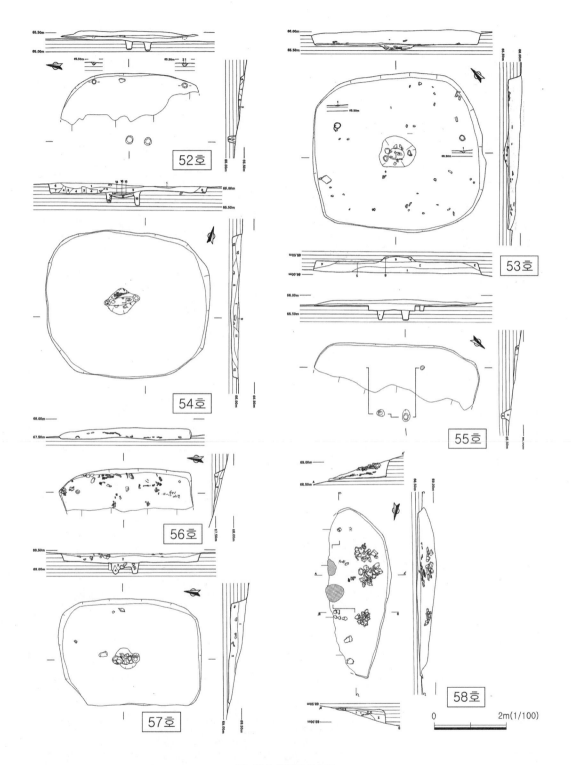

52~58호 주거지 실측도

2. 당진 자개리유적 II

1) 조사 개요

유적 위치	충청남도 당진군 면천면 자개리 일대
조사 기간	2003년 3월 28일~12월 26일
조사 면적	16,236m²
조사 기관	충청문화재연구원
보고서	허의행, 2005, 『당진 자개리유적 II』, 충청문화재연구원
주거지 수	22
유적 입지	구릉(해발 66~86m)
추정 연대	I단계-기원전 10세기 전후, II단계-기원전 9~8세기, III단계-기원전 8~4세기
관련 유구	소형수혈유구 4기, 구상유구 1기

2) 주거지 속성

유구번호	형태	규모(cm) 장축	단축	깊이	면적(m²)	내부시설	주요 출토유물	화재유무	절대연대(BC)
1호	방형	452	384 잔존	22	·		외반구연토기, 타날문토기, 일단경촉	무	
2호	방형	425	320	60	13.6	토광형노지	타날문토기	무	890·820/1,030 AMS
3호	원형	576 추정	568	100	25.7 추정	타원형토광, 점토다짐	타날문토기	무	
4호	말각방형	622	588 추정	60	36.6 추정	타원형토광, 일부점토다짐	구순각목타날문토기, 타날문토기, 일단경촉, 편평촉	무	
5호	원형	444	412	90	14.4	타원형토광, 일부점토다짐	타날문토기, 유구석부	무	620 AMS
6호	원형	576 추정	504 추정	60	22.8 추정	타원형토광, 벽구, 점토다짐	무문토기	무	
7호	세장방형	626	212 잔존	30	·	무시설식노지 4개, 벽구	무문토기저부	무	
8호	세장방형	700	344 잔존	50	·	소형수혈	공렬문토기, 구순각목문토기, 환상석부	무	
9호	세장방형	832 잔존	212 잔존	33	·		대부소호대각부, 석검	무	
10호	말각방형	371	348 추정	50	12.9 추정	타원형토광, 점토다짐		무	
11호	장방형	500	310 잔존	60	·	소형수혈, 벽구	적색마연토기, 무문토기저부	무	
12호	장방형	390	152 잔존	20	·			무	
13호	장방형	362	228	70	8.3	주공		무	
14호	말각방형	460	390	63	17.9	타원형토광	무문토기저부, 편평만입촉, 방추차	무	
15호	장방형	420	140 잔존	35	·	무시설식노지		무	
16호	세장방형	1,072	262 잔존	29	·	토광형노지, 소형수혈, 구시설	무문토기저부	무	1,210/800 AMS
17호	장방형	406	102 잔존	19	·			무	
18호	장방형	380	100 잔존	31	·		무문토기저부	무	
19호	방형	424	258 잔존	46	·	토광형노지, 벽구, 점토다짐	구순각목문토기, 공렬문토기, 구순각목공렬문토기, 주형석도	무	860/920 AMS
20호	말각방형	304	202	12	6.1	무시설식노지, 벽구	무문토기저부, 합인석부	무	
21호	세장방형	756 잔존	260 잔존	17	·	무시설식노지 3개, 벽구	공렬문토기, 석검미제품, 이단경촉	무	
22호	장방형	372	182	36	6.8		공렬문토기, 구순각목공렬문토기	무	

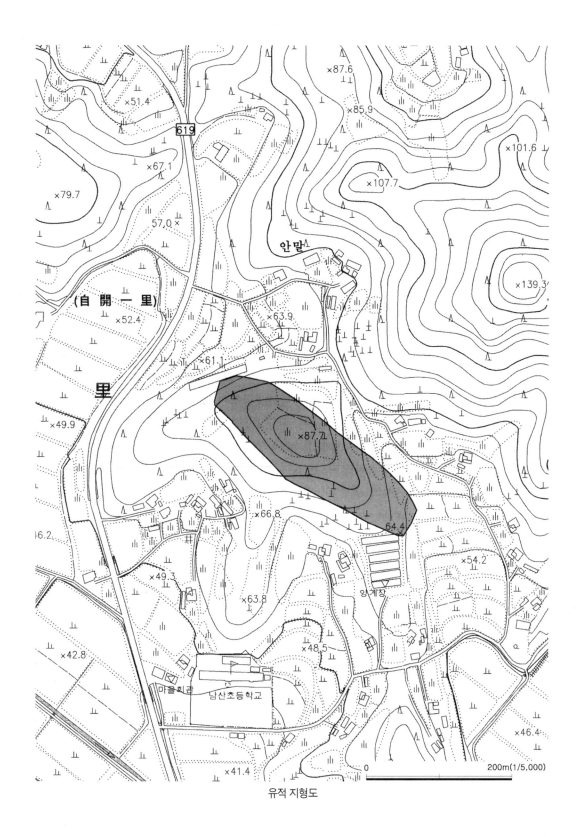

유적 지형도

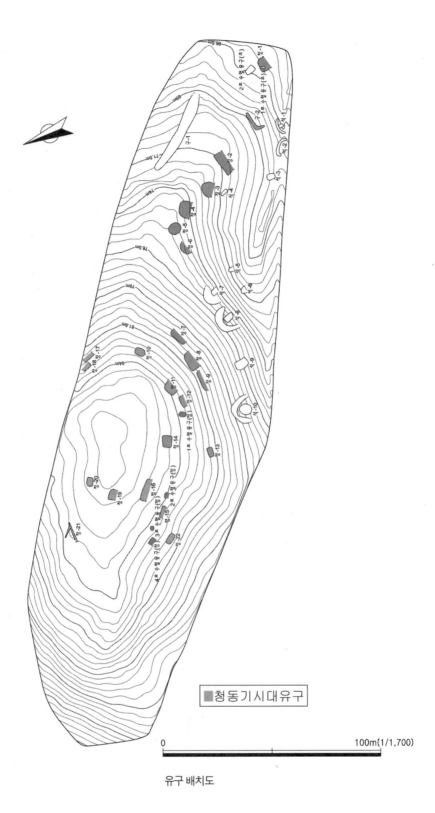

■청동기시대유구

0   100m(1/1,700)

유구 배치도

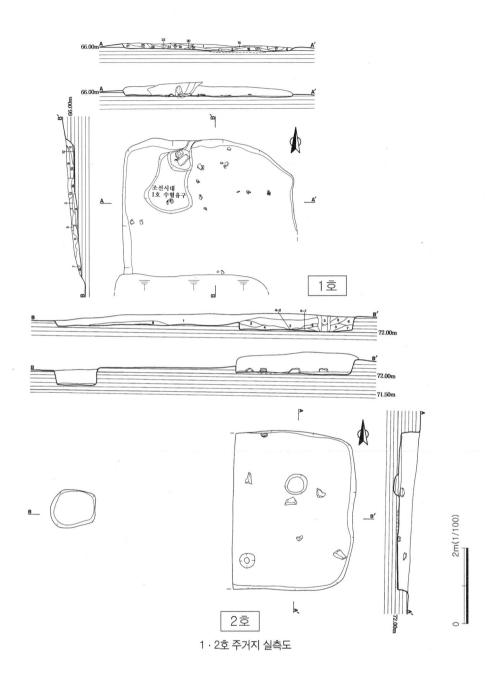

66.00m

66.00m

66.00m

조선시대
1호 수혈유구

1호

72.00m

72.00m
71.50m

2호

1·2호 주거지 실측도

2m(1/100)

0

72.00m

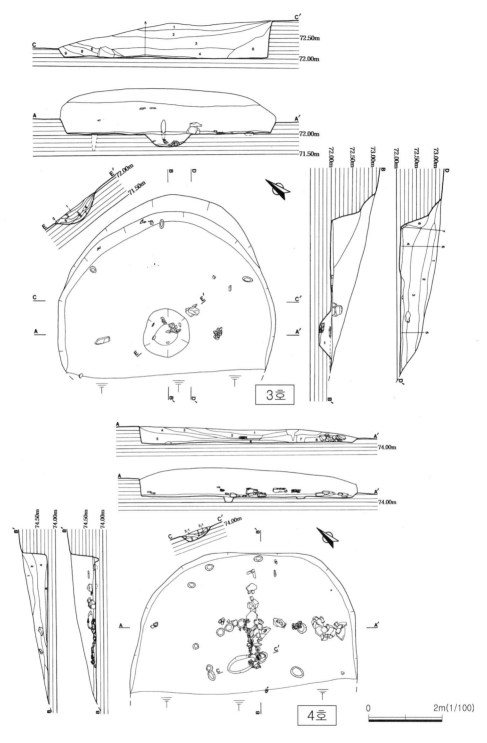

72.50m
72.00m

72.00m
71.50m

72.00m
71.50m

72.00m
72.50m
73.00m

72.00m
72.50m
73.00m

C

A

3호

74.00m

74.00m

74.50m
74.00m

74.50m
74.00m

74.00m

4호

0   2m(1/100)

3 · 4호 주거지 실측도

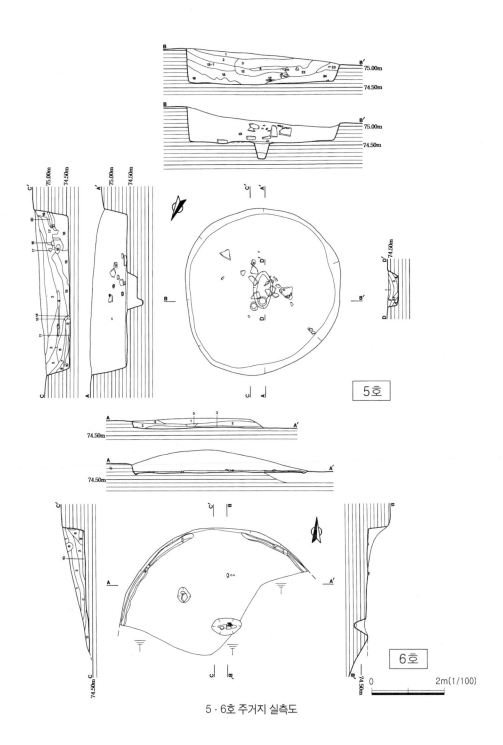

5·6호 주거지 실측도

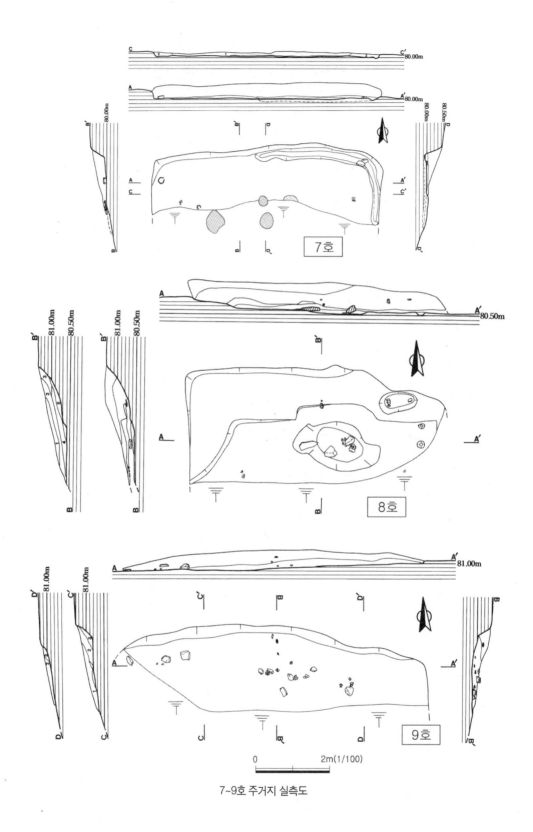

7호

8호

9호

0   2m(1/100)

7~9호 주거지 실측도

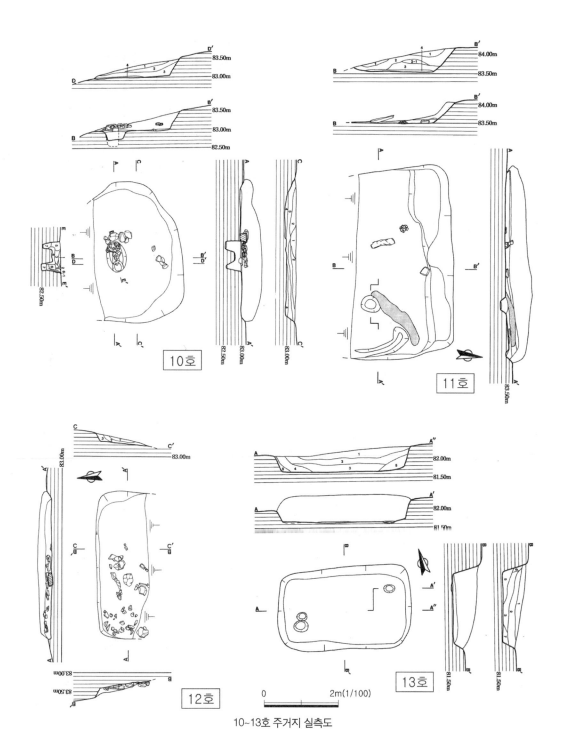

10호

11호

12호

13호

0   2m(1/100)

10~13호 주거지 실측도

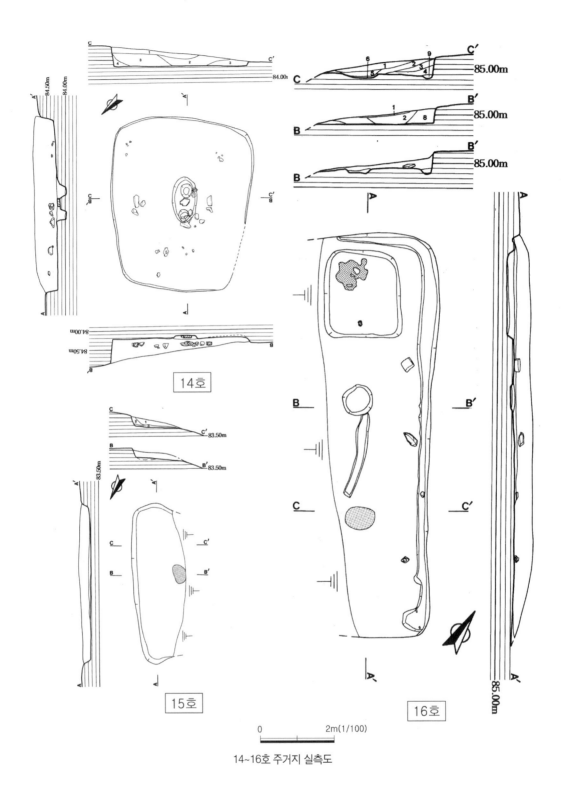

84.00m

85.00m

85.00m

85.00m

84.50m
84.00m

84.00m
84.50m

83.50m

83.50m
83.50m

85.00m

85.00m

14호

15호

16호

0   2m(1/100)

14~16호 주거지 실측도

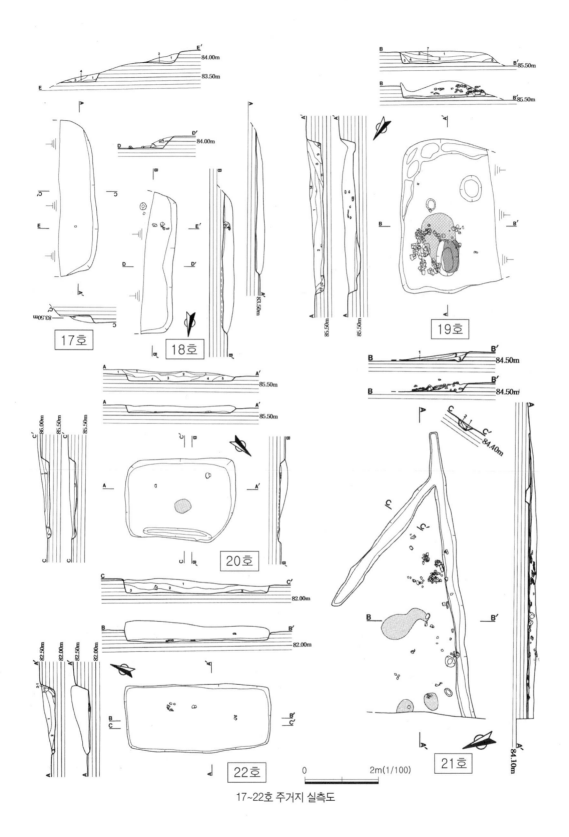

84.00m
83.50m

85.50m
85.50m

D'
84.00m

E'

17호

18호

19호

85.50m
85.50m

83.50m

A
A'
85.50m
85.50m

84.50m
84.50m

C'
84.40m

86.00m
85.50m
85.50m

20호

82.00m

82.00m

82.50m
82.00m
82.50m
82.00m

21호

84.10m

22호

0   2m(1/100)

17~22호 주거지 실측도

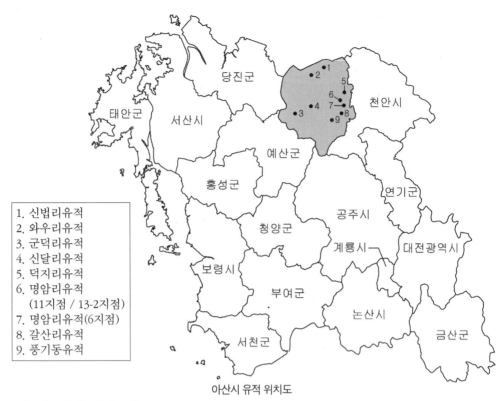

1. 신법리유적
2. 와우리유적
3. 군덕리유적
4. 신달리유적
5. 덕지리유적
6. 명암리유적
   (11지점 / 13-2지점)
7. 명암리유적(6지점)
8. 갈산리유적
9. 풍기동유적

아산시 유적 위치도

1. 아산 신법리유적

1) 조사 개요

유적 위치	충청남도 아산시 둔포면 신법리 산3-3번지 일대
조사 기간	1998년 12월 21일~1999년 8월 12일
조사 면적	9,900m²
조사 기관	충청매장문화재연구원
보고서	이강렬, 2001, 「신법리유적」, 『아산 와우리·신법리유적』, 충청매장문화재연구원
주거지 수	7
유적 입지	구릉(해발 30~46m)
추정 연대	(장)방형 주거지들보다 후행
관련 유구	없음

2) 주거지 속성

유구 번호	형태	규모(cm)			면적 (m²)	내부시설	주요 출토유물	화재 유무
		장축	단축	깊이				
1호	장방형	456	278	20	12.7	토광형노지	무문토기저부	무
2호	타원형	420	370 잔존	54	·	주공	무문토기저부	무
3호	말각방형	433	327	50	14.2	소형수혈, 주공	무문토기저부	무
4호	말각방형	342	336	16	11.5	주공	무문토기저부, 지석	유
5호	원형	366	360 추정	57	10.3 추정	주공	무문토기저부	무
6호	말각방형	573	302 잔존	44	·	주공	무문토기저부	무
7호	원형	410	400	78	12.9	주공	외반구연토기, 무문토기저부, 편평편인석부	무

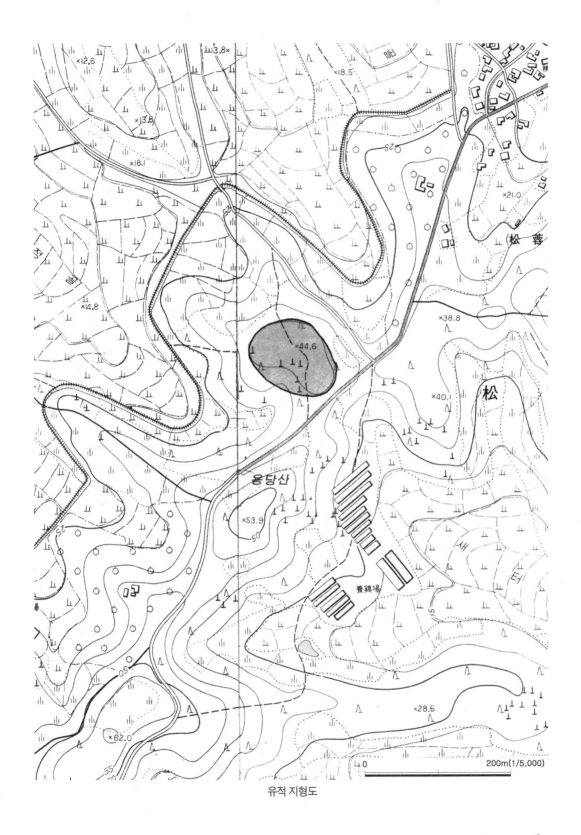

유적 지형도

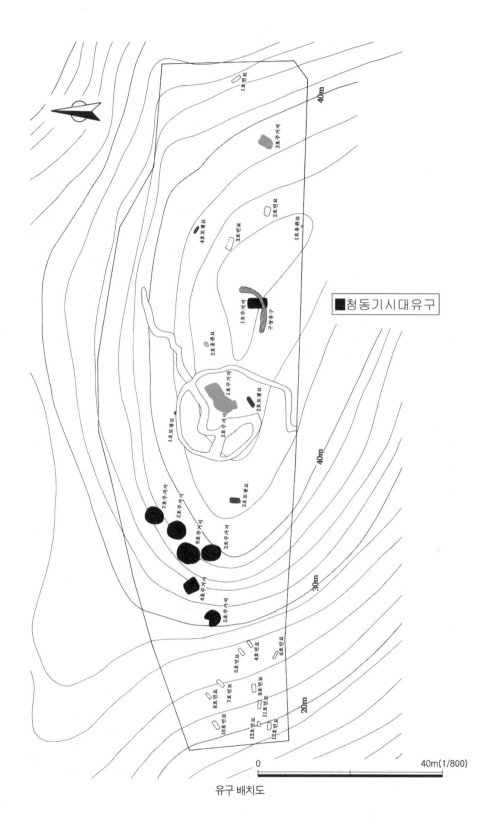

청동기시대유구

1호민묘

3호주거지

2호민묘
4호토광묘
3호민묘
1호옹관묘

1호주거지
구상유구

2호옹관묘

1호주거지
2호주거지
2호토광묘

1호토광묘

3호토광묘

7호주거지
2호주거지
6호주거지
3호주거지

4호주거지

5호주거지

4호민묘
5호민묘
6호민묘

8호민묘
7호민묘
9호민묘
11호민묘
10호민묘
13호민묘
12호민묘

40m

40m

30m

20m

0   40m(1/800)

유구 배치도

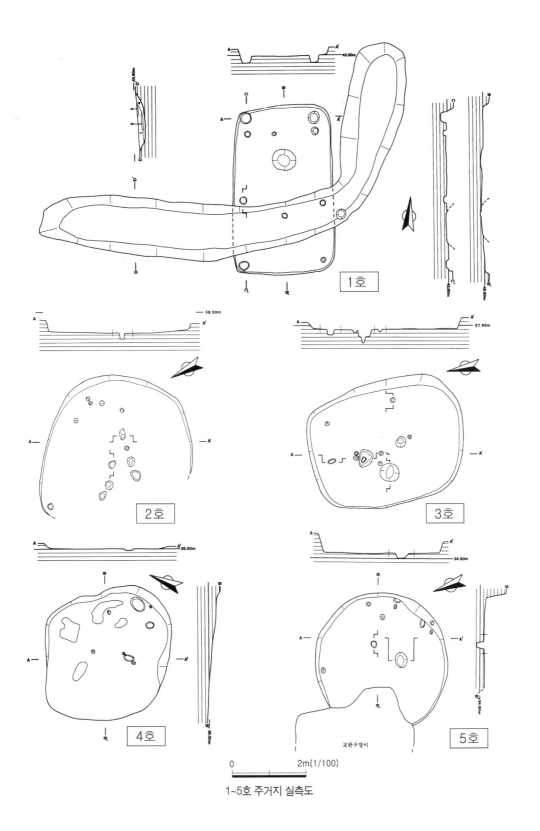

1호

2호

3호

4호

5호

교란구덩이

0   2m(1/100)

1~5호 주거지 실측도

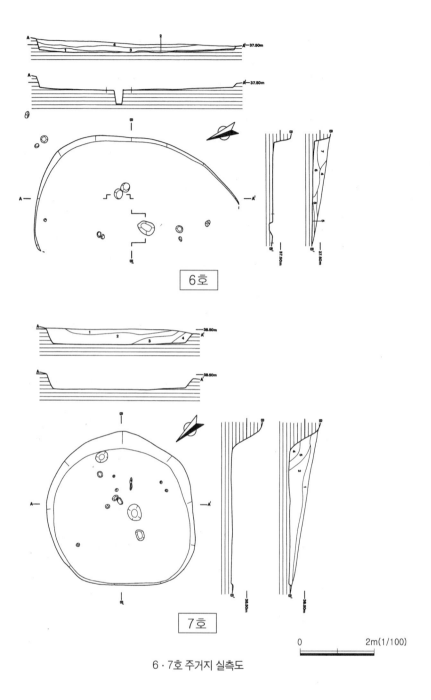

6호

7호

6 · 7호 주거지 실측도

0   2m(1/100)

2. 아산 와우리유적

1) 조사 개요

유적 위치	충청남도 아산시 영인면 와우리 산4-1번지 일대
조사 기간	1998년 12월 21일~1999년 8월 12일
조사 면적	33,000m²
조사 기관	충청매장문화재연구원
보고서	오규진·이혜경·허의행, 2001, 「와우리유적」, 『아산 와우리·신법리유적』, 충청매장문화재연구원
주거지 수	12
유적 입지	구릉(해발 30~45m)
추정 연대	청동기시대 전기
관련 유구	없음

2) 주거지 속성

유구번호	형태	규모(cm)			면적(m²)	내부시설	주요 출토유물	화재유무	선후관계
		장축	단축	깊이					
1호	장방형	668	348	104	23.2	토광형노지 2개	구순각목공렬문토기, 공렬문토기, 무문토기저부, 합인석부	무	
2호	세장방형	900	360	104	32.4	토광형노지 2개, 벽구, 저장공, 점토다짐	구순각목공렬문토기, 공렬문토기, 무문토기저부	무	
3호	장방형	792	388	86	30.7	무시설식노지 2개	이중구연공렬문토기, 구순각목공렬문토기, 구순각목문토기, 공렬문토기	무	
4호	장방형	452	210 잔존	22	·		구순각목공렬문토기, 적색마연토기, 무문토기저부, 편평편인석부	무	
5호	세장방형	1,104	360	174	39.7	토광형노지 3개, 벽구, 점토다짐	구순각목공렬문토기, 구순각목문토기, 무문토기저부	무	
6호	세장방형	1,350	364	130	49.1	토광형노지 3개, 벽구, 적석시설, 일부점토다짐	구순각목공렬문토기, 공렬문토기, 무문토기저부	무	7호→6호
7호	장방형	500 잔존	118 잔존	64	·		대각부	무	7호→6호
8호	세장방형	1,900	400	84	76.0	토광형노지, 무시설식노지	구순각목공렬문토기, 구순각목문토기, 공렬문토기, 적색마연토기, 일단경촉	무	
9호	방형	354	255 잔존	60	·		구순각목문토기, 단사선문토기, 적색마연토기, 무문토기저부	무	9호→10호
10호	말각방형	382	330 잔존	74	·			무	9호→10호
11호	말각방형	506	184 잔존	40	·			무	
12호	장방형	480	225 잔존	46	·		무문토기저부	무	

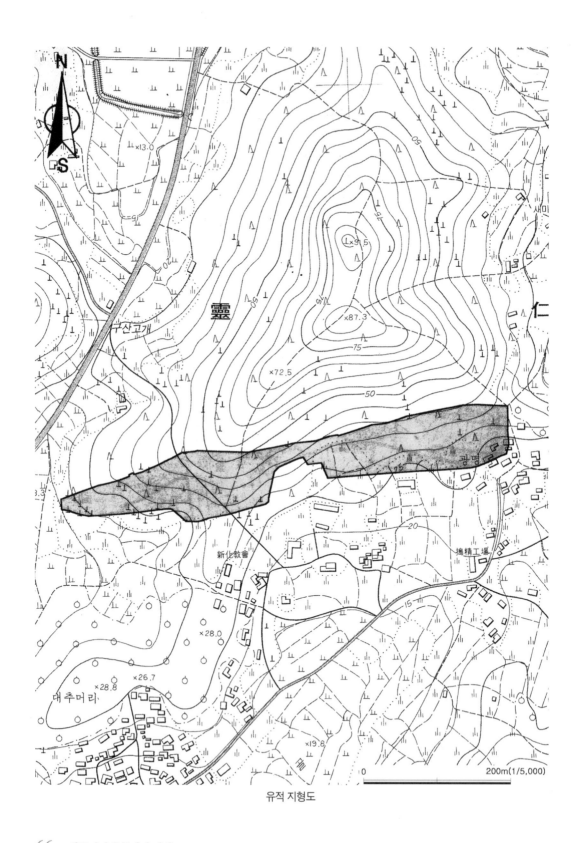

유적 지형도

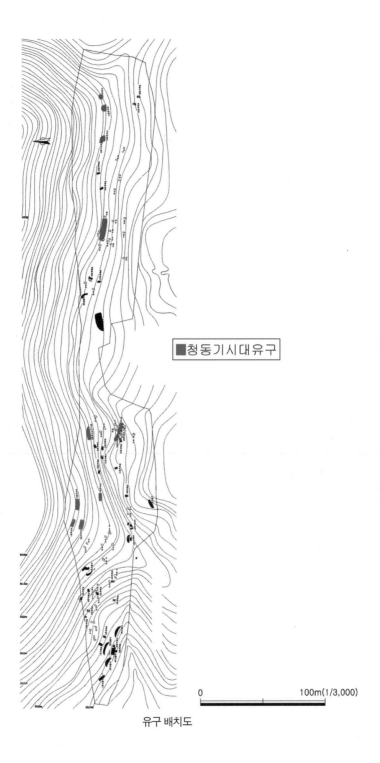

■청동기시대유구

0 ├─────────┤ 100m(1/3,000)

유구 배치도

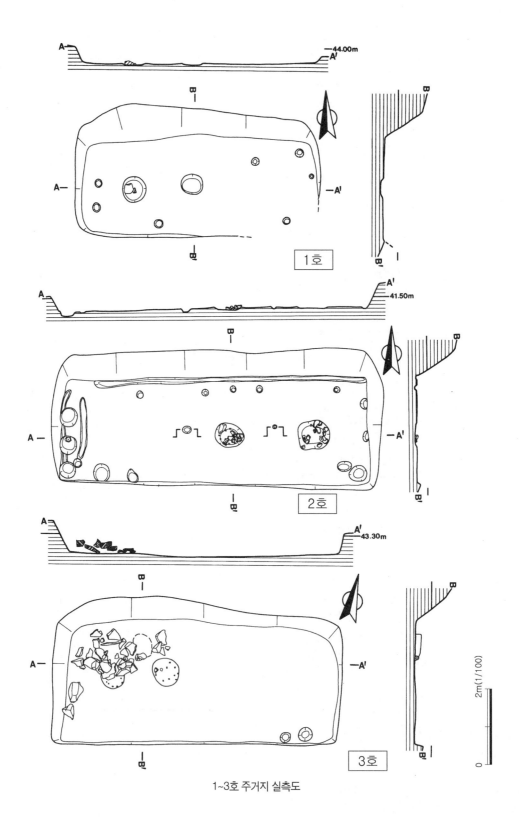

44.00m

1호

41.50m

2호

43.30m

2m(1/100)

0

1~3호 주거지 실측도

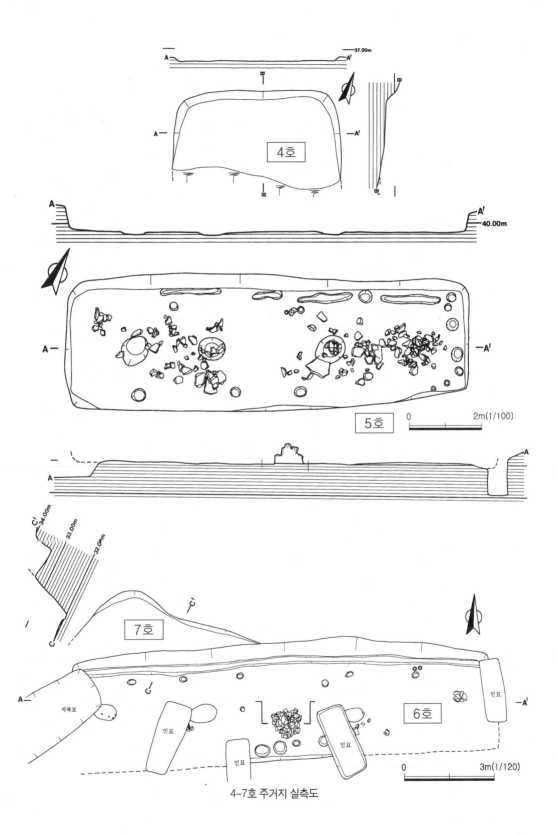

4호

5호

0   2m(1/100)

7호

6호

민묘

석곽묘

민묘

민묘

민묘

0   3m(1/120)

4~7호 주거지 실측도

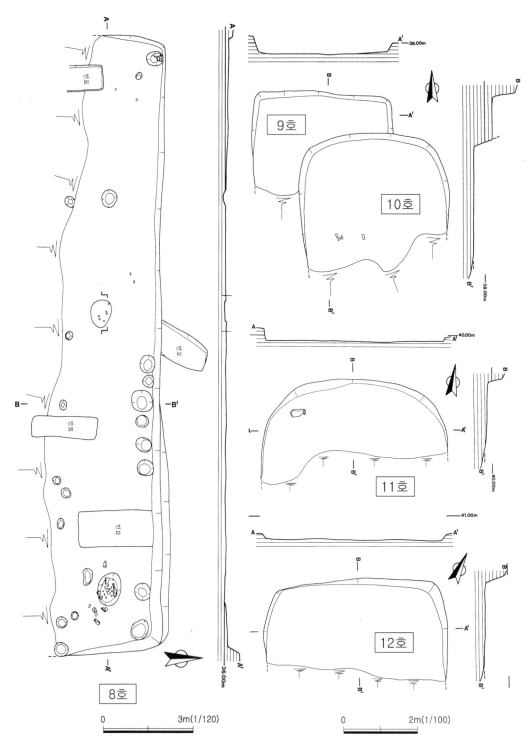

9호

10호

11호

12호

8호

0   3m(1/120)

0   2m(1/100)

8~12호 주거지 실측도

3. 아산 군덕리유적

1) 조사 개요

유적 위치	충청남도 아산시 선장면 군덕리 27-6, 22-3, 180번지 일대
조사 기간	1994년 3월 25일~4월 24일
조사 면적	1,165㎡('나'지역)
조사 기관	공주대학교박물관
보고서	이남석, 1996, 『군덕리 주거유적』, 공주대학교박물관
주거지 수	5
유적 입지	구릉(해발 30~35m)
추정 연대	송국리유적보다 약간 이른 시기에 조성되어 적어도 송국리유적의 상한 시기와 겹쳐서 존속
관련 유구	소형수혈유구 5기

2) 주거지 속성

유구 번호	형태	규모(cm)			면적 (㎡)	내부시설	주요 출토유물	화재 유무
		장축	단축	깊이				
1호	장방형	520	350	56	18.2	단시설	구순각목문토기, 공렬문토기, 적색마연토기, 무문토기저부	무
2호	말각장방형	420	350	50	14.7	단시설	구순각목공렬문토기, 구순각목문토기, 공렬문토기, 무문토기저부, 편평촉, 석도	무
3호	장방형	620 추정	340	40	21.1 추정		공렬문토기, 적색마연토기, 무문토기저부, 석검병부, 일단경촉, 석도	무
4호	장방형	800	210 잔존	25	·	벽구, 주공	공렬문토기, 무문토기저부	유
5호	장방형	340	240 잔존	20	·		공렬문토기, 외반구연토기, 무문토기저부, 유경석검	유

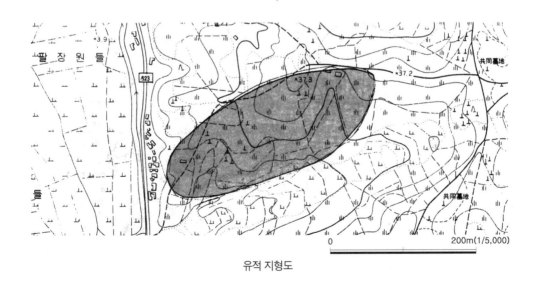

유적 지형도

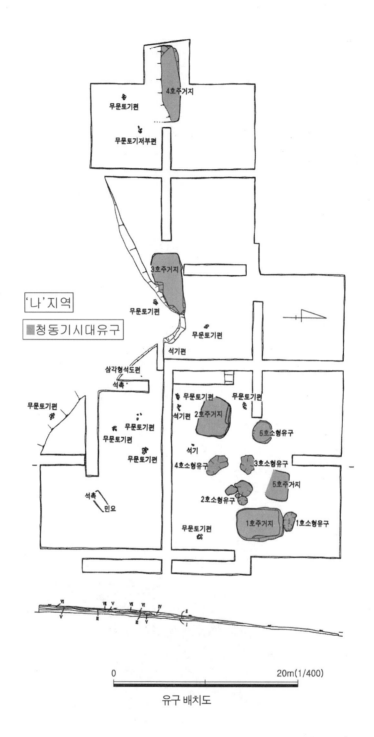

'나'지역

■청동기시대유구

4호주거지
무문토기편
무문토기저부편

3호주거지
무문토기편
무문토기편
석기편
삼각형석도편
석촉

무문토기편
무문토기편
무문토기편
무문토기편

무문토기편
석기편 2호주거지
석기
4호소형유구
2호소형유구
3호소형유구
5호소형유구
5호주거지

석촉
민요

무문토기편
1호주거지 1호소형유구

0   20m(1/400)

유구 배치도

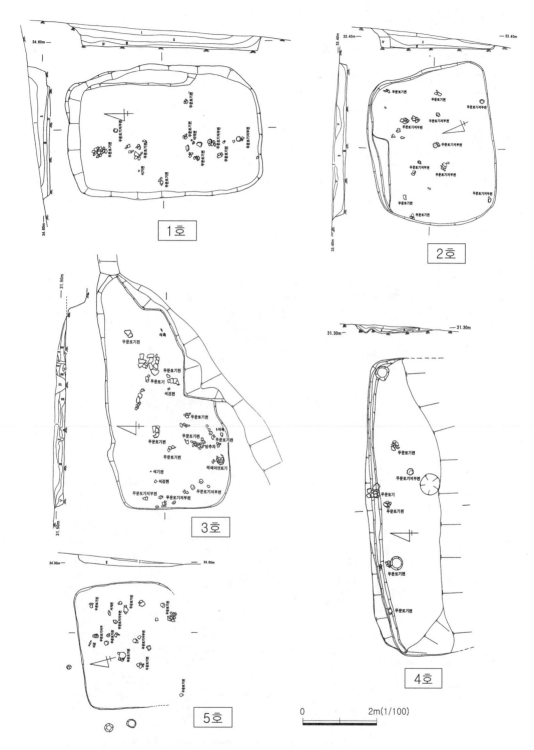

1호

2호

3호

4호

5호

0   2m(1/100)

1~5호 주거지 실측도

4. 아산 신달리유적

1) 조사 개요

유적 위치	충청남도 아산시 신창면 신달리 일대
조사 기간	1994년 10월 4일~10월 24일
조사 면적	285m²
조사 기관	국립중앙박물관
보고서	국립중앙박물관, 1995, 「아산 신달리 선사주거지 발굴보고」, 『청당동』II
주거지 수	4
유적 입지	구릉(해발 33m 내외)
추정 연대	
관련 유구	없음

2) 주거지 속성

유구 번호	형태	규모(cm)			면적 (m²)	내부시설	주요 출토유물	화재 유무	선후 관계
		장축	단축	깊이					
1호	방형	580	480	40	27.8	토광형노지 3개, 벽구, 점토다짐	무문토기저부, 이단경촉, 방추차	무	2호→1호
2호	장방형	700 잔존	370	35	·	벽구, 저장공, 점토다짐	무문토기저부, 대각부, 적색마연토기, 이단경촉, 지석	무	2호→1호
3호	방형	430	430	7	18.5	토광형노지	구순각목공렬문토기, 구순각목문토기, 무문토기저부	유	
4호	장방형	850 잔존	200 잔존	10	·	주공	구순각목문토기, 공렬문토기, 무문토기저부	무	

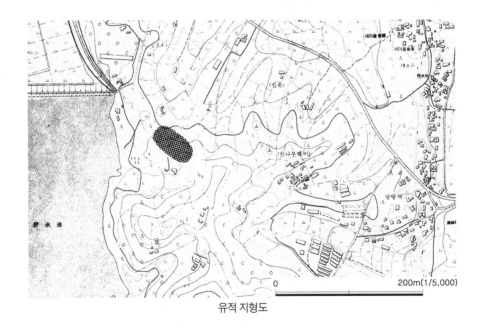

유적 지형도

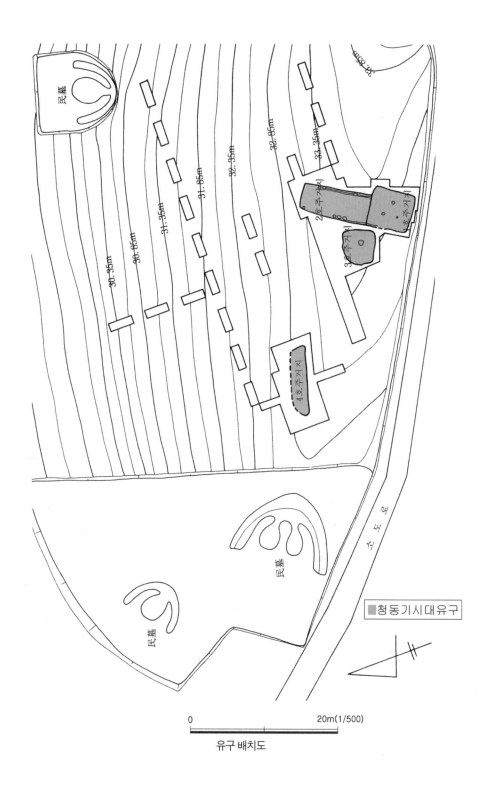

民墓

33.35m

民墓

32.85m
32.35m
31.85m
31.35m
30.85m
30.35m

2호 주거지

3호 주거지

3호 주거지

4호 주거지

民墓

소 도 로

民墓

■청동기시대유구

0   20m(1/500)

유구 배치도

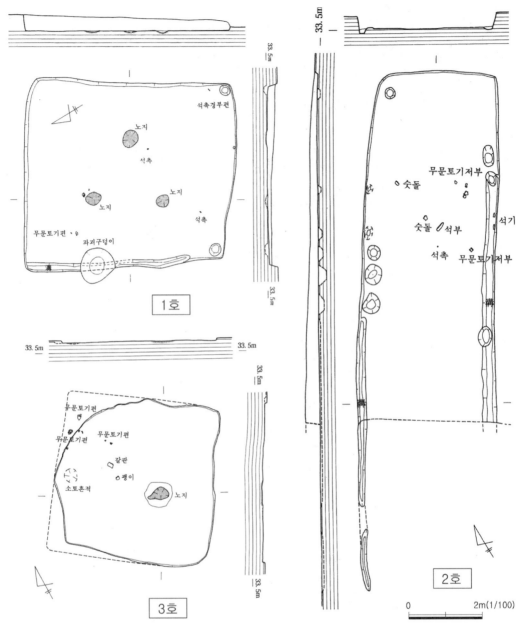

석촉경부편

노지

석촉

노지

노지

석촉

무문토기편

파괴구덩이

溝

1호

33.5m

33.5m

33.5m

33.5m

33.5m

무문토기편

무문토기편

무문토기편

갈판

괭이

노지

소토흔적

3호

33.5m

무문토기저부

숫돌

숫돌   석부

석기

석촉   무문토기저부

2호

0   2m(1/100)

1~3호 주거지 실측도

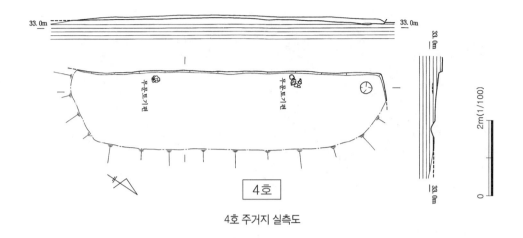

4호 주거지 실측도

5. 아산 덕지리유적

1) 조사 개요

유적 위치	충청남도 아산시 음봉면 덕지리 일대
조사 기간	2004년 2월 27일~4월 11일
조사 면적	7,322m²
조사 기관	충청남도역사문화원
보고서	충청남도역사문화원, 2006, 『아산 덕지리유적』
주거지 수	7
유적 입지	구릉(해발 38~53m)
추정 연대	송국리문화와 관련 있는 유적 가운데 비교적 이른 시기
관련 유구	소형수혈유구 1기, 석관묘 1기

2) 주거지 속성

유구 번호	형태	규모(cm)			면적 (m²)	내부시설	주요 출토유물	화재 유무	선후 관계
		장축	단축	깊이					
1호	타원형	563 추정	527 추정	31	23.3 추정	타원형토광, 4주, 점토다짐	무문토기	무	
2호	원형	510 추정	502 추정	24	20.1 추정	타원형토광, 4주, 벽구, 점토다짐	발형토기, 외반구연토기, 무문토기저부, 편주형석도	무	3호→2호
3호	말각방형	455	421	28	19.2	타원형토광, 4주, 점토다짐	발형토기, 적색마연토기, 편주형석도, 조, 개기장	무	3호→2호
4호	방형	294 잔존	286 잔존	24	·	토광형노지	발형토기, 호형토기, 무문토기저부, 방추차	무	
5호	말각방형	408 추정	360 잔존	26	·	타원형토광, 4주, 점토다짐	무문토기구연부, 무문토기저부	무	
6호	원형	458	140 잔존	35	·	소형수혈	무문토기동체부	무	
7호	방형	270	270	59	7.3	토광형노지, 점토다짐	외반구연토기, 타날문토기, 무문토기저부, 삼각형석도	유	

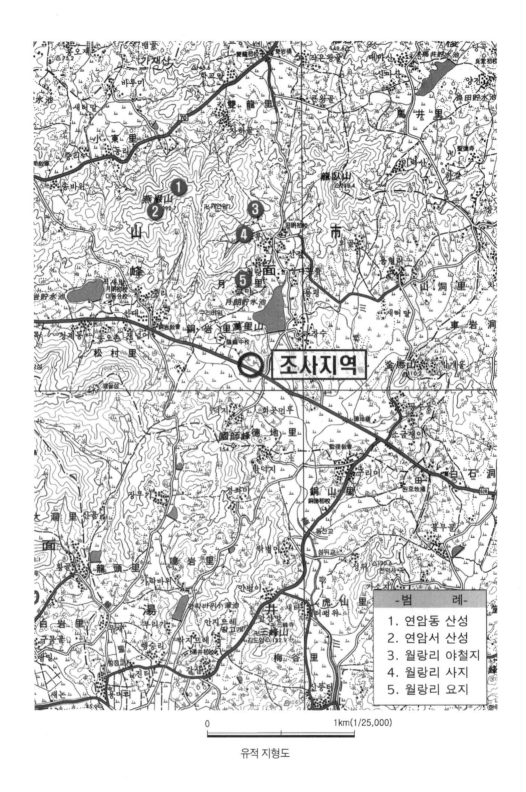

조사지역

-범 례-
1. 연암동 산성
2. 연암서 산성
3. 월랑리 야철지
4. 월랑리 사지
5. 월랑리 요지

0   1km(1/25,000)

유적 지형도

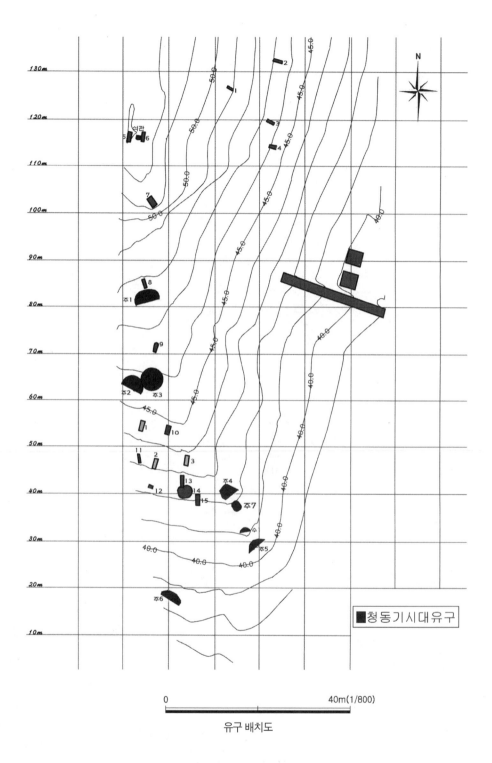

유구 배치도

0   40m(1/800)

■청동기시대유구

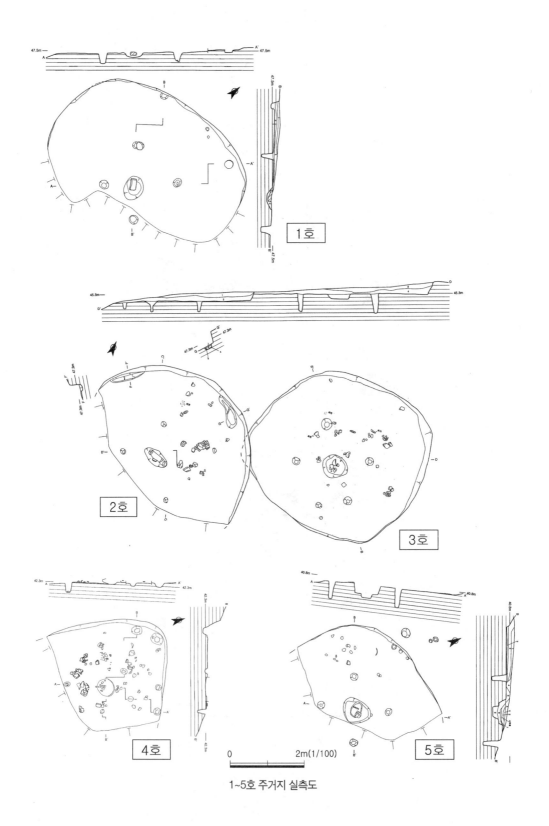

1호

2호

3호

4호

5호

0   2m(1/100)

1~5호 주거지 실측도

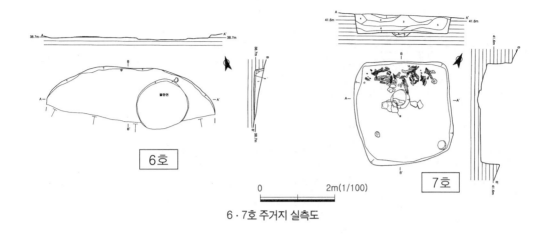

6호

7호

0   2m(1/100)

6 · 7호 주거지 실측도

6. 아산 명암리유적(11 · 3-2지점)

1) 조사 개요

유적 위치	충청남도 아산시 탕정면 명암리 150 · 211번지 일대
조사 기간	2000년 11월 4일~2001년 11월 30일
조사 면적	11지점 94,380m², 3-2지점 1,980m²
조사 기관	충청문화재연구원
보고서	나건주 · 강병권, 2003, 『아산 명암리유적』, 충청문화재연구원
주거지 수	22
유적 입지	구릉(해발 75~85m)
추정 연대	청동기시대 전기, 후기
관련 유구	소형수혈유구 33기, 소형구덩이 31기

2) 주거지 속성

유구번호	형태	장축	단축	깊이	면적(m²)	내부시설	주요 출토유물	화재유무	선후관계	절대연대(BC)
11-전기1호	장방형	423	200 추정	56	8.5 추정	무시설식노지, 저장공		무		
11-전기2호	세장방형	993	306 추정	54	30.4 추정	무시설식노지 3개, 저장공, 점토다짐	구순각목공렬문토기, 이단경촉	무	2호→8호 구덩이	
11-전기3호	세장방형	1,482	256	82	37.9	무시설식노지 4개, 소형수혈, 벽구	구순각목공렬문토기, 공렬문토기, 편평만입촉	무		
11-전기4호	세장방형	1,563	318	26	49.7	무시설식·토광형노지 8개, 저장공	구순각목공렬문토기, 적색마연토기, 이단경촉, 편평만입촉	무		
11-전기5호	장방형	310 잔존	250 추정	31	·	무시설식·토광형노지 2개, 벽구	석검병부	무	5호→중기4호	
11-전기6호	장방형	825	334 추정	20	27.6 추정	무시설식노지 3개	공렬문토기, 마석	무		
11-전기7호	세장방형	978	268	80	26.2	무시설식노지 4개, 저장공, 외부돌출구	구순각목공렬문토기, 공렬문토기, 구순각목문토기, 적색마연토기	무		810/595 AMS 750/710 OSL
11-전기8호	장방형	322 잔존	293 추정	27	·	무시설식노지, 저장공	석착, 지석	무	8호→26호수혈	
11-전기9호	장방형	515	260 추정	15	13.4 추정	무시설식노지, 벽구		무		
11-전기10호	세장방형	1,220	226	68	27.6	무시설식노지 4개, 저장공	구순각목문토기, 공렬문토기, 외반구연토기	무		780/780 OSL
11-전기11호	세장방형	908	226	68	20.5	무시설식·토광형노지 4개, 저장공	외반구연토기, 발형토기, 유경촉, 지석	무		
11-전기12호	장방형	716	258	59	18.5	무시설식노지 2개, 저장공	구순각목공렬문토기, 공렬문토기, 외반구연토기	무		
11-전기13호	장방형	638	278	58	17.7	무시설식노지, 저장공	구순각목공렬문토기, 구순각목문토기, 외반구연토기	무		
11-전기14호	장방형	653	288 추정	16	18.8 추정	저장공	구순각목공렬문토기, 외반구연토기, 이단병검, 어형석도	무		850/1,105 AMS
11-중기1호	말각방형	620 추정	500 추정	41	31.0 추정	타원형토광, 4주	무문토기저부	무		
11-중기2호	말각방형	432	358	60	15.5	타원형토광	무문토기저부, 이단경촉	무		
11-중기3호	말각방형	559	504 추정	70	28.2 추정	2주	외반구연토기, 무문토기저부, 지석	무		
11-중기4호	말각방형	480	360 추정	35	17.3 추정	2주	적색마연토기, 무문토기저부	무	전기5호→4호	
11-중기5호	말각방형	484	390	40	18.9	2주	외반구연토기, 무문토기저부	무		
11-중기6호	말각방형	376	306 추정	41	11.5 추정	2주	무문토기저부, 유경촉	유		640/810 AMS
11-중기7호	말각방형	388	328	80	12.7	타원형토광	무문토기저부, 석촉, 석도	무		640 AMS
3-2-전기	세장방형	1,500	350	48	52.5	토광형노지 2개, 저장공		유		

※ 주거지 내부시설에서 '2주'로 표현한 것은 소위 '동천동식 주거지'에서 확인되는 2개의 주공을 의미한다.

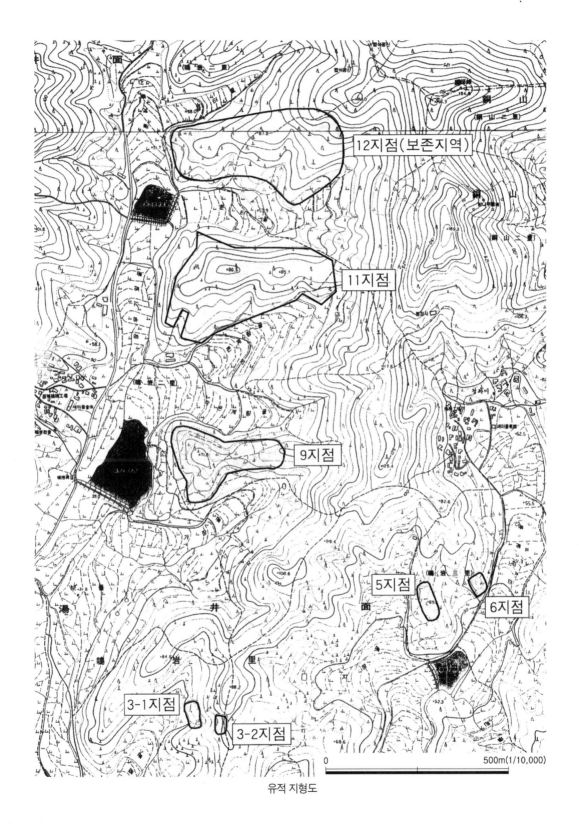

12지점(보존지역)

11지점

9지점

5지점

6지점

3-1지점

3-2지점

0   500m(1/10,000)

유적 지형도

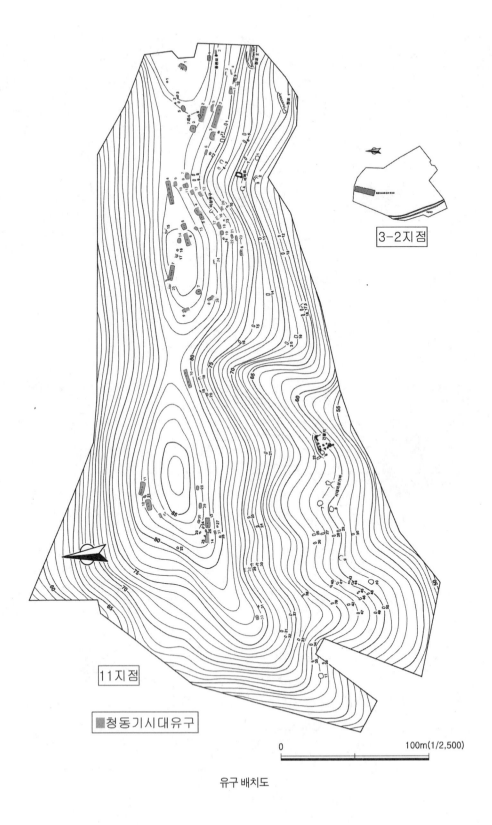

3-2지점

11지점

■청동기시대유구

0   100m(1/2,500)

유구 배치도

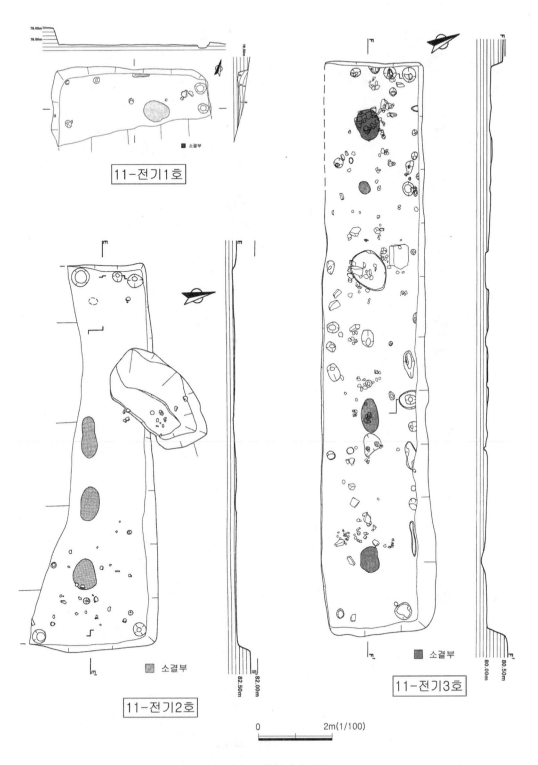

11-전기1호

11-전기2호

11-전기3호

■ 소결부

0   2m(1/100)

11-전기 1~3호 주거지 실측도

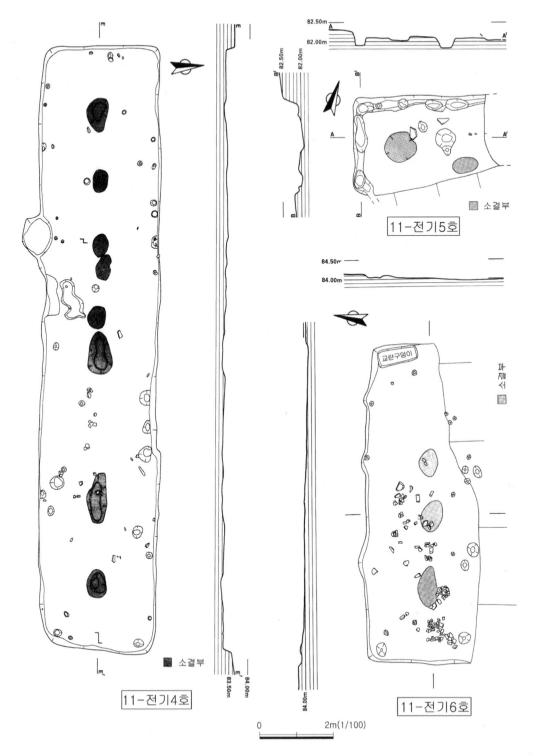

82.50m
82.00m
82.50m
82.00m

■ 소결부

11-전기5호

84.50m
84.00m

교란구덩이

파괴선

소결부

11-전기6호

84.50m
84.00m

84.00m

83.50m
84.00m

■ 소결부

11-전기4호

0　　　　　　　2m(1/100)

11-전기 4~6호 주거지 실측도

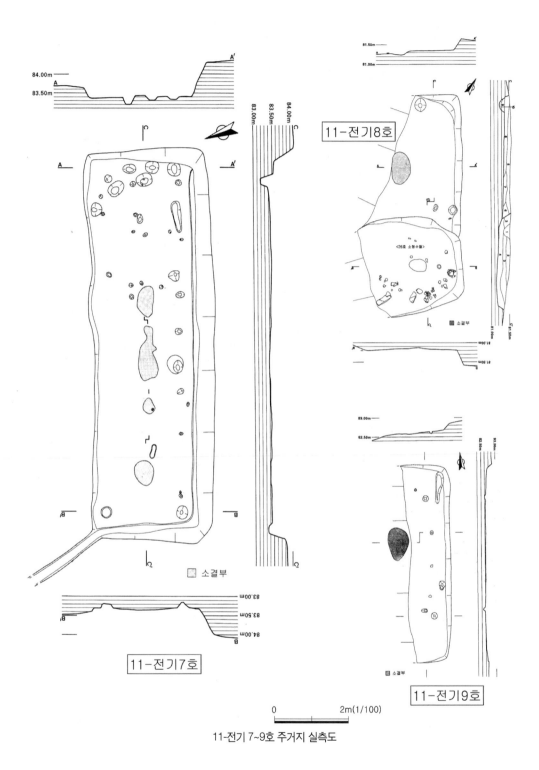

84.00m
83.50m

84.00m
83.50m
83.00m

11-전기8호

81.50m
81.00m

81.00m
81.50m

<26호 소형수혈>

■ 소결부

83.00m
82.50m

82.50m
83.00m

83.00m
83.50m
84.00m

■ 소결부

11-전기7호

■ 소결부

11-전기9호

0   2m(1/100)

11-전기 7~9호 주거지 실측도

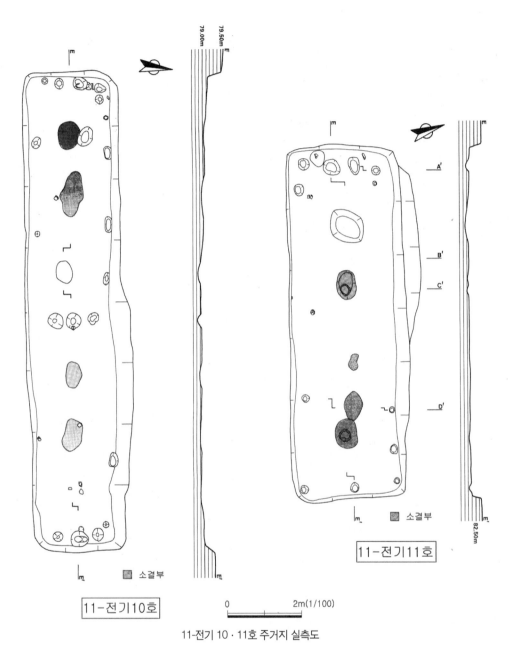

79.50m
79.00m

E

E'

소결부

11-전기10호

A'

B'

C'

D'

E'

82.50m

소결부

11-전기11호

0   2m(1/100)

11-전기 10 · 11호 주거지 실측도

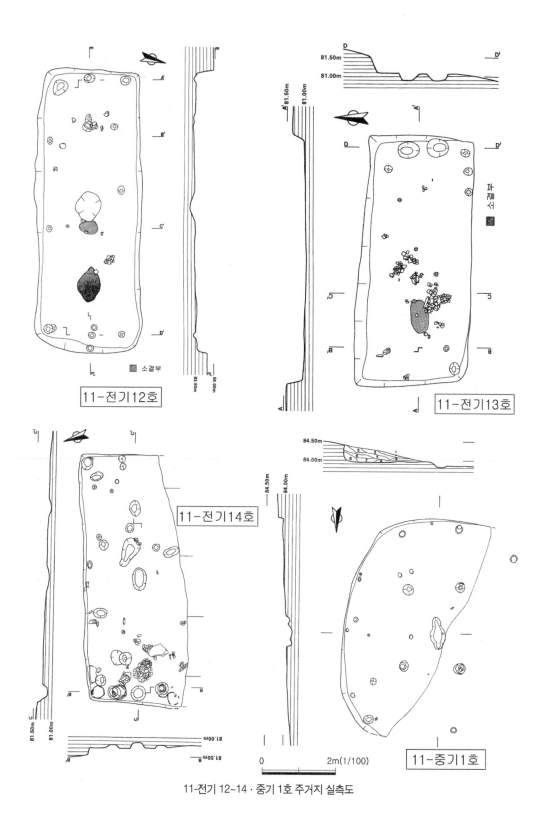

11-전기12호

소결부

11-전기13호

11-전기14호

11-중기1호

0 2m(1/100)

11-전기 12~14 · 중기 1호 주거지 실측도

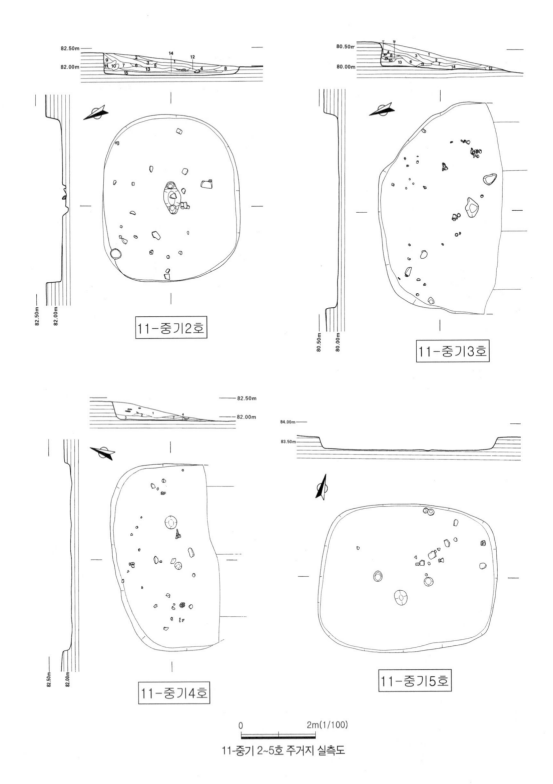

82.50m
82.00m

14
12

11 10 7
15 13

8

82.50m
82.00m

11-중기2호

80.50m
80.00m

13 6

14

12

80.50m
80.00m

11-중기3호

82.50m
82.00m

82.50m
82.00m

11-중기4호

84.00m
83.50m

11-중기5호

0   2m(1/100)

11-중기 2~5호 주거지 실측도

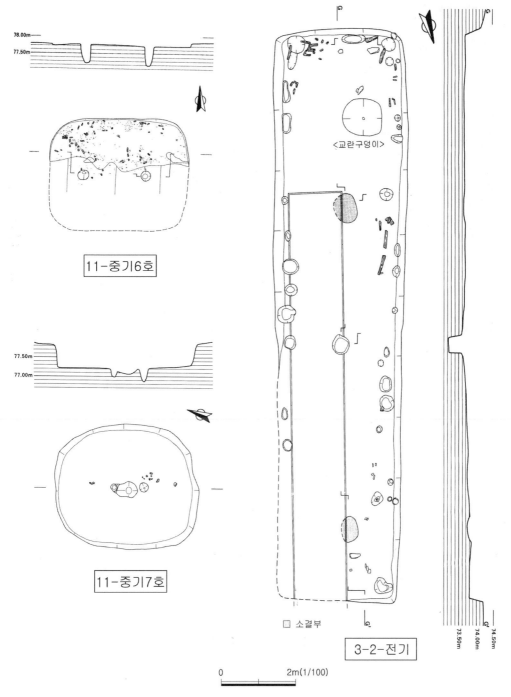

78.00m

77.50m

11-중기6호

77.50m

77.00m

11-중기7호

<교란구덩이>

□ 소결부

3-2-전기

73.50m

74.00m

74.50m

0   2m(1/100)

11-중기 6·7호 · 3-2-전기 주거지 실측도

7. 아산 명암리유적(6지점)

1) 조사 개요

유적 위치	충청남도 아산시 탕정면 명암리 72-5·6번지 일대
조사 기간	2000년 12월~2001년 2월
조사 면적	2,310m²
조사 기관	충남대학교백제연구소
보고서	박순발·이판섭·동보경·이형원, 2004, 『아산 명암리유적』, 충남대학교백제연구소
주거지 수	2
유적 입지	구릉(해발 58~61m)
추정 연대	청동기시대 전기
관련 유구	소형수혈유구 1기

2) 주거지 속성

유구 번호	형태	규모(cm)			면적 (m²)	내부시설	주요 출토유물	화재 유무	절대연대 (BC)
		장축	단축	깊이					
1호	장방형	720	380	48	27.4	토광형노지, 저장공	이중구연구순각목단사선문토기, 구순각목단사선문토기, 구순각목공렬문토기, 구순각목문토기, 이중구연토기, 지석	무	1,210-970 C14연대
2호	장방형	300	150 잔존	48	·	토광형노지	무문토기저부	무	

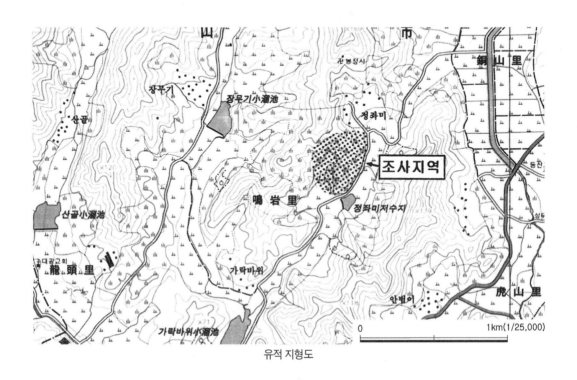

유적 지형도

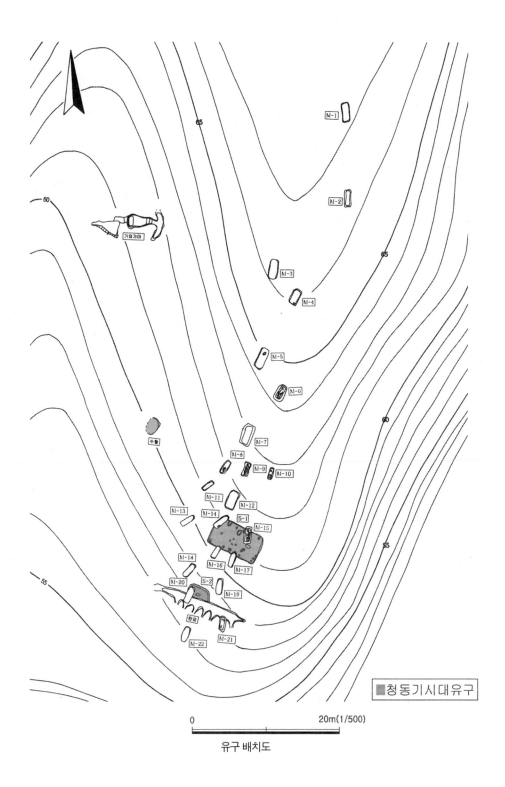

유구 배치도

■청동기시대유구

0   20m(1/500)

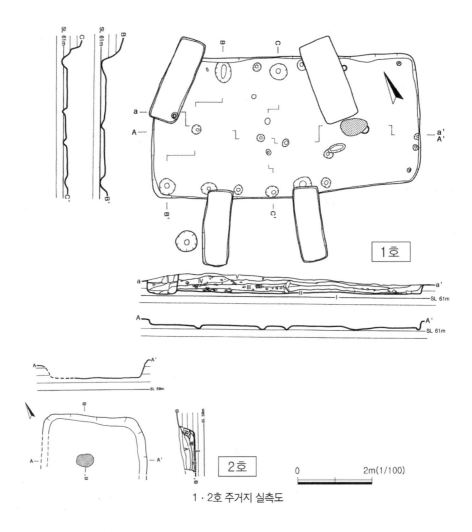

1 · 2호 주거지 실측도

8. 아산 갈산리유적

1) 조사 개요

유적 위치	충청남도 아산시 탕정면 갈산리 산17번지 일대
조사 기간	2002년 9월 11일~10월 19일
조사 면적	6,000㎡
조사 기관	충청남도역사문화원
보고서	충청남도역사문화원, 2004, 『아산 갈산리유적』
주거지 수	4
유적 입지	구릉(해발 55~67m)
추정 연대	
관련 유구	소형수혈유구 2기

2) 주거지 속성

유구번호	형태	규모(cm)			면적(m²)	내부시설	주요 출토유물	화재유무
		장축	단축	깊이				
1호	세장방형	712	230 추정	22	16.4 추정	무시설식노지 2개, 저장공	무문토기동체부, 무문토기저부, 대각부	무
2호	세장방형	2,272	322	38	73.2	무시설식노지 4개, 벽구, 저장공	발형토기, 무문토기저부, 합인석부, 방추차	무
3호	장방형	540 잔존	334 추정	26	.	무시설식노지, 벽구, 저장공	무문토기구연부, 무문토기저부	무
4호	세장방형	1,632 추정	230 추정	52	37.5 추정	무시설식노지 3개, 벽구, 저장공	이중구연구순각목공렬단사선문토기, 구순각목공렬문토기, 무문토기저부	무

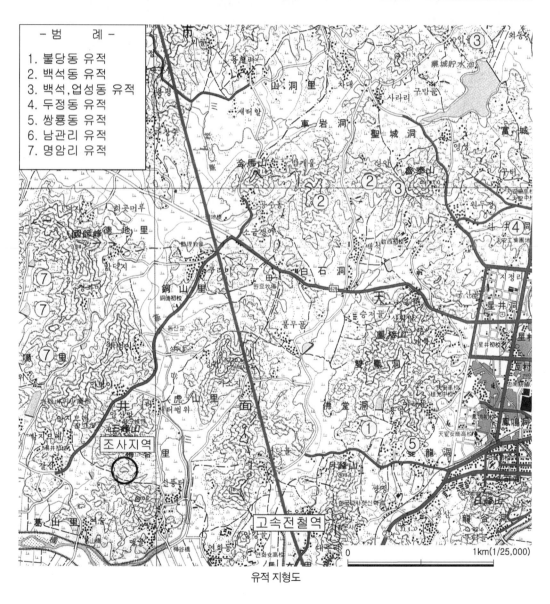

- 범 례 -

1. 불당동 유적
2. 백석동 유적
3. 백석,업성동 유적
4. 두정동 유적
5. 쌍룡동 유적
6. 남관리 유적
7. 명암리 유적

유적 지형도

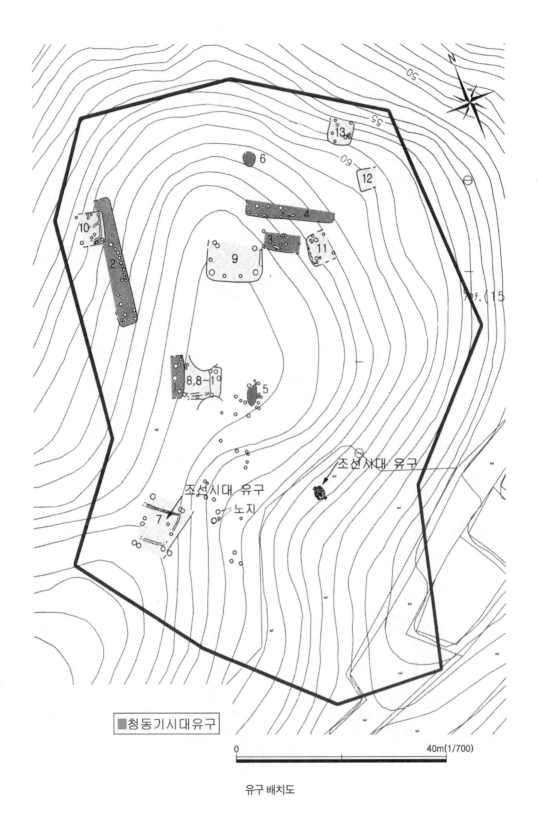

■청동기시대유구

0   40m(1/700)

유구 배치도

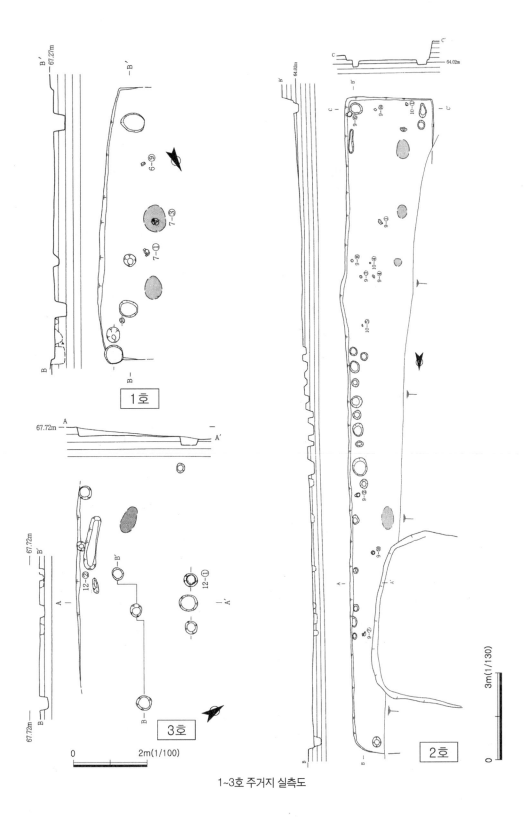

1호

3호

2호

0   2m(1/100)

0   3m(1/130)

1~3호 주거지 실측도

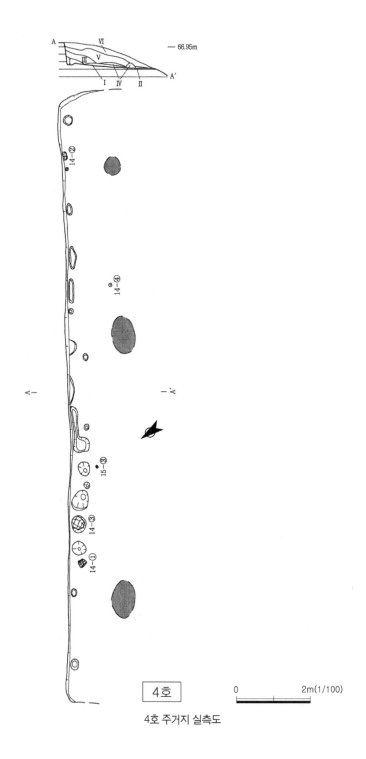

66.95m

4호

4호 주거지 실측도

0   2m(1/100)

9. 아산 풍기동유적

1) 조사 개요

유적 위치	충청남도 아산시 풍기동 240-1번지 일대
조사 기간	2004년 2월 3일~3월 13일
조사 면적	5,462m²
조사 기관	충청남도역사문화원
보고서	충청남도역사문화원, 2005, 『아산 풍기동유적』
주거지 수	4
유적 입지	구릉(해발 33m 내외)
추정 연대	기원전 12~11세기
관련 유구	소형수혈유구 4기, 구상유구 1기

2) 주거지 속성

유구 번호	형태	규모(cm) 장축	규모(cm) 단축	규모(cm) 깊이	면적 (m²)	내부시설	주요 출토유물	화재 유무	절대연대 (BC)
1호	세장방형	788 잔존	240 잔존	20	·	토광형노지 2개, 저장공	적색마연토기, 무문토기저부, 이단경촉, 주형석도	무	1,030 AMS
2호	세장방형	1,120	357 추정	30	40.0 추정	토광형노지 4개, 벽구, 저장공	구순각목문토기, 공렬문토기, 적색마연토기	무	
3호	세장방형	595	285 추정	35	17.0 추정	토광형노지 2개	구순각목문토기, 공렬문토기, 적색마연토기	유	
4호	말각방형	360	180 잔존	25	·	주공, 구시설	적색마연토기, 무문토기동체부, 지석	무	

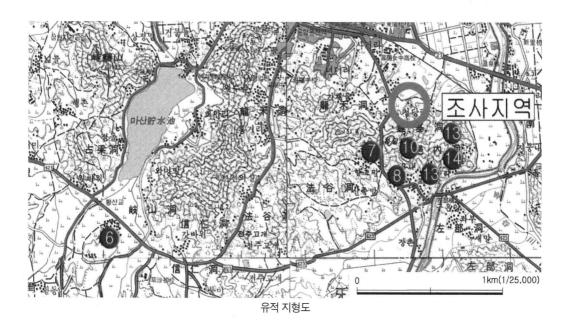

유적 지형도

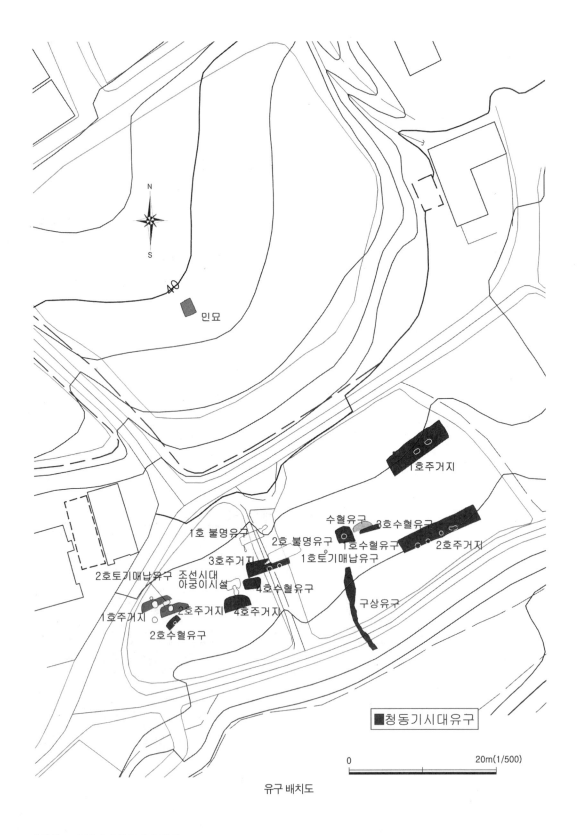

N
S

40

민묘

1호주거지

수혈유구   3호수혈유구
1호 불명유구   1호수혈유구
2호 불명유구   2호주거지
3호주거지   1호토기매납유구
2호토기매납유구   조선시대
아궁이시설   4호수혈유구
1호주거지   2호주거지   4호주거지   구상유구
2호수혈유구

■청동기시대유구

0   20m(1/500)

유구 배치도

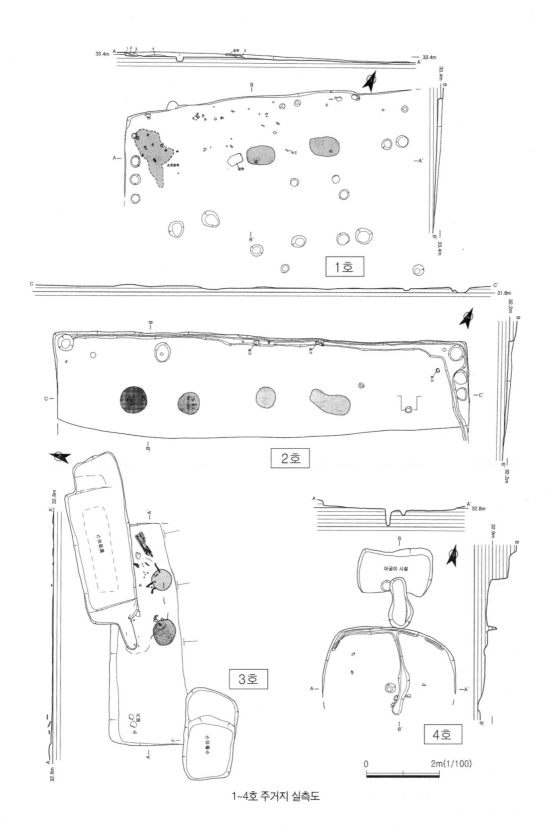

1호

2호

3호

4호

0   2m(1/100)

1~4호 주거지 실측도

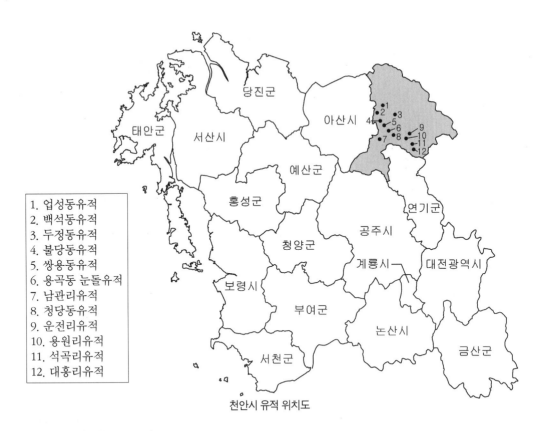

1. 업성동유적
2. 백석동유적
3. 두정동유적
4. 불당동유적
5. 쌍용동유적
6. 용곡동 눈돌유적
7. 남관리유적
8. 청당동유적
9. 운전리유적
10. 용원리유적
11. 석곡리유적
12. 대흥리유적

천안시 유적 위치도

1. 천안 업성동유적

1) 조사 개요

유적 위치	충청남도 천안시 업성동 일대
조사 기간	1999년 6월 10일~9월 10일
조사 면적	8,250m²
조사 기관	공주대학교박물관
보고서	이남석·이현숙, 2000, 『백석·업성동유적』, 공주대학교박물관
주거지 수	4
유적 입지	구릉(해발 52~55m)
추정 연대	기원전 7~6세기
관련 유구	없음

2) 주거지 속성

유구번호	형태	규모(cm)			면적 (m²)	내부시설	주요 출토유물	화재유무	절대연대 (BC)
		장축	단축	깊이					
1호	말각장방형	290	230	25	6.7	구시설	구순각목공렬문토기, 갈색마연토기, 적색마연토기, 무문토기저부	무	
2호	원형	422 추정	385	15	12.8 추정	타원형토광, 벽구	구순각목공렬문토기, 무문토기저부	무	
3호	말각방형	365	365 추정	24	13.3 추정	타원형토광	지석	무	

4호	원형	416	392	66	12.8	타원형토광	무문토기저부	무	900-480 · 470-410/1,260-1 ,230 · 1,220-820 C14연대

※ 1호 주거지의 도면에는 토광형 노지가 표현되어 있지만, 유구 설명과 사진에 의하면 바닥면에서 2~5cm 정도 높은 위치에서 확인된 것이기 때문에 주거지의 내부시설로 볼 수 없다.

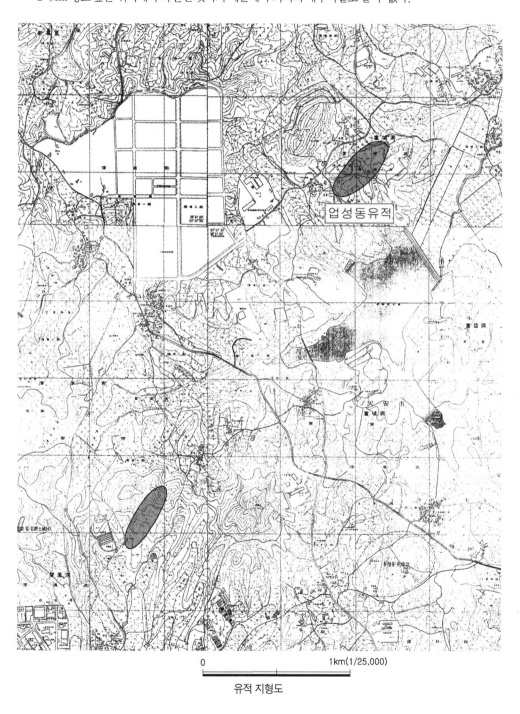

0   1km(1/25,000)

유적 지형도

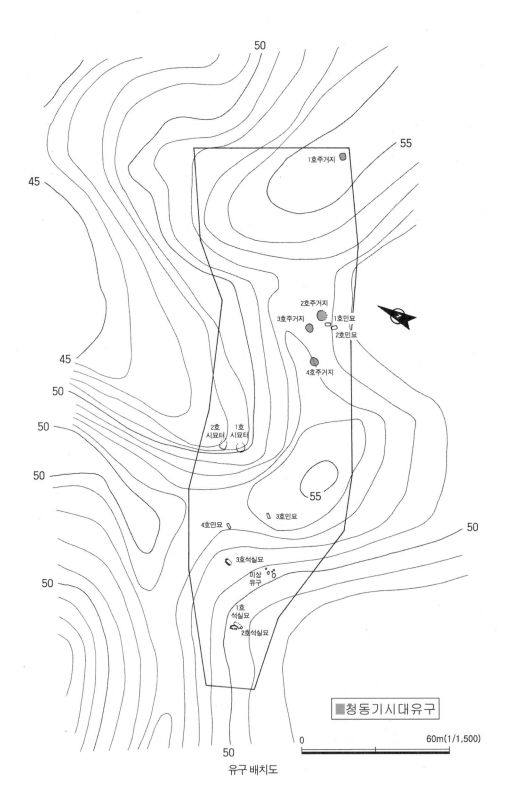

50

55

45

1호주거지

45

50

2호주거지
3호주거지
1호민묘
2호민묘

50

4호주거지

2호
시묘터
1호
시묘터

50

50

55

50

3호민묘

50

4호민묘

50

3호석실묘

미상
유구

50

1호
석실묘

2호석실묘

50

■청동기시대유구

0   60m(1/1,500)

50

유구 배치도

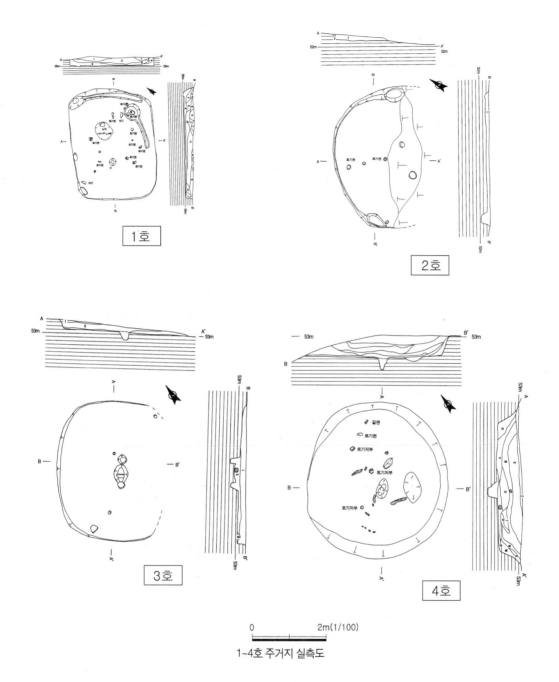

1호

2호

3호

4호

0   2m(1/100)

1~4호 주거지 실측도

2. 천안 백석동유적

1) 조사 개요

유적 위치	충청남도 천안시 백석동 산31-1번지, 40-1번지, 41-1번지, 성성동 일대
조사 기간	1994년 9월 12일~12월 20일, 1995년 6월~10월, 1999년 6월 10일~9월 10일
조사 면적	45,210m²
조사 기관	공주대학교박물관
보고서	이남석·이 훈·이현숙, 1998, 『백석동유적』, 공주대학교박물관 이남석·이현숙, 2000, 『백석·업성동유적』, 공주대학교박물관
주거지 수	94
유적 입지	구릉(해발 65~112m)
추정 연대	기원전 10~7세기
관련 유구	요지 1기, 소형수혈유구 15기

2) 주거지 속성

유구번호	형태	규모(cm) 장축	단축	깊이	면적(m²)	내부시설	주요 출토유물	화재유무	선후관계	절대연대(BC)
A-1호	장방형	650	310	54	20.2	토광형노지 2개	무문토기저부, 지석	무		
A-2호	세장방형	1,270	360	32	45.7	토광형노지 2개	공렬문토기, 무문토기저부, 지석	무	2호→3호	
A-3호	장방형	574	250	90	14.4	토광형노지 2개	구순각목공렬문토기, 적색마연토기	무	2호→3호	
A-4호	세장방형	1,562	322	64	50.3	토광형노지 6개, 저장공	이중구연구순각목공렬단사선문토기, 구순각목문토기, 대부소호, 지석	무		
A-5호	세장방형	1,806	332	70	60.0	토광형노지 3개, 저장공	구순각목공렬문토기, 이단경촉, 지석	무		
A-6호	세장방형	1,498	310	64	46.4	토광형노지 3개, 저장공	대부발, 이중구연구순각목단사선문토기, 구순각목공렬문토기, 이단경촉, 주형석도	무		
A-7호	장방형	652	264	58	17.2	토광형노지 3개	이단경촉, 방추차, 지석	무	7호→요지	
A-8호	세장방형	2,200	350	68	77.0	토광형노지 6개, 저장공	호형토기, 석검, 주형석도, 합인석부	무		
A-9호	세장방형	1,075	370	38	39.8	토광형노지 3개, 저장공	이중구연단사선문토기, 이단경촉, 지석	무	9호→10호	
A-10호	장방형	520	270	46	14.0	토광형노지, 저장공		무	9호→10호	
A-11호	장방형	790	328	30	25.9	토광형노지 3개, 저장공	무문토기저부, 이단경촉	유		
B-1호	세장방형	1,130	350	35	40.0	토광형노지 4개, 저장공	구순각목문토기, 마연토기, 합인석부, 지석	무		
B-2호	세장방형	1,160	350	98	40.6	토광형노지 3개, 저장공	이중구연구순각목공렬단사선문토기, 마연토기, 유경석검, 주형석도, 벼, 콩	유		875 C14연대
B-3호	세장방형	1,005	260 추정	14	26.1 추정	토광형노지, 벽구	구순각목공렬문토기, 공렬문토기, 갈색마연토기, 지석	무		
B-4호	세장방형	672	225	28	15.1	토광형노지 2개, 벽구	호형토기, 적색마연토기, 편평만입촉, 합인석부	무	8호→4호	
B-5①호	방형	492	372	45	18.3	주공		무	5①호→5②호	

호	평면형태					내부시설	유물		비고
B-5 ②호	방형	460	258 추정	16	11.9 추정	토광형노지	무문토기저부, 방추차, 지석	무	5①호→5②호
B-6호	장방형	592	329 추정	40	19.5 추정	타원형토광	적색마연토기, 무문토기저부	무	
B-7호	세장방형	640	240	32	15.4	토광형노지, 벽구	말각평저호, 방추차	무	8호→7호
B-8호	장방형	846	384	34	32.5	토광형노지 2개		무	8호→4·7호
B-9호	세장방형	860	320	26	27.5	토광형노지 2개, 저장공	구순각목공렬문토기, 방추차	무	
B-10호	장방형	616	280 추정	46	17.2 추정	토광형노지 2개	적색마연대부소호, 무문토기저부	무	
B-11호	세장방형	1,004	280	64	28.1	토광형노지 2개, 저장공	구순각목공렬문토기, 구순각목문토기, 갈색마연토기, 유경석검, 합인석부, 지석	무	
B-12호	세장방형	1,124	350	36	39.3	토광형노지 3개	이중구연구순각목공렬단사선문토기, 구순각목공렬문토기, 편평만입촉	무	
B-13호	세장방형	1,636	324	45	53.0	토광형노지 7개, 저장공	구순각목문토기, 갈색마연토기, 석검	무	1,050 C14연대
B-14호	세장방형	856	266	20	22.8	토광형노지 4개, 저장공, 벽구	구순각목공렬문토기, 지석	무	975 C14연대
B-15호	세장방형	1,068	352	64	37.6	토광형노지 2개, 저장공	발형토기, 적색마연대부소호, 갈색마연대부발, 방추차, 지석	무	945 C14연대
B-16호	세장방형	716 잔존	210 잔존	36	·		이단경촉, 지석	무	
B-17호	장방형	600	260	35	15.6	토광형노지 2개	주형석도, 방추차, 지석	무	
B-18호	장방형	452	240	26	10.8	토광형노지	이중구연구순각목단사선문토기	유	
B-19호	세장방형	1,216	282	11	34.3	토광형노지 4개, 저장공	구순각목문토기, 적색마연토기, 주형석도	무	650/835 C14연대
B-20호	세장방형	1,816	292	22	53.0	토광형노지 4개, · 저장공	이중구연구순각목단사선문토기, 적색마연토기, 유경석검, 지석	무	
B-21호	세장방형	962	286	42	27.5	토광형노지 4개, 저장공	구순각목공렬문토기, 석검, 어형석도, 주형석도, 지석	무	
B-22호	세장방형	1,418	302	76	42.8	토광형노지 3개, 저장공	발형토기, 어형석도, 주형석도, 합인석부, 지석	유	
I-1호	세장방형	792	264 잔존	24	·	토광형노지	구순각목공렬문토기, 구순각목문토기, 마연토기, 석도	무	
I-2호	장방형	431	146 추정	26	6.3 추정	토광형노지	마연호형토기, 적색마연토기	유	
I-3호	세장방형	702	263 추정	51	18.5 추정	토광형노지 2개	구순각목문토기, 적색마연토기, 이단경촉, 지석	무	
I-4호	방형	350	146 잔존	32	·	토광형노지	무문토기저부, 석착	무	
I-5호	장방형	612	305 추정	38	18.7 추정	토광형노지	공렬문토기, 무문토기저부	무	
I-6호	장방형	532	244 추정	34	13.0 추정	토광형노지	무문토기저부, 고석	무	
I-7호	방형	358	164 잔존	32	·		적색마연토기, 무문토기저부, 편평만입촉, 합인석부, 지석	무	
I-8호	세장방형	816	233 추정	38	19.0 추정	토광형노지, 벽구	갈색마연토기, 무문토기저부, 편평편인석부	무	
I-9호	방형	268	172 잔존	43	·	토광형노지		무	

호수	평면형태	장축	단축	깊이	면적	내부시설	유물	화재	중복관계	C14연대
I-10호	장방형	463	202 잔존	96	·	토광형노지	구순각목문토기, 공렬문토기, 마연토기, 석촉	유		
I-11호	세장방형	974	377 추정	46	36.7 추정	토광형노지 2개, 저장공	구순각목공렬단사선문토기, 구순각목공렬문토기, 이단경촉, 주형석도	무		
I-12호	세장방형	1,444	356 추정	63	51.4 추정	토광형노지 3개, 저장공	무문토기저부, 합인석부, 지석	무		
I-13①호	세장방형	1,412	311 추정	61	43.9 추정	토광형노지 3개, 저장공	구순각목공렬문토기, 공렬문토기, 적색마연토기, 유경촉, 지석	무	13①호→13②호	
I-13②호	장방형	516	208	101 추정	10.7	토광형노지, 저장공	환상석부	무	13①호→13②호	
I-14호	방형	240 추정	223	21	5.4 추정	토광형노지	갈색마연토기, 무문토기저부, 편평만입촉, 고석, 지석	무		
I-15호	장방형	590	328 추정	63	19.4 추정	토광형노지, 저장공	이중구연구순각목공렬단사선문토기, 구순각목공렬문토기, 마연토기대각부	무		
I-16①호	세장방형	922	347 추정	45	32.0 추정	토광형노지 2개	유혈구이단병검, 지석	무	16①호→16②호	
I-16②호	세장방형	743	273 추정	27	20.3 추정	토광형노지 3개, 저장공	구순각목문토기, 구순각목문마연소호, 적색마연토기, 갈색마연토기, 지석	유	16①호→16②호	
I-17호	세장방형	756	237 추정	40	17.9 추정	토광형노지 2개, 저장공	구순각목공렬문토기, 구순각목문토기, 갈색마연발, 편평만입촉, 유혈구유경촉	무		
I-18호	장방형	732	409 추정	75	29.9 추정	토광형노지 2개, 저장공	무문토기	무		
I-19호	장방형	782	314 잔존	81	·	토광형노지	공렬문토기, 무문토기저부, 지석	무		
I-20호	방형	406	164 잔존	56	·	토광형노지, 단시설	무문토기저부, 방추차	무		
I-21호	방형	408	168 잔존	58	·	토광형노지	석부	무		
I-22호	방형	324	173 잔존	49	·	토광형노지 2개	무문토기동체부	무		
I-23호	세장방형	1,486	512 추정	108	76.1 추정	토광형노지 3개, 저장공, 벽구	구순각목공렬문토기, 구순각목문토기, 적색마연대부소호, 갈색마연대부발, 지석	무		
I-24호	세장방형	1,210	467 추정	103	56.5 추정	토광형노지 4개, 저장공	무문토기동체부	무		
II-1호	세장방형	1,216	270	45	32.8	토광형노지 4개, 저장공	구순각목공렬문토기, 연석	무		
II-2호	세장방형	804	309	65	24.8	토광형노지 2개, 벽구	이중구연구순각목공렬단사선문토기, 적색마연대부소호, 갈색마연토기, 지석	무		1,025/930 C14연대
II-3호	장방형	662	283	45	18.7	토광형노지	이중구연구순각목단사선문토기, 공렬문토기, 적색마연대부소호	유		
II-4호	장방형	556	338	32	18.8	토광형노지	구순각목문토기, 무문토기저부, 방추차	무	4호→소형수혈	
II-5호	장방형	768 잔존	374 추정	56	·	토광형노지 2개, 벽구	이중구연구순각목단사선문토기, 마연대부발	무		
II-6호	세장방형	1,026	265	53	27.2	토광형노지 2개, 저장공	구순각목문토기, 공렬문토기, 갈색마연토기, 이단경촉, 지석	유		
II-7호	세장방형	934	336 잔존	87	·	토광형노지 2개, 저장공	구순각목문토기, 공렬문토기, 갈색마연대부소호, 이단경촉, 지석	무	7호→소형수혈	975/970/530 C14연대
II-8호	장방형	494	192 잔존	47	·	주공		무		
II-9호	세장방형	1,255	373 추정	62	46.8 추정	토광형노지 3개, 저장공	발형토기, 공렬문토기, 합인석부	유		
II-10호	세장방형	1,344	335 잔존	43	·	주공	이중구연구순각목공렬단사선문토기, 구순각목문토기, 갈색마연토기, 합인석부	무		

호	형태					내부시설	유물			
Ⅲ-1호	장방형	687	343	102	23.6	토광형노지 2개, 저장공	발형토기, 공렬문토기, 갈색마연토기	유		925 C14연대
Ⅲ-2호	장방형	752	380 잔존	49	·	토광형노지 3개, 저장공	이중구연단사선문토기, 지석	무		
Ⅲ-3호	세장방형	1,022	318	33	32.5	토광형노지 3개	무문토기저부, 편평편인석부	유		
Ⅲ-4호	세장방형	1,014	270	65	27.4	토광형노지 2개, 저장공	이중구연구순각목공렬단사선문토기, 갈색마연대부발, 지석	유		
Ⅲ-5호	세장방형	1,082	316 잔존	41	·	토광형노지 3개	갈색마연장경호, 무문토기저부	무	소형수혈 →5호	960/935 C14연대
Ⅲ-6호	장방형	588	288 잔존	49	·	주공	이중구연구순각목단사선문토기, 방추차	무		
Ⅲ-7호	방형	400	220 잔존	16	·	토광형노지	고석	무		
Ⅲ-8호	장방형	706 잔존	365	23	·	토광형노지, 저장공		유		
Ⅲ-9호	세장방형	1,075	289	65	31.1	토광형노지 3개, 저장공, 벽구	무문토기저부, 석검, 이단경촉	무		
Ⅳ-1호	세장방형	1,196 잔존	256	18	·	토광형노지 4개	구순각목문토기, 무문토기저부	무		
Ⅳ-2호	세장방형	1,673	318	58	53.2	토광형노지 5개, 저장공	구순각목공렬문토기, 구순각목문토기, 공렬문토기, 마연대부발, 갈색마연토기	무		
Ⅳ-3호	장방형	665	298	37	19.8	토광형노지	공렬문토기, 적색마연대부소호, 이단경촉, 합인석부, 지석	무	3호→ 소형수혈	
Ⅳ-4호	세장방형	1,256	338	38	42.5	토광형노지 5개, 저장공, 벽구	구순각목문토기, 갈색마연대부발, 갈색마연토기, 주형석도, 지석	무	4호→ 소형수혈	
새-1호	세장방형	1,815 추정	289 추정	87	52.5 추정	토광형노지 4개	구순각목문토기, 갈색마연토기, 지석	무	1호→ 7호수혈	
새-2호	세장방형	1,182	300	67	35.5	토광형노지 3개, 저장공	구순각목공렬단사선문토기, 적색마연대부발, 유혈구이단경촉	유		1,000/1,050 C14연대
새-3호	세장방형	1,398	360	95	50.3	토광형노지 4개, 저장공, 벽구	구순각목공렬문토기, 단사선문토기, 갈색마연대부발, 석검, 이단경촉, 지석	유		1,825/3,200/1, 020 C14연대
새-4호	세장방형	735	160 잔존	26	·	주공	갈색마연대부발, 무문토기저부	무		
새-5호	장방형	838 추정	322 추정	37	27.0 추정	토광형노지 2개, 벽구	구순각목공렬문토기, 공렬문토기	무		
새-6호	장방형	698	300	62	20.9	토광형노지 2개	적색마연토기, 무문토기저부	무		
새-7호	세장방형	732	285	40	20.9	토광형노지 2개, 저장공	합인석부	무		
새-8호	세장방형	485 잔존	264 잔존	22	·	토광형노지, 저장공	무문토기저부, 석재	무		
새-9호	장방형	300 잔존	210 잔존	10	·	주공		무		
새-10호	세장방형	1,306	378	45	49.4	토광형노지 4개, 저장공	구순각목공렬문토기, 구순각목문토기, 갈색마연토기, 편평편인석부	무		
새-11호	세장방형	790	296	50	23.4	토광형노지 2개, 저장공, 벽구	발형토기, 호형토기, 무문토기저부	무		

※ 새천안번영로 발굴조사지역의 주거지는 '새'로 표현하였다. Ⅱ-11호 주거지의 경우 유사한 규모·형태의 유구를 새천안번영로 발굴조사지역에서는 단순 수혈로 보고하고 있어, 이에 따라 소형수혈유구에 포함시켰다. 또, 유물이 출토되지 않아 정확한 시기를 판단할 수 없었던 수혈들도 새천안번영로 조사지역에서는 대부분이 청동기시대로 상정되고 있어, 이 모두를 관련 유구에 해당하는 것으로 보았다. 한편, 새-4호 주거지의 도면에는 토광형 노지가 표현되어 있지만 유구 설명과 사진에서 확인되지 않기 때문에 존재하지 않는 것으로 판단하였으며, 반대로 새-8호 주거지의 경우 도면에는 없지만 설명과 사진에서 확인되어 노지의 존재를 인정할 수 있다.

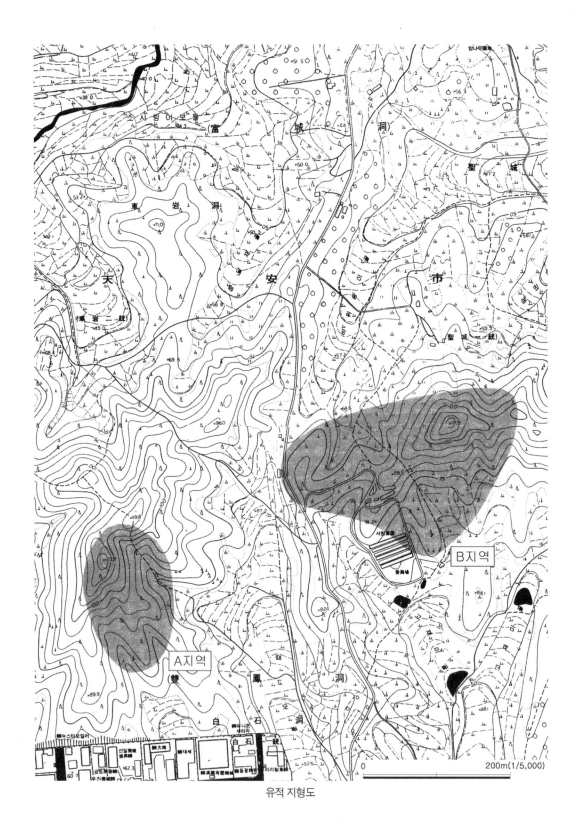

유적 지형도

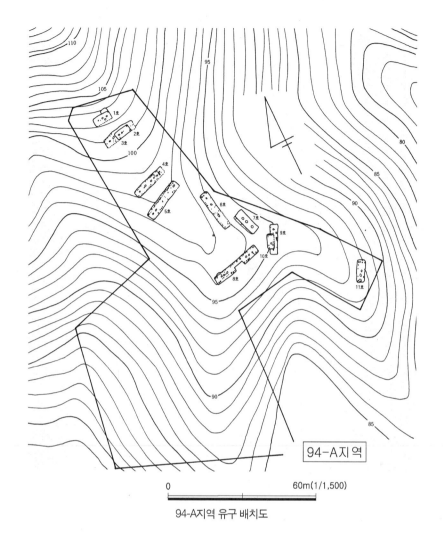

94-A지역

0   60m(1/1,500)

94-A지역 유구 배치도

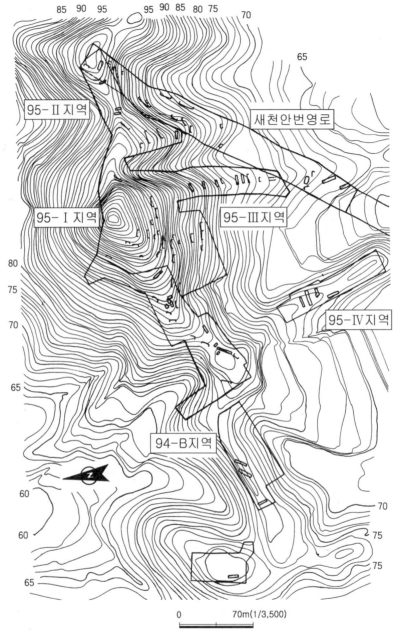

85 90 95   95 90 85 80 75   70

65

95-Ⅱ지역   새천안번영로

95-Ⅰ지역   95-Ⅲ지역

80   95-Ⅳ지역
75

70

65

94-B지역

60

60

65

0   70m(1/3,500)

94-B · 95-Ⅰ ~Ⅳ지역 · 새천안번영로 유구 배치도

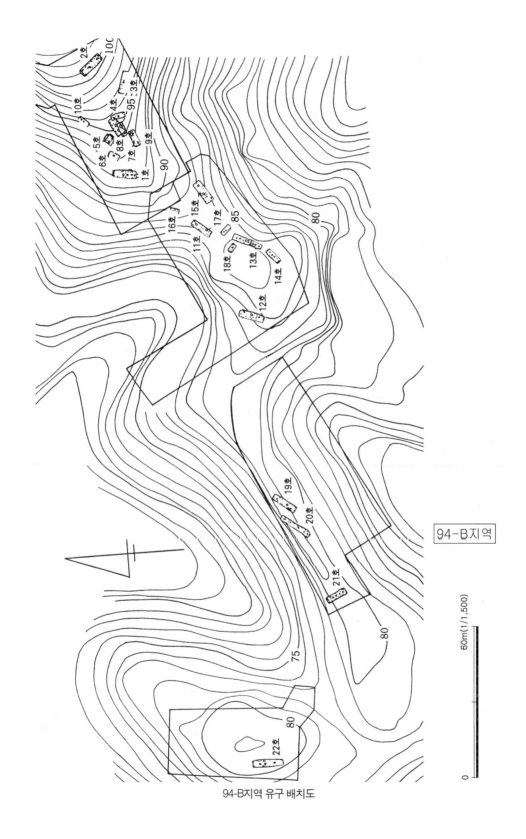

94-B지역 유구 배치도

94-B지역

60m(1/1,500)

0

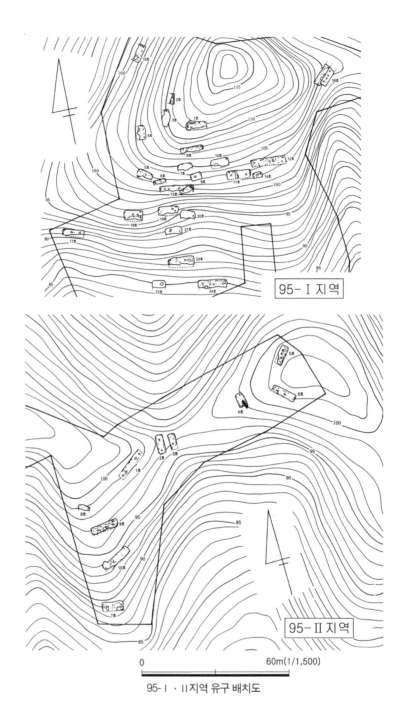

95-I지역

95-II지역

0   60m(1/1,500)

95-I · II지역 유구 배치도

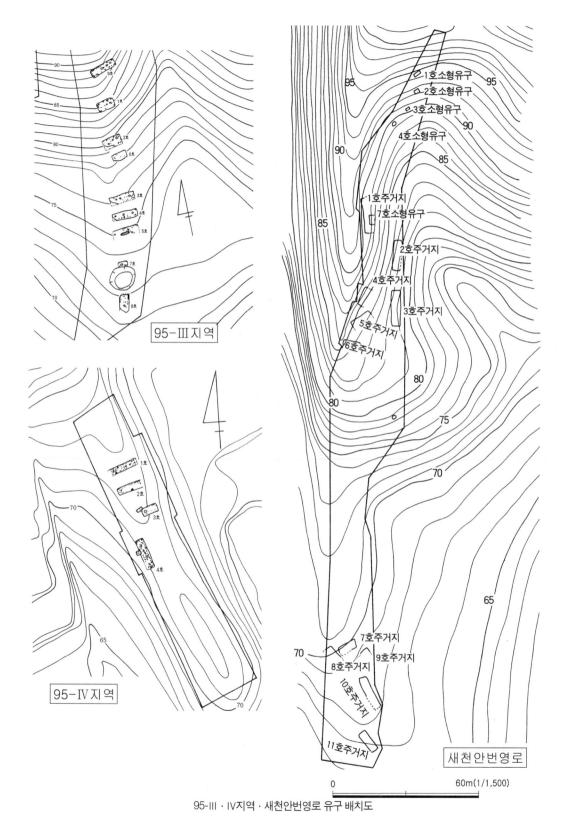

95-III지역

95-IV지역

1호소형유구
2호소형유구
3호소형유구
4호소형유구
1호주거지
7호소형유구
2호주거지
4호주거지
3호주거지
5호주거지
6호주거지
7호주거지
9호주거지
8호주거지
10호주거지
11호주거지

새천안번영로

0   60m(1/1,500)

95-III · IV지역 · 새천안번영로 유구 배치도

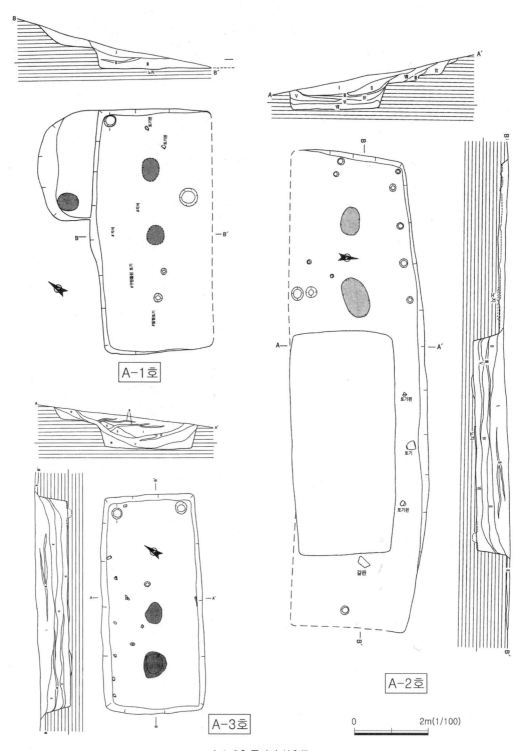

A-1호

A-2호

A-3호

0   2m(1/100)

A-1~3호 주거지 실측도

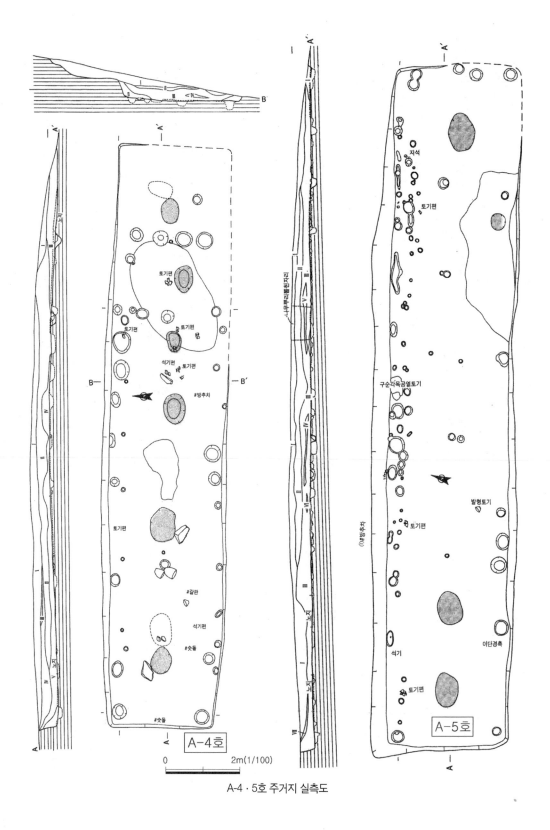

지석

토기편

구순각목공열토기

발형토기

이단경촉

석기

토기편

토기편

토기편

석기편

#방추차

토기편

#갈판

석기편

#숫돌

#숫돌

A-4호

A-5호

0   2m(1/100)

A-4 · 5호 주거지 실측도

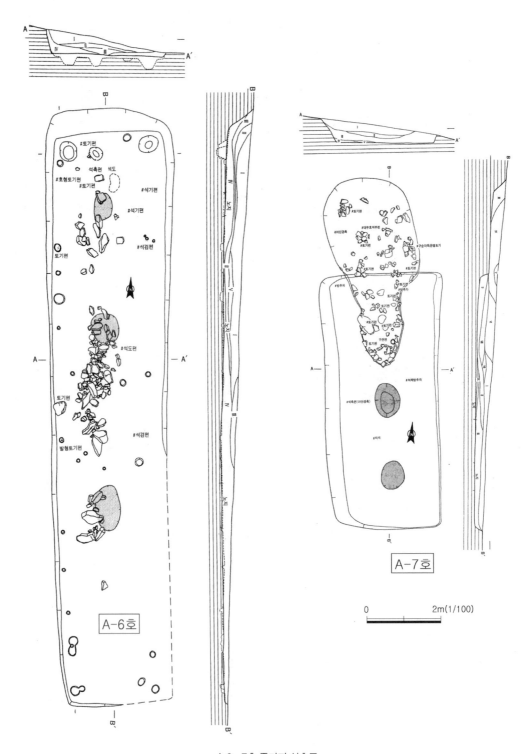

A-6 · 7호 주거지 실측도

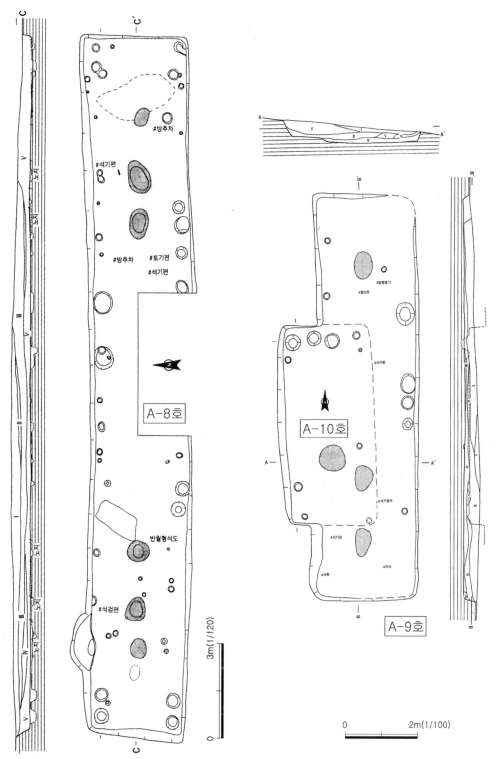

#방추차

#석기편

#방추차 #토기편
#석기편

A-8호

반월형석도

#석검편

3m(1/120)

A-10호

#발형토기

#흥도편

#석기편

#석기원석

#석기편

#석촉

#지석

A-9호

0   2m(1/100)

A-8~10호 주거지 실측도

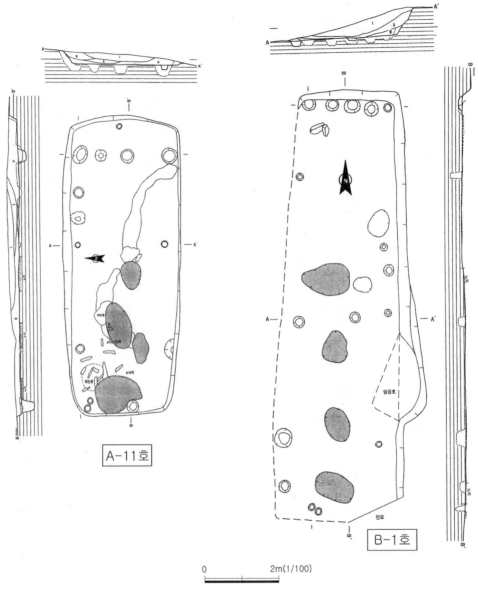

A-11호

B-1호

0   2m(1/100)

A-11 · B-1호 주거지 실측도

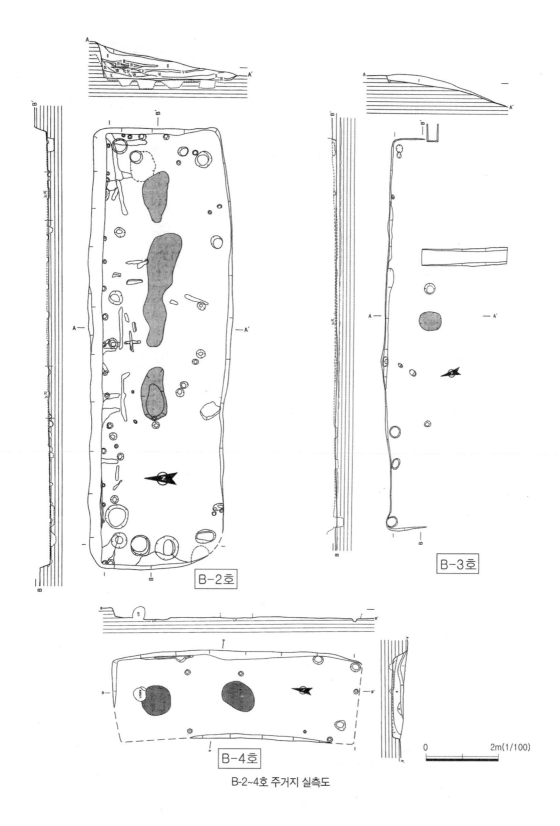

B-2호

B-3호

B-4호

B-2~4호 주거지 실측도

0   2m(1/100)

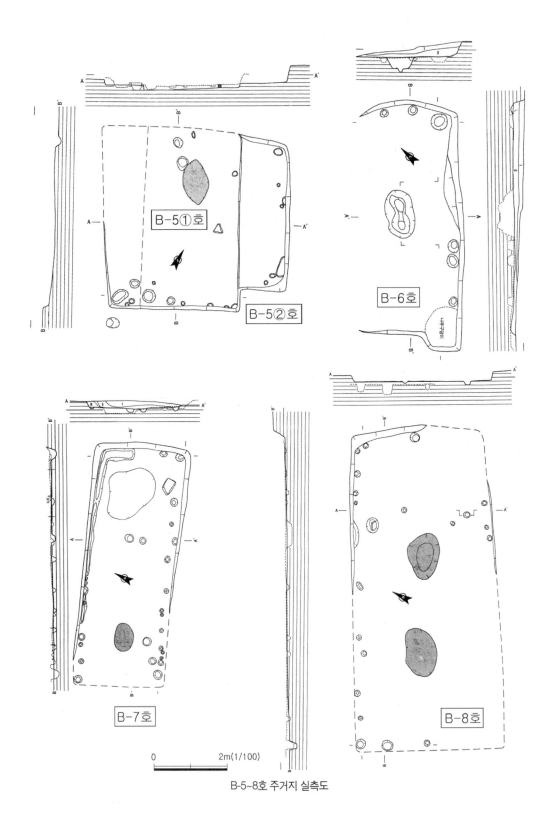

B-5~8호 주거지 실측도

0   2m(1/100)

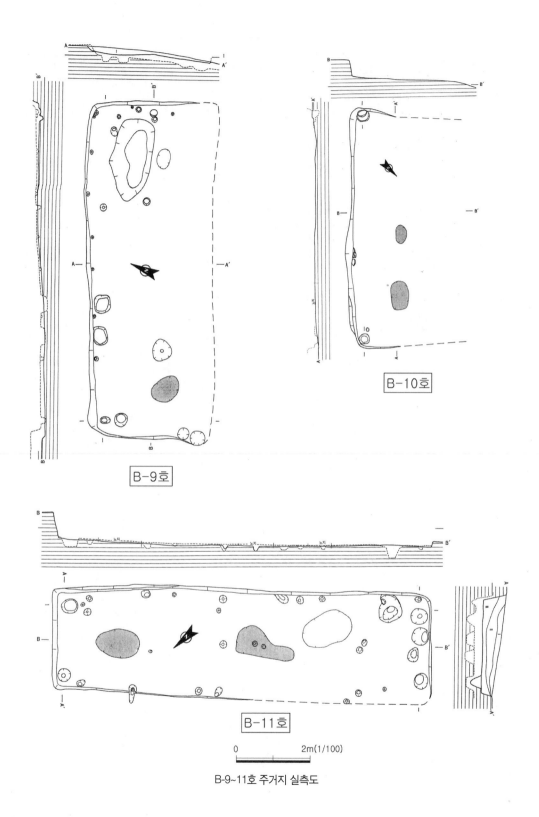

B-10호

B-9호

B-11호

0   2m(1/100)

B-9~11호 주거지 실측도

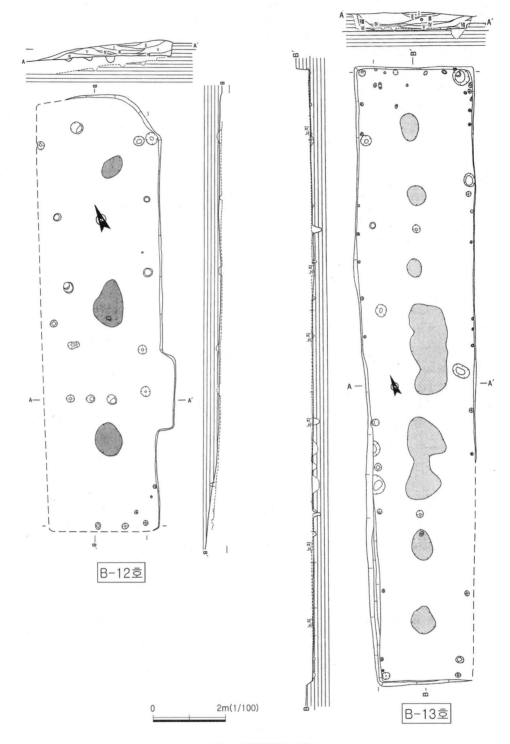

B-12호

B-13호

0　　　　2m(1/100)

B-12 · 13호 주거지 실측도

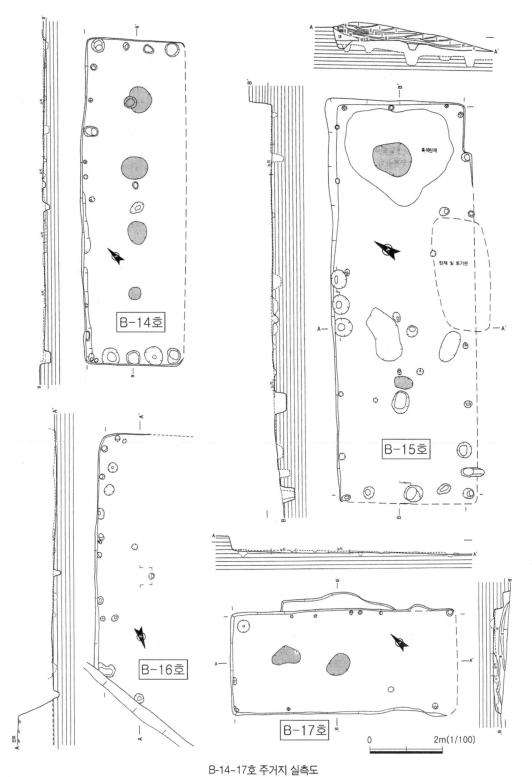

B-14호

B-15호

흑색만재

만재 및 토기편

B-16호

B-17호

0   2m(1/100)

B-14~17호 주거지 실측도

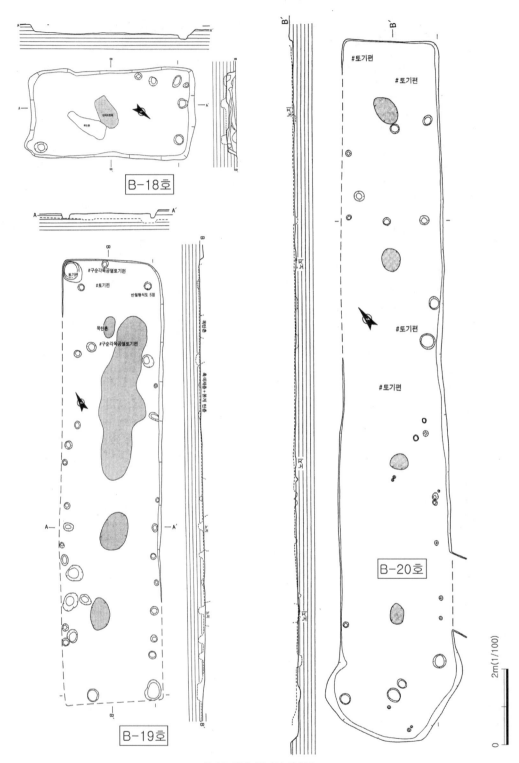

B-18호

B-19호

#구순각목공열토기편
#토기편
반월형석도 5점

목탄촌
#구순각목공열토기편

B-20호

#토기편
#토기편

#토기편

#토기편

B-18~20호 주거지 실측도

2m(1/100)

0

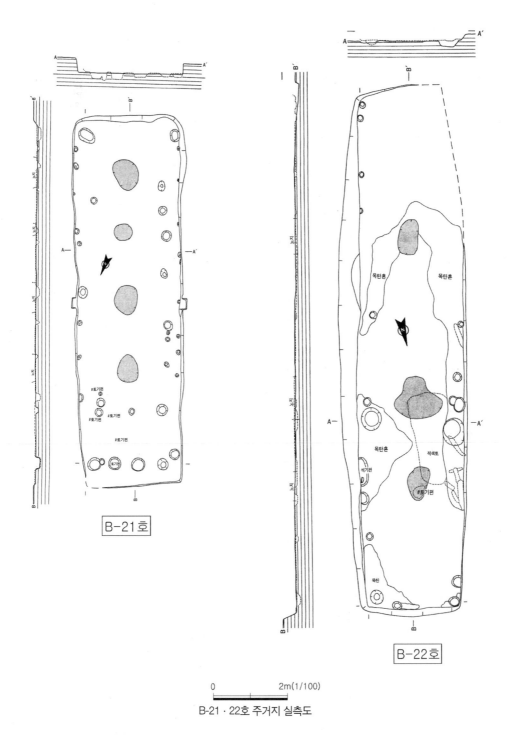

B-21호

B-22호

목탄흔
목탄흔
목탄흔
석기편
석색토
#토기편
목탄

#토기편
#토기편
#토기편
#토기편

0   2m(1/100)

B-21 · 22호 주거지 실측도

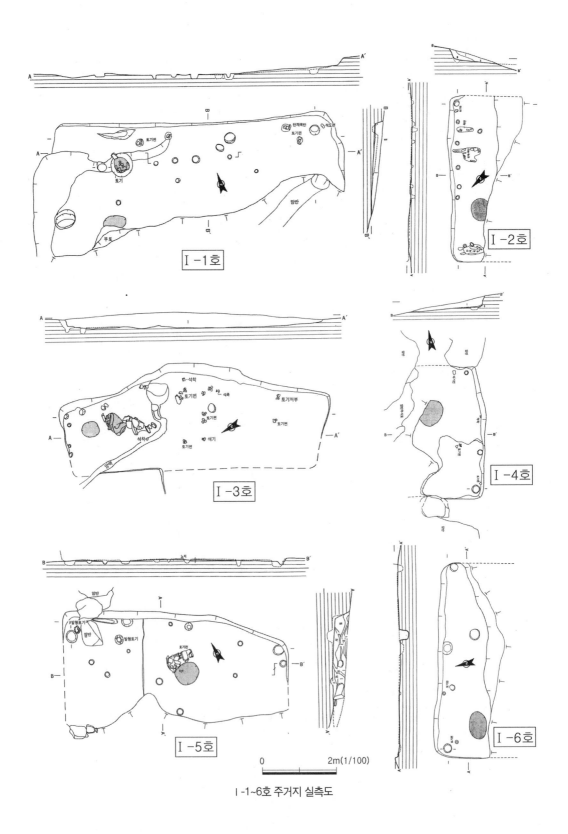

I-1~6호 주거지 실측도

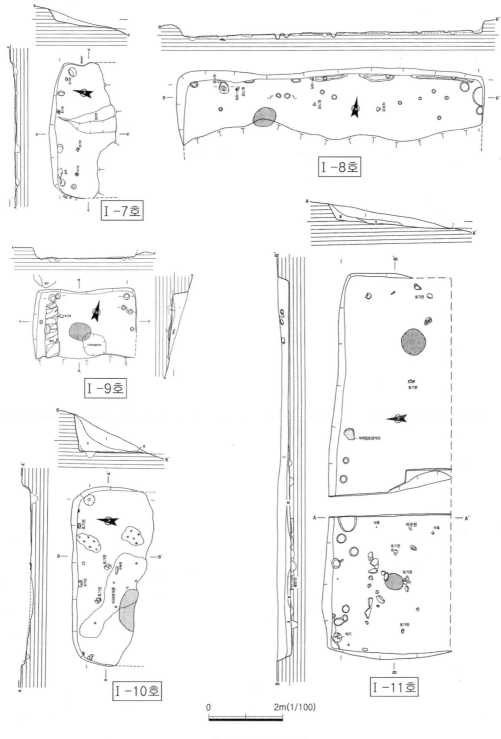

I -7호

I -8호

I -9호

I -10호

I -11호

0   2m(1/100)

I -7~11호 주거지 실측도

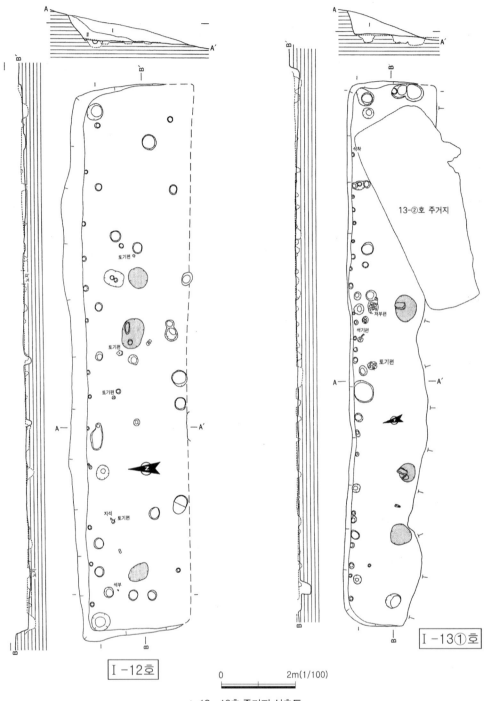

토기편

토기편

토기편

지석 토기편

석부

석착

13-②호 주거지

저부편

석기편

토기편

Ⅰ-13①호

Ⅰ-12호

0   2m(1/100)

Ⅰ-12 · 13호 주거지 실측도

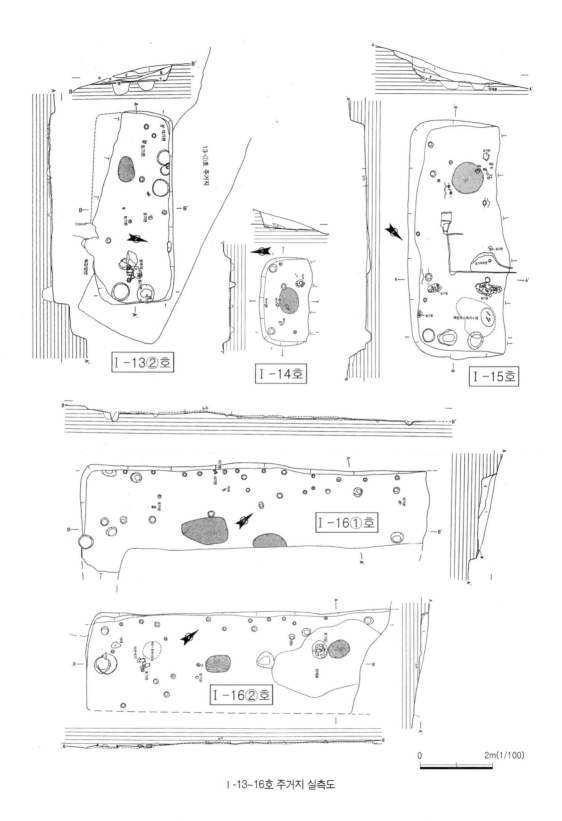

Ⅰ-13②호

Ⅰ-14호

Ⅰ-15호

Ⅰ-16①호

Ⅰ-16②호

0   2m(1/100)

Ⅰ-13~16호 주거지 실측도

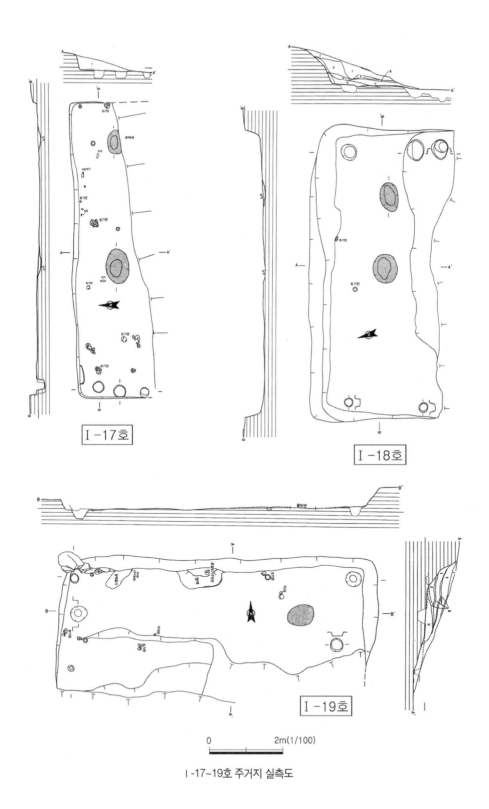

Ⅰ-17호

Ⅰ-18호

Ⅰ-19호

0　　　　　　　　2m(1/100)

Ⅰ-17~19호 주거지 실측도

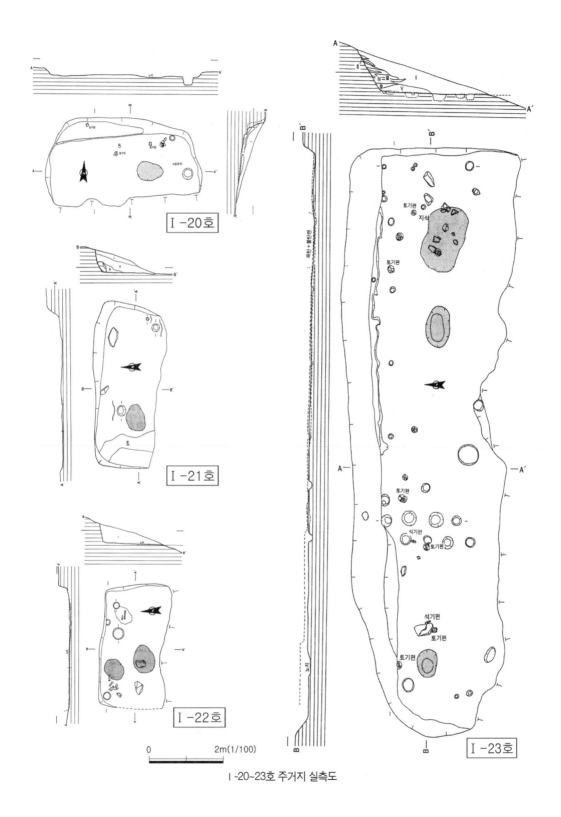

I 20호

I -21호

I -22호

0   2m(1/100)

I -20~23호 주거지 실측도

I -23호

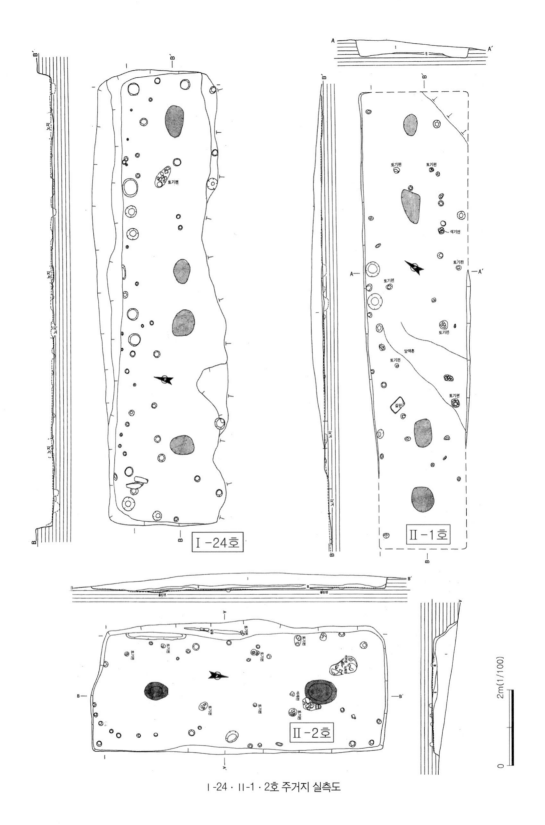

Ⅰ-24호

Ⅱ-1호

Ⅱ-2호

2m(1/100)

Ⅰ-24 · Ⅱ-1 · 2호 주거지 실측도

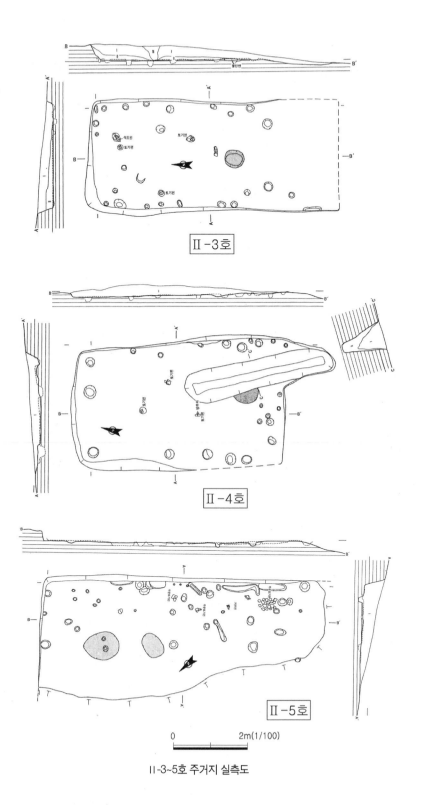

Ⅱ-3호

Ⅱ-4호

Ⅱ-5호

0   2m(1/100)

Ⅱ-3~5호 주거지 실측도

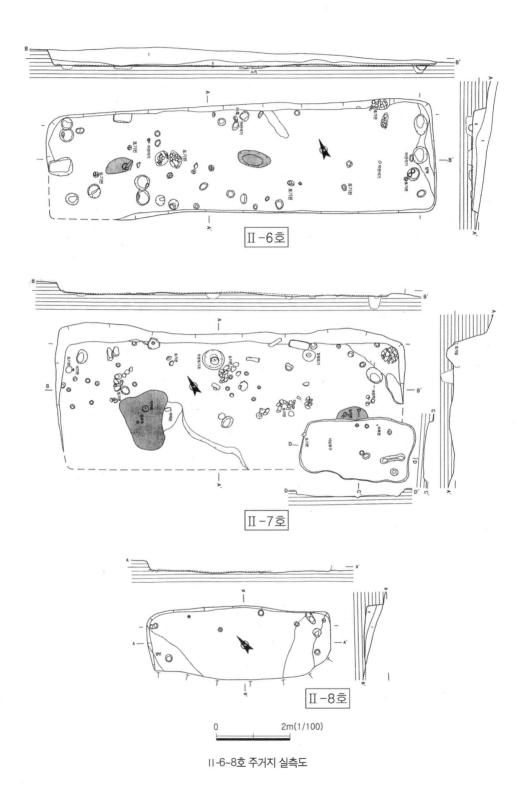

Ⅱ-6호

Ⅱ-7호

Ⅱ-8호

0   2m(1/100)

II-6~8호 주거지 실측도

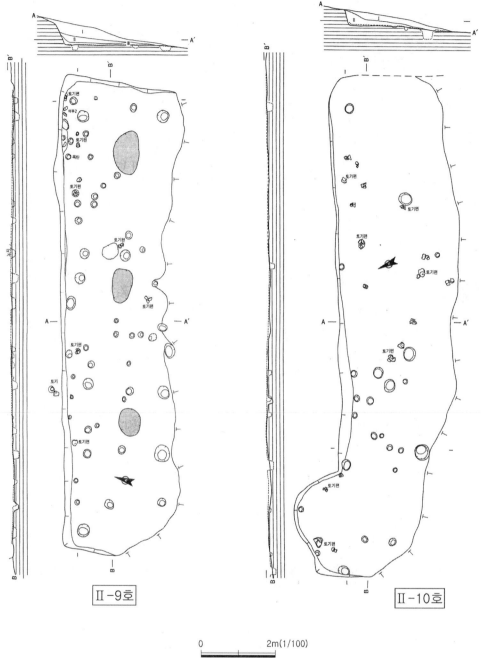

Ⅱ-9호

Ⅱ-10호

0   2m(1/100)

II-9·10호 주거지 실측도

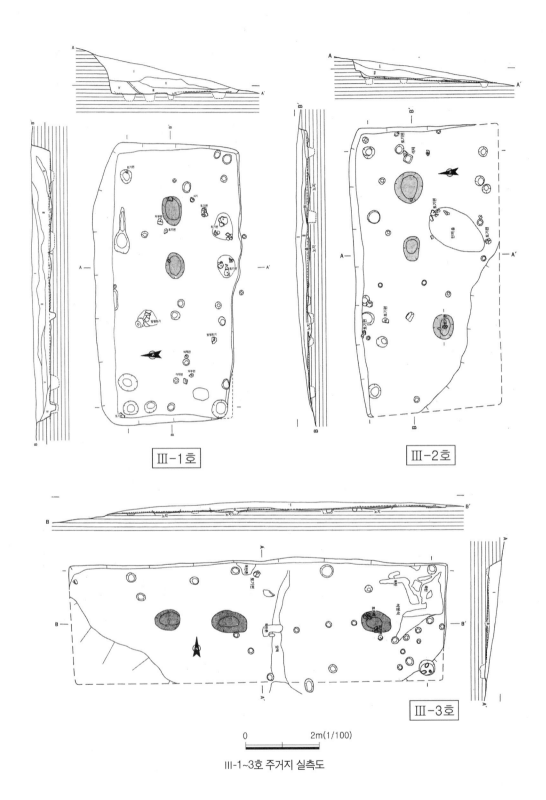

Ⅲ-1호

Ⅲ-2호

Ⅲ-3호

0   2m(1/100)

Ⅲ-1~3호 주거지 실측도

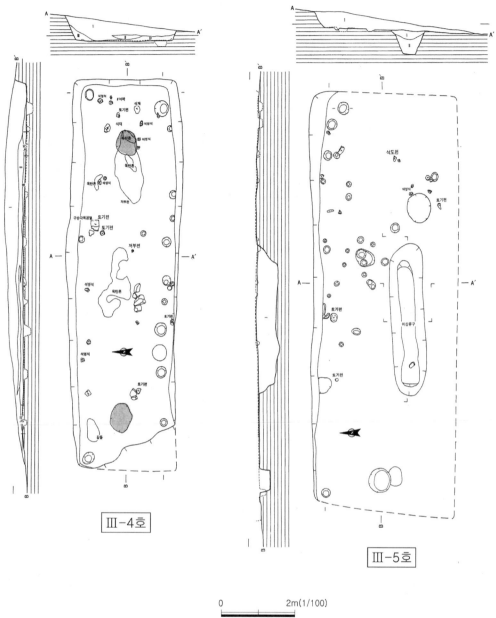

Ⅲ-4호

Ⅲ-5호

0   2m(1/100)

Ⅲ-4·5호 주거지 실측도

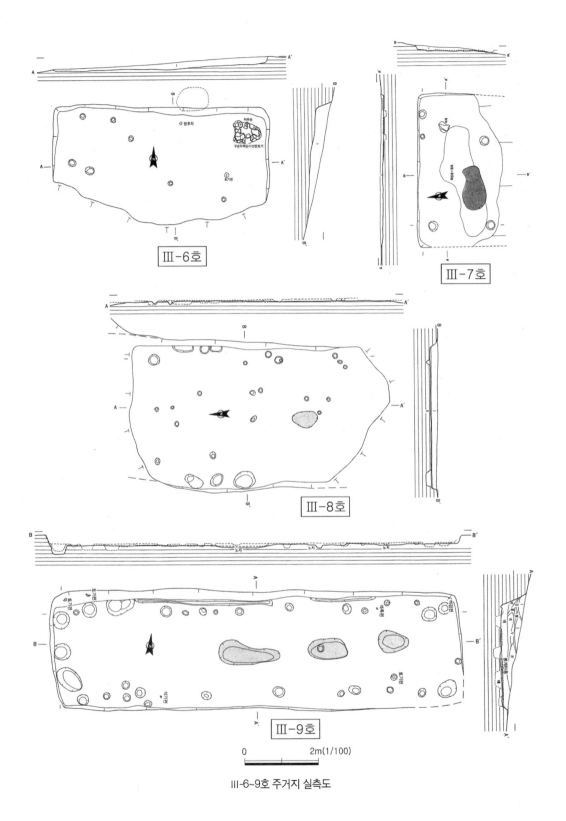

Ⅲ-6호

Ⅲ-7호

Ⅲ-8호

Ⅲ-9호

0   2m(1/100)

Ⅲ-6~9호 주거지 실측도

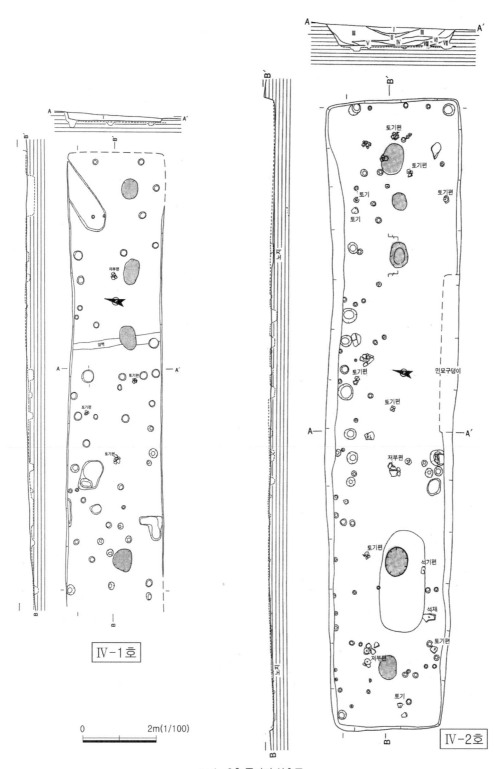

0   2m(1/100)

IV-1호

IV-2호

토기편
저부편
토기
민묘구덩이
석기편
석재

IV-1 · 2호 주거지 실측도

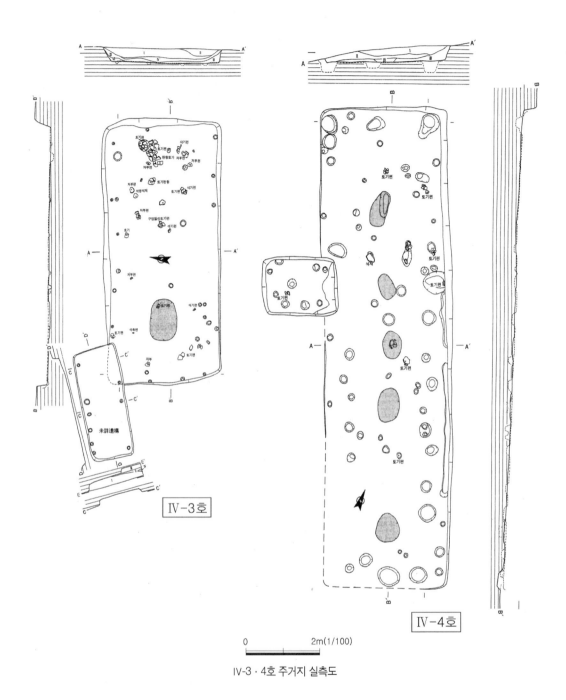

IV-3호

IV-4호

0   2m(1/100)

IV-3 · 4호 주거지 실측도

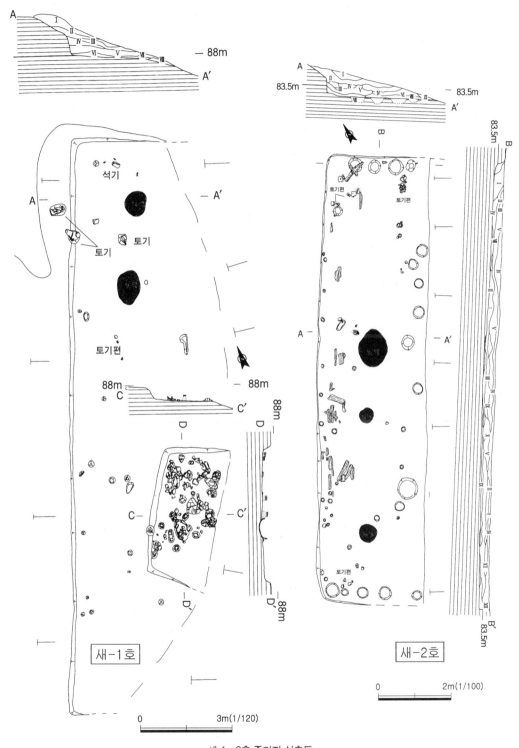

석기

토기

토기

토기편

88m

C

C'

D

D'

새-1호

88m

88m

88m

88m

토기편

토기편

토기편

새-2호

0   3m(1/120)

0   2m(1/100)

새-1 · 2호 주거지 실측도

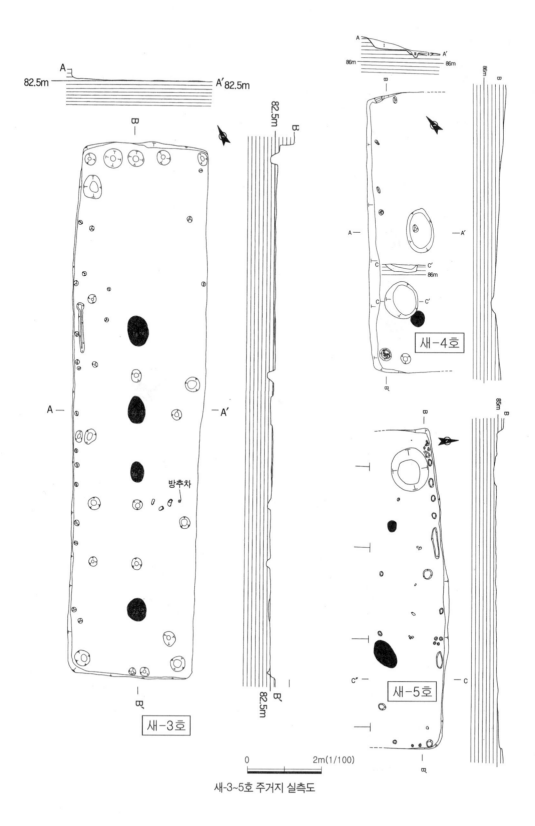

방추차

82.5m

새-3호

새-4호

새-5호

0   2m(1/100)

새-3~5호 주거지 실측도

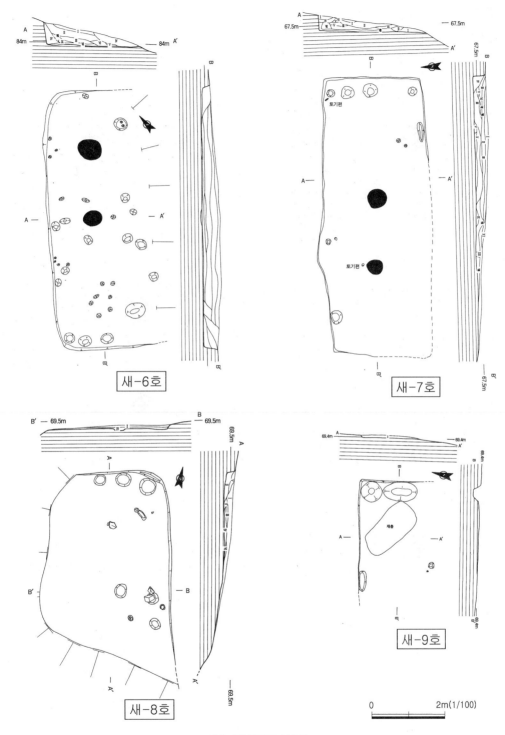

새-6호

새-7호

새-8호

새-9호

0   2m(1/100)

새-6~9호 주거지 실측도

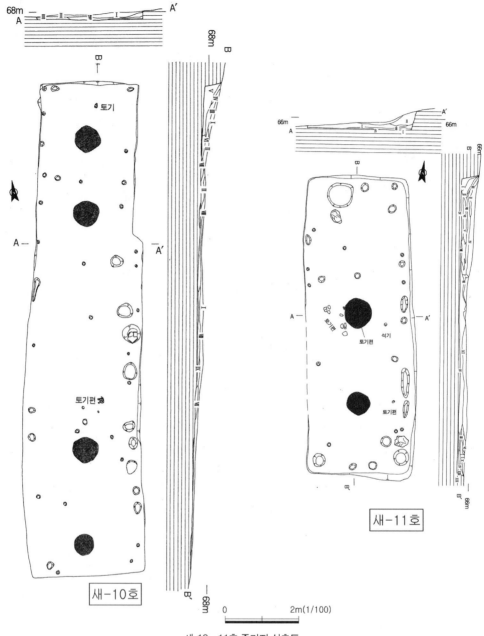

새-10·11호 주거지 실측도

3. 천안 두정동유적

1) 조사 개요

유적 위치	충청남도 천안시 두정동 178-40(임), 성성동 141-10(과) 일대
조사 기간	1998년 12월 23일~1999년 5월 21일
조사 면적	39,670m²
조사 기관	충청매장문화재연구원
보고서	류기정·양미옥, 2001, 『천안 두정동유적』, 충청매장문화재연구원
주거지 수	3
유적 입지	D지구-구릉(해발 68~72m)
추정 연대	청동기시대의 이른 시기
관련 유구	없음

2) 주거지 속성

유구 번호	형태	규모(cm)			면적 (m²)	내부시설	주요 출토유물	화재 유무	절대연대 (BC)
		장축	단축	깊이					
1호	장방형	1,030	587	38	60.5	무시설식노지 2개, 벽구, 저장공	이중구연단사선문토기, 무문토기저부, 이단경촉, 지석	유	1,737-1,005 C14연대
2호	장방형	895	480 추정	20	43.0 추정	무시설식노지, 벽구	이중구연단사선문토기, 대부소호대각부	유	
3호	장방형	736	470 추정	50	34.6 추정	무시설식노지, 벽구, 저장공	무문토기저부, 방추차	유	1,370-933 C14연대

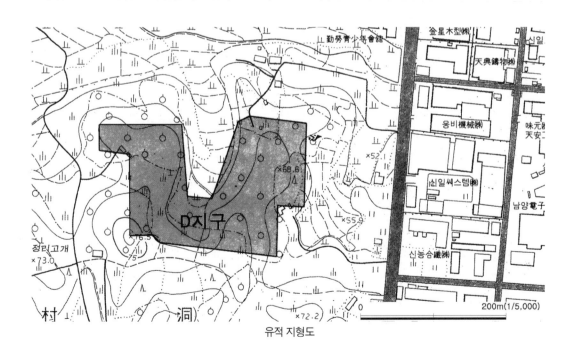

유적 지형도

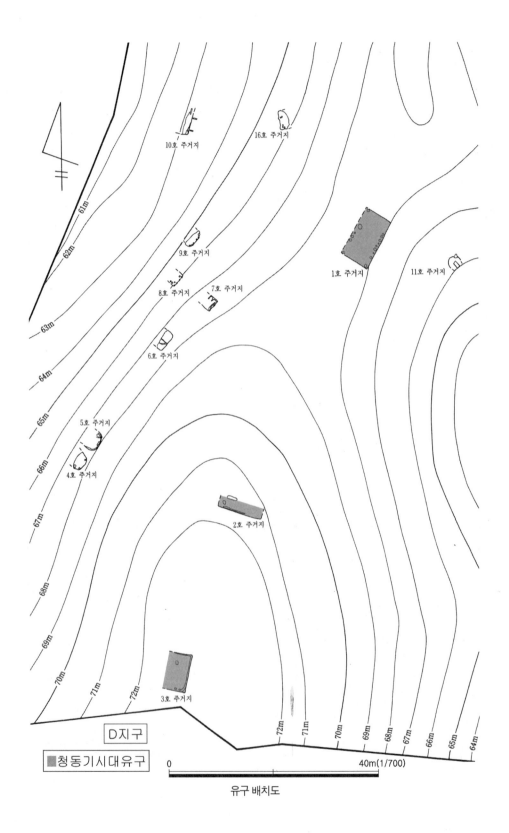

10호 주거지

16호 주거지

9호 주거지

8호 주거지　7호 주거지

1호 주거지

11호 주거지

6호 주거지

5호 주거지

4호 주거지

2호 주거지

3호 주거지

D지구

청동기시대유구

0　　　　　　　　　　　　40m(1/700)

유구 배치도

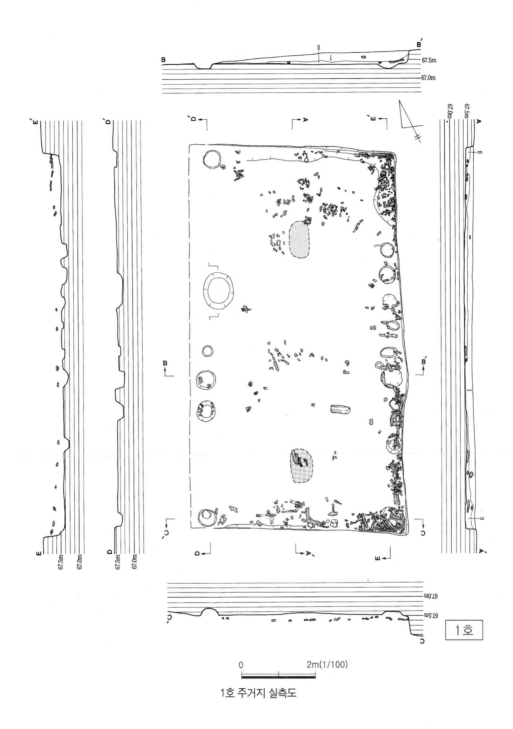

0   2m(1/100)

1호 주거지 실측도

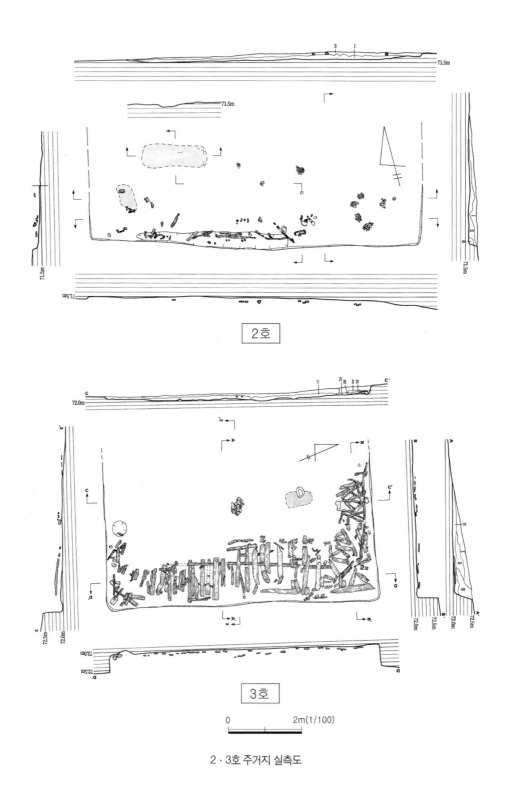

2호

3호

0   2m(1/100)

2 · 3호 주거지 실측도

4. 천안 불당동유적

1) 조사 개요

유적 위치	충청남도 천안시 불당동 일대
조사 기간	2002년 5월 24일~8월 18일, 2002년 10월 2일~2003년 1월 9일
조사 면적	33,000m²
조사 기관	충청남도역사문화원
보고서	충청남도역사문화원, 2004, 『천안 불당동유적』
주거지 수	41
유적 입지	Ⅱ지역-구릉(해발 51~65m), Ⅲ지역-구릉(해발 64~71m)
추정 연대	전기-기원전 9~8세기, 후기-기원전 7~6세기
관련 유구	소형수혈유구 7기

2) 주거지 속성

유구 번호	형태	규모(cm) 장축	규모(cm) 단축	규모(cm) 깊이	면적 (m²)	내부시설	주요 출토유물	화재 유무	선후 관계	절대연대 (BC)
Ⅱ-1호	세장 방형	1,480	340	50	50.3	무시설식노지 6개, 저장공	구순각목공렬문토기, 무문토기저부, 환상석부	무		
Ⅱ-2호	세장 방형	2,260 추정	380	22	85.9 추정	무시설식노지 10개, 벽구	구순각목공렬문토기, 공렬문토기, 무문토기저부	유		1,120-900 AMS
Ⅱ-3호	세장 방형	920	300	60	27.6	무시설식노지 3개, 벽구, 저장공	무문토기저부, 이단병검, 방추차	무	3호→14 ·15호	
Ⅱ-4호	장방형	714	360 추정	28	25.7 추정	무시설식노지, 저장공	무문토기	무		
Ⅱ-5호	방형	510	360 추정	18	18.4 추정	무시설식노지, 벽구, 저장공	주상편인석부, 방추차	무		
Ⅱ-6호	세장 방형	1,084 잔존	300 추정	26	·	무시설식노지 5개, 벽구, 저장공	발형토기, 무문토기저부	무		
Ⅱ-7호	장방형	744	344	62	25.6	무시설식노지 2개, 벽구, 저장공	무문토기저부	무		
Ⅱ-8호	세장 방형	996 잔존	294	60	·	무시설식노지 2개, 저장공	마연토기, 공렬문토기, 무문토기저부, 편평편인석부	무		
Ⅱ-9호	장방형	360 잔존	280 추정	32	·	무시설식노지 2개	무문토기	무		
Ⅱ-10호	세장 방형	804 잔존	334	40	·	무시설식노지 4개, 저장공	공렬문토기, 무문토기저부	무		1,060-890·88 0-840 AMS
Ⅱ-11호	방형	434 추정	424	11	18.4 추정	주공	마연토기, 무문토기저부, 유경석검	무		
Ⅱ-12호	원형	490	473 추정	42	18.2 추정	타원형토광, 4주	구순각목문토기, 무문토기저부, 석도	무		900-790 AMS
Ⅱ-13호	말각 방형	610 잔존	240 잔존	34	·	벽구	마연토기, 무문토기저부	무		
Ⅱ-14호	타원형	460	394	52	14.2	타원형토광	구순각목문토기, 무문토기저부	무	3호→14호	
Ⅱ-15호	원형	396	378	48	11.8	타원형토광	무문토기저부	무	3호→15호	
Ⅱ-16호	방형	366	240 추정	24	8.8 추정	2주	무문토기저부	무		

						내부시설	유물		비고
II-17호	원형	640 추정	640 추정	14	32.2 추정	타원형토광, 4주, 구시설	무문토기저부	무	
II-18호	말각방형	510	383	25	19.5	타원형토광, 벽구	마연토기, 무문토기저부	무	
II-19호	방형	394	266	64	10.5	벽구	공렬문토기, 무문토기저부, 편평편인석부	유	750-150 C14연대
II-20호	세장방형	918	314	72	28.8	무시설식노지 3개, 저장공	마연토기, 구순각목공렬문토기, 공렬문토기, 이단경촉	유	
III-1호	장방형	590	300	45	17.7	토광형노지, 벽구, 저장공	구순각목공렬문토기, 구순각목문토기	무	
III-2호	세장방형	820	260	32	21.3	무시설식노지 3개, 벽구, 저장공	마연토기, 구순각목문토기, 무문토기저부, 편평편인석부	무	
III-3호	세장방형	1,620 잔존	392	60	·	무시설식노지 7개, 벽구, 저장공	마연토기, 구순각목공렬문토기, 무문토기저부, 지석	무	1,130-900 AMS
III-4호	세장방형	815	260	40	21.2	무시설식노지 2개, 저장공	편평편인석부	무	
III-5호	세장방형	1,320	310	20	40.9	무시설식노지 5개, 저장공	구순각목문토기, 무문토기저부	무	5호→4호 수혈
III-6호	세장방형	1,476	356	54	52.5	무시설식노지 8개, 벽구, 저장공, 일부점토다짐	마연토기, 구순각목공렬문토기, 구순각목문토기, 이단병검, 지석	무	930-800 AMS
III-7호	세장방형	1,070	390	80	41.7	토광형노지 3개, 벽구, 저장공	마연토기, 구순각목공렬문토기, 공렬문토기, 대각부, 주형석도	무	
III-8호	세장방형	1,458	260 추정	18	37.9 추정	무시설식노지 3개, 벽구	구순각목문토기, 무문토기저부, 지석	무	
III-9호	세장방형	1,170	390	40	45.6	무시설식노지 5개, 벽구, 저장공	마연토기, 구순각목공렬문토기, 구순각목문토기, 공렬문토기	무	1,000-810 AMS
III-10호	장방형	590	250	20	14.8	무시설식노지, 저장공	마연대부발, 구순각목문토기, 구순각목공렬문토기	무	
III-11호	세장방형	900 잔존	320 추정	20	·	위석식노지 2개, 저장공	구순각목공렬문토기, 무문토기대각부, 편평만입촉	무	11호→15호
III-12호	세장방형	1,270	320	15	40.6	무시설식노지 4개, 벽구, 저장공	무문토기저부, 합인석부	무	12호→17·18호
III-13호	세장방형	976 잔존	380 추정	18	·	토광형노지 2개	마연토기, 구순각목공렬문토기, 무문토기저부	유	1,260-1,230·1,220-900 AMS
III-14호	장방형	490	240	10	11.8	토광형노지, 저장공	무문토기저부, 방추차	무	
III-15호	방형	280	220 잔존	5	·	벽구, 저장공		무	11호→15호
III-16호	원형	528 추정	490	10	20.3 추정	타원형토광, 4주, 벽구	발형토기, 구순각목공렬문토기, 일단경촉	무	
III-17호	원형	468	462	15	17.0	타원형토광, 4주	무문토기	무	12호→17호
III-18호	원형	384	324	15	9.8	타원형토광	무문토기	무	12호→18호
III-19호	타원형	430	396 추정	25	13.4 추정	타원형토광, 벽구	무문토기	무	
III-20호	말각방형	564	450 추정	66	25.4 추정	타원형토광, 벽구	무문토기저부	무	
III-21호	말각방형	580	460	25	26.7	타원형토광, 4주(추정)	마연토기, 무문토기저부, 고석	무	

※ 주거지 내부시설에서 '2주'로 표현한 것은 소위 '둔천동식 주거지'에서 확인되는 2개의 주공을 의미한다.

Ⅰ地域

Ⅲ地域

Ⅱ地域

0   300m(1/6,000)

유적 지형도

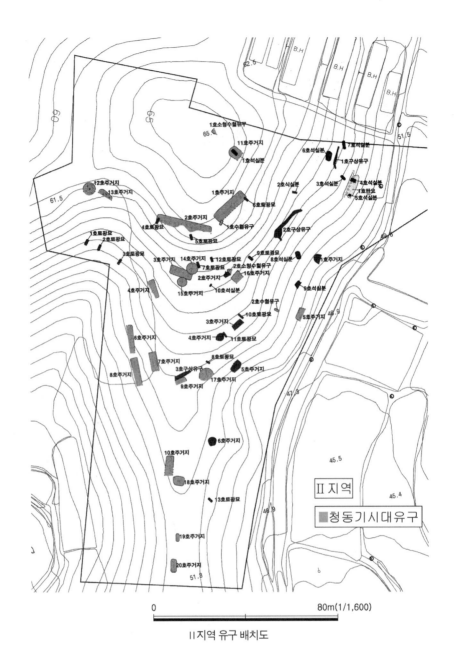

0   80m(1/1,600)

II지역 유구 배치도

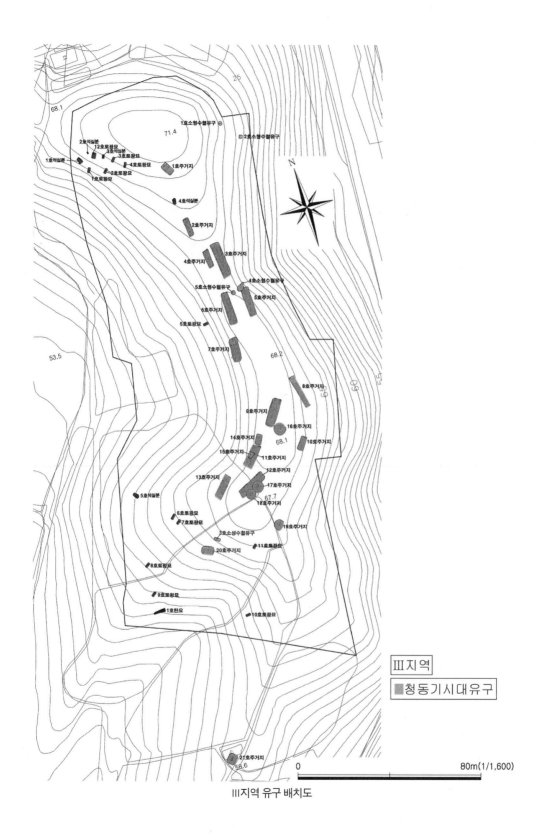

1호소형수혈유구

2호소형수혈유구

2호석실분
12호토광묘
3호석실분
1호석실분
4호토광묘
2호토광묘
3호토광묘
1호토광묘
1호주거지
71.4

4호석실분

2호주거지

3호주거지
4호주거지

4호소형수혈유구
5호소형수혈유구
5호주거지
6호주거지
5호토광묘

7호주거지
68.2

8호주거지

9호주거지
16호주거지
14호주거지
68.1
10호주거지
15호주거지
11호주거지
13호주거지
12호주거지
17호주거지
5호석실분
18호주거지
67.7
6호토광묘
7호토광묘
3호소성수혈유구
19호주거지
20호주거지
11호토광묘
8호토광묘

9호토광묘
1호탄요
10호토광묘

53.5

68.1

N

III지역

■청동기시대유구

0   80m(1/1,600)

21호주거지
58.6

III지역 유구 배치도

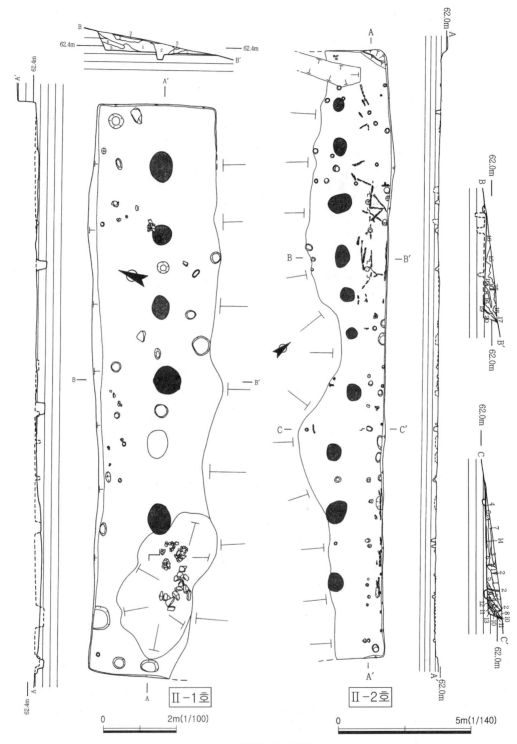

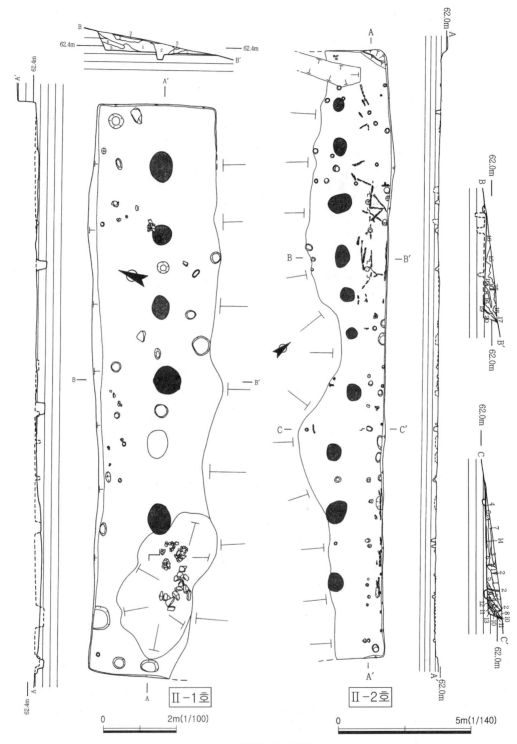

II-1호

II-2호

0   2m(1/100)

0   5m(1/140)

II-1 · 2호 주거지 실측도

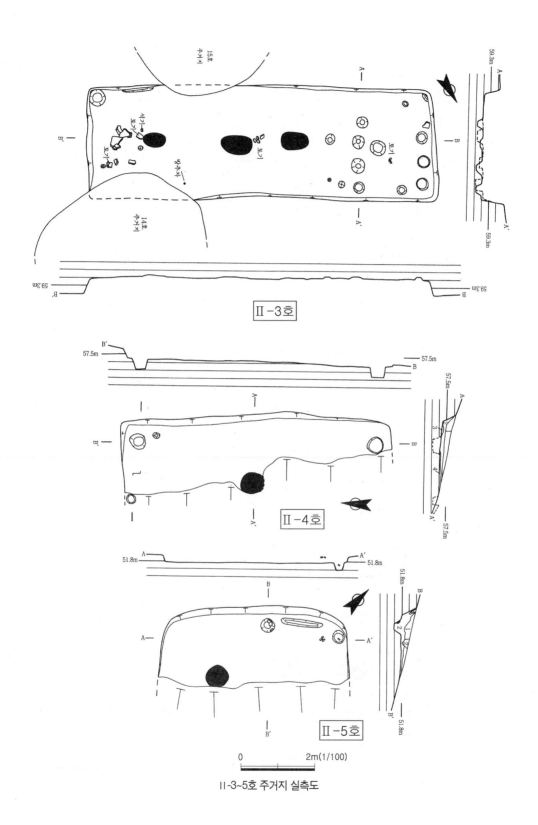

Ⅱ-3호

Ⅱ-4호

Ⅱ-5호

0   2m(1/100)

II-3~5호 주거지 실측도

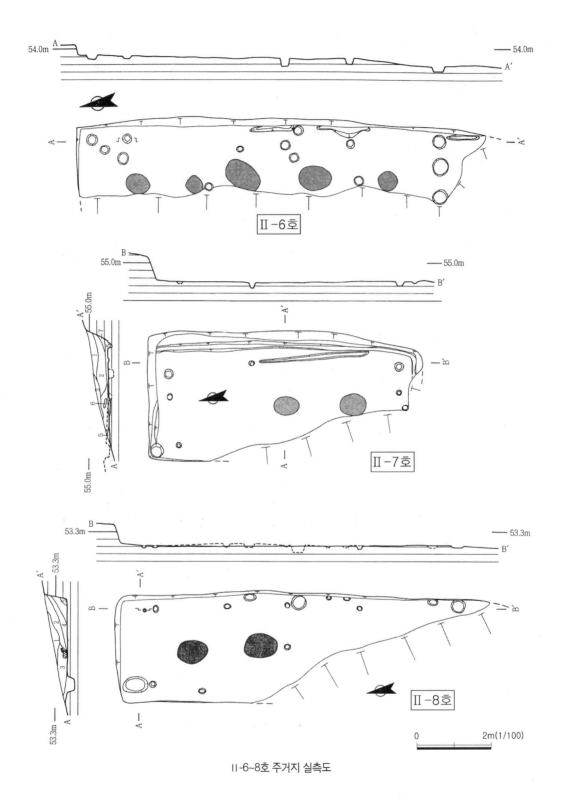

54.0m

54.0m
A'

II-6호

55.0m

55.0m
B'

II-7호

53.3m

53.3m
B'

II-8호

0 ——— 2m(1/100)

II-6~8호 주거지 실측도

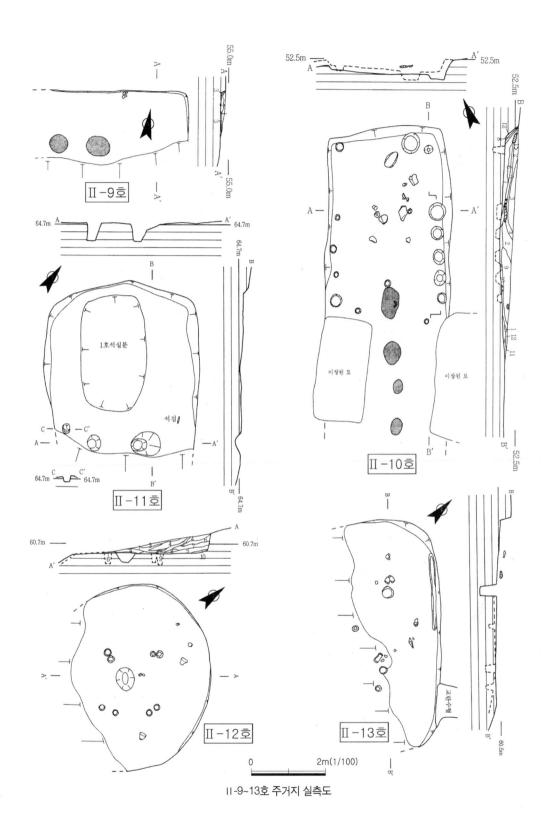

55.0m

A—

A ──── A'

55.0m

Ⅱ-9호

64.7m A ──────── A' 64.7m

B

64.7m

B

1호석실분

석검

C── C'

A── ──A'

64.7m C── ──C' 64.7m

B'

B'

64.7m

Ⅱ-11호

52.5m A ────────── A' 52.5m

52.5m

B

B

12

8

3

A ──── A'

2

9

이장된 묘

이장된 묘

1 12

11

B── B'

B' 52.5m

Ⅱ-10호

B

60.7m ──── A 60.7m

A' 9 10

A── ──A

A'── ──A'

Ⅱ-12호

B

고려수혈

Ⅱ-13호

B'

60.5m

0 2m(1/100)

II-9~13호 주거지 실측도

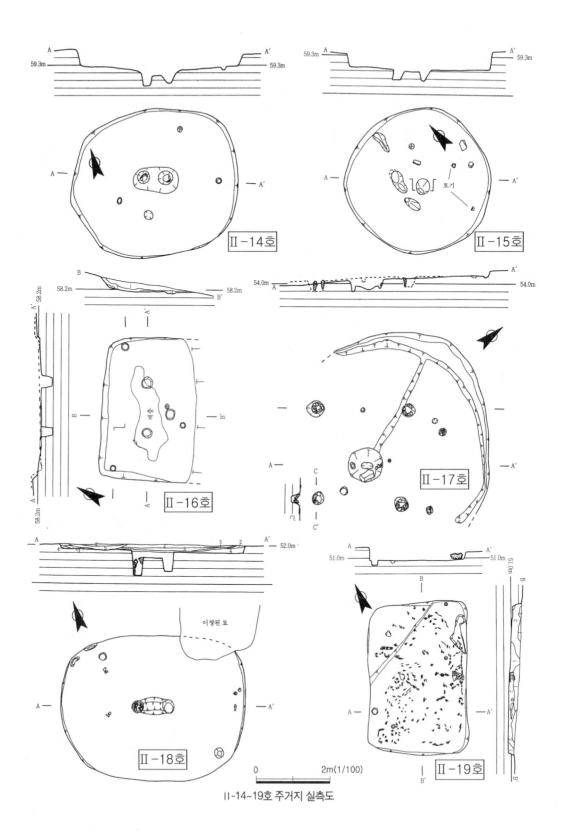

II-14~19호 주거지 실측도

2m(1/100)

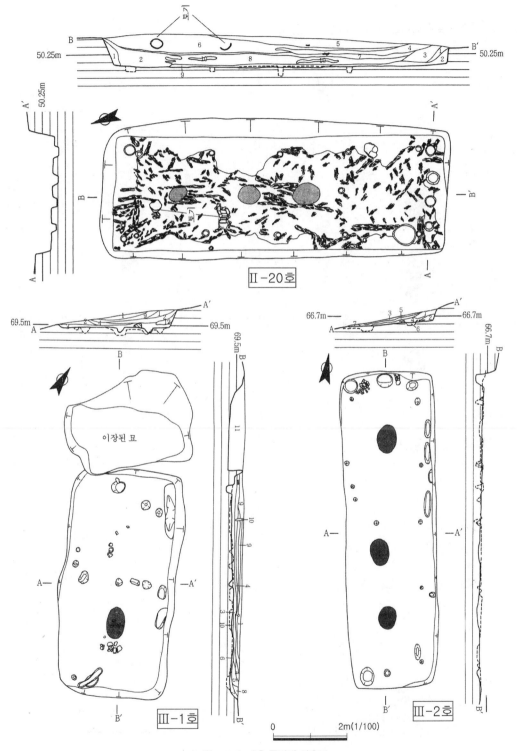

II-20·III-1·2호 주거지 실측도

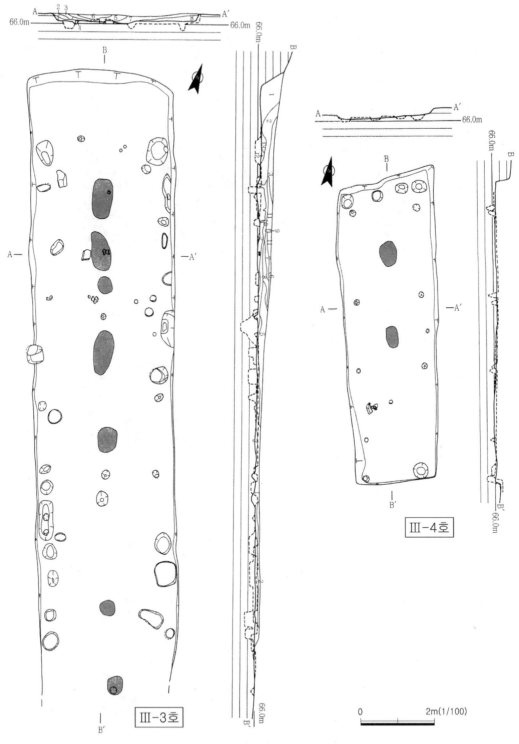

III-3호

III-4호

0   2m(1/100)

III-3 · 4호 주거지 실측도

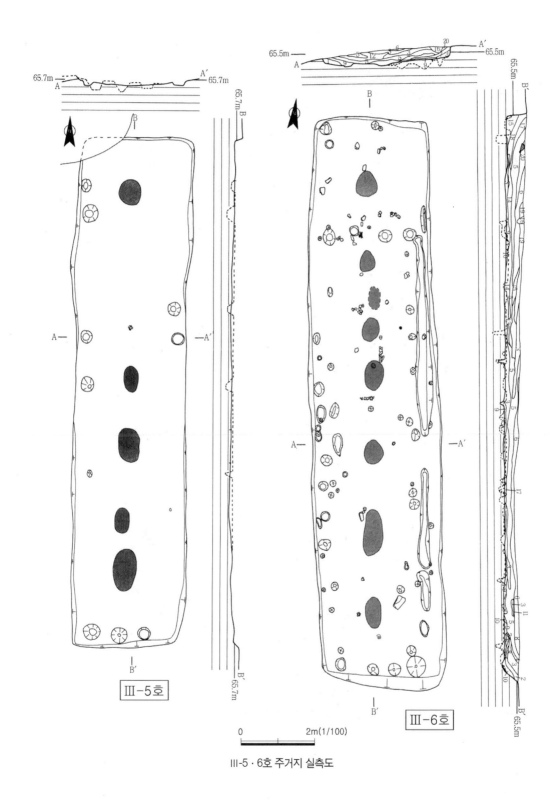

65.7m — A' 65.7m

65.7m — B'
65.7m

A — A'

B'

Ⅲ-5호

65.5m — A' 65.5m

65.5m B'

65.5m

A — A'

B'

B' 65.5m

Ⅲ-6호

0　　　　2m(1/100)

Ⅲ-5·6호 주거지 실측도

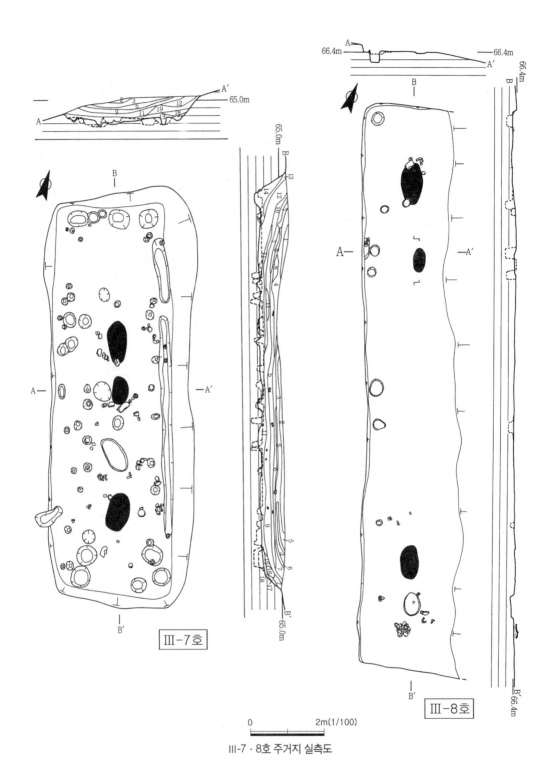

65.0m

Ⅲ-7호

66.4m
66.4m

Ⅲ-8호

0   2m(1/100)

Ⅲ-7·8호 주거지 실측도

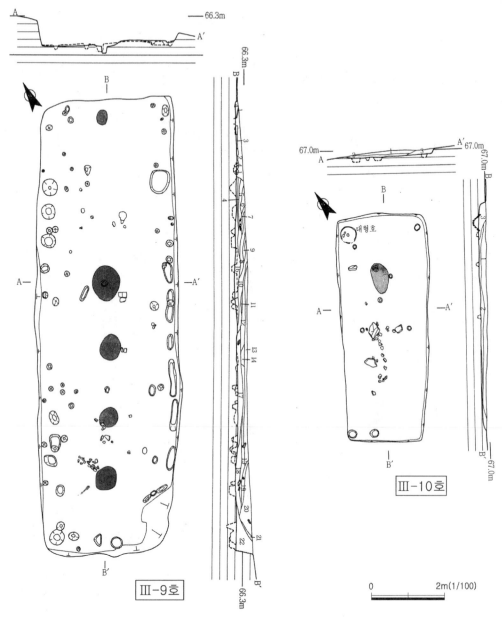

66.3m

A ——A'

B

A— —A'

B'

III-9호

67.0m ——A' 67.0m
A

B

대형호

A— —A'

B'

III-10호

0   2m(1/100)

III-9 · 10호 주거지 실측도

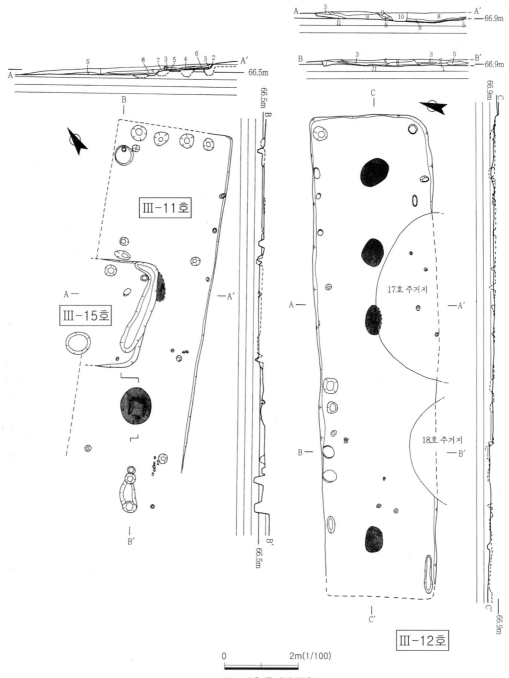

III-11 · 12 · 15호 주거지 실측도

0   2m(1/100)

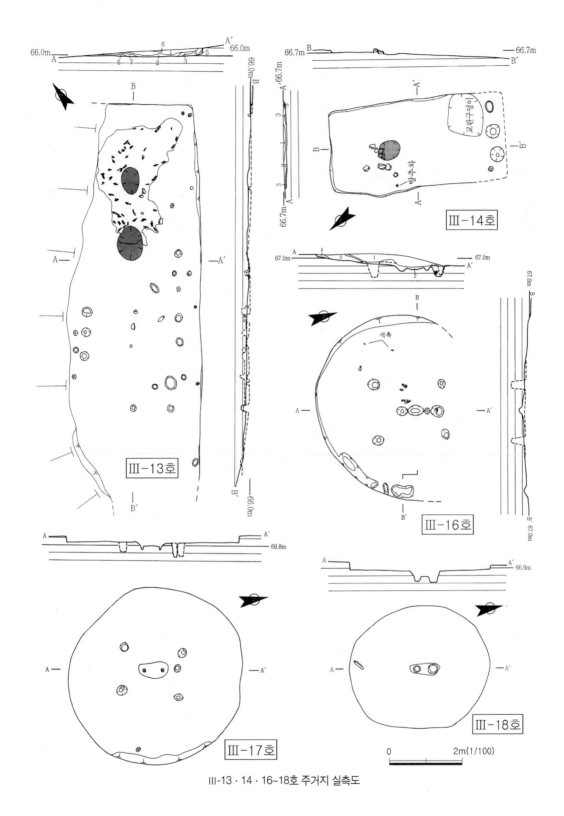

III-13·14·16~18호 주거지 실측도

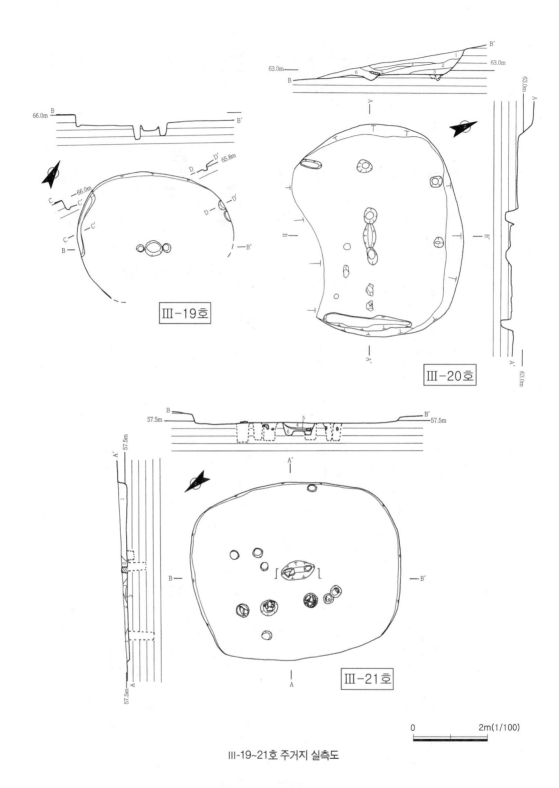

Ⅲ-19호

Ⅲ-20호

Ⅲ-21호

0   2m(1/100)

Ⅲ-19~21호 주거지 실측도

5. 천안 쌍용동유적

1) 조사 개요

유적 위치	충청남도 천안시 쌍용동 27-1(전) 일대
조사 기간	1996년 2월 10일~3월 12일, 1996년 3월 15일~5월 3일
조사 면적	16,500m²
조사 기관	충남대학교박물관
보고서	성정용·이형원·이길성, 2002, 『천안 쌍용동유적』, 충남대학교박물관
주거지 수	8
유적 입지	구릉(해발 48~62m)
추정 연대	I 단계-기원전 10~9세기, II단계-기원전 8~5세기
관련 유구	없음

2) 주거지 속성

유구 번호	형태	규모(cm)			면적 (m²)	내부시설	주요 출토유물	화재 유무	선후 관계	절대연대 (BC)
		장축	단축	깊이						
3-1 호	세장방 형	810	304	20	24.6	토광형노지 2개, 저장공	구순각목문토기, 적색마연토기, 무문토기저부, 석도, 방추차	유		855-760·635-560/1,000 -800/1,020-805 C14연대
3-2 호	장방형	480 잔존	256	30	·		무문토기저부	무	2호→ 3호	
3-3 호	말각장 방형	440	300	34	13.2		무문토기저부	무	2호→ 3호	
3-4 호	말각방 형	380 추정	300 잔존	12	·		발형토기, 무문토기저부	무		
3-5 호	말각방 형	540	518	28	28.0	토광형노지	발형토기, 호형토기, 무문토기저부, 주형석도	무		795-410 C14연대
4-1 호	원형	160 잔존	114 잔존	40	·		무문토기동체부	유		790-380/405-115 C14연대
4-2 호	장방형	694	526	30	36.5		무문토기저부, 토제장신구	무		
4-3 호	장방형	560 잔존	320 잔존	34	·		무문토기저부	무		

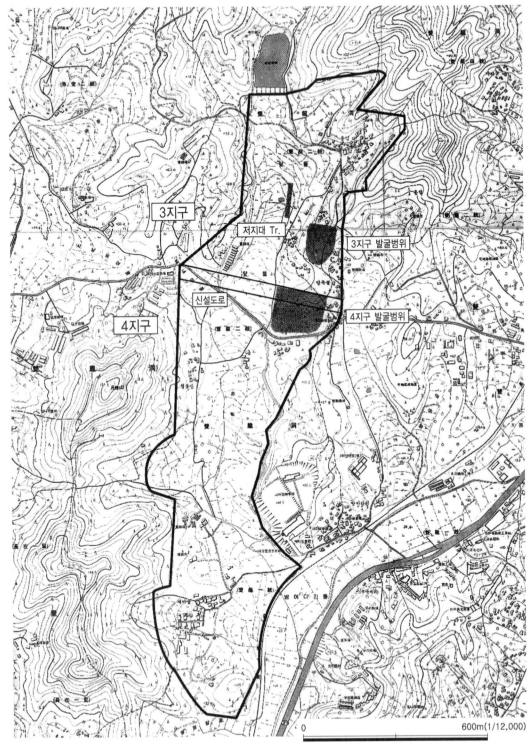

3지구

저지대 Tr.

3지구 발굴범위

신설도로

4지구

4지구 발굴범위

0   600m(1/12,000)

유적 지형도

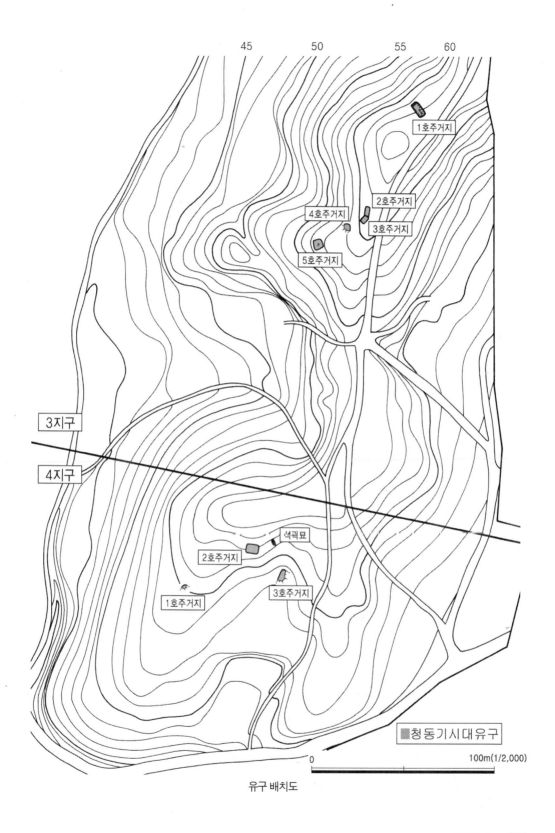

45　50　55　60

1호주거지

2호주거지

4호주거지

3호주거지

5호주거지

3지구

4지구

석곽묘

2호주거지

1호주거지

3호주거지

■청동기시대유구

0

100m(1/2,000)

유구 배치도

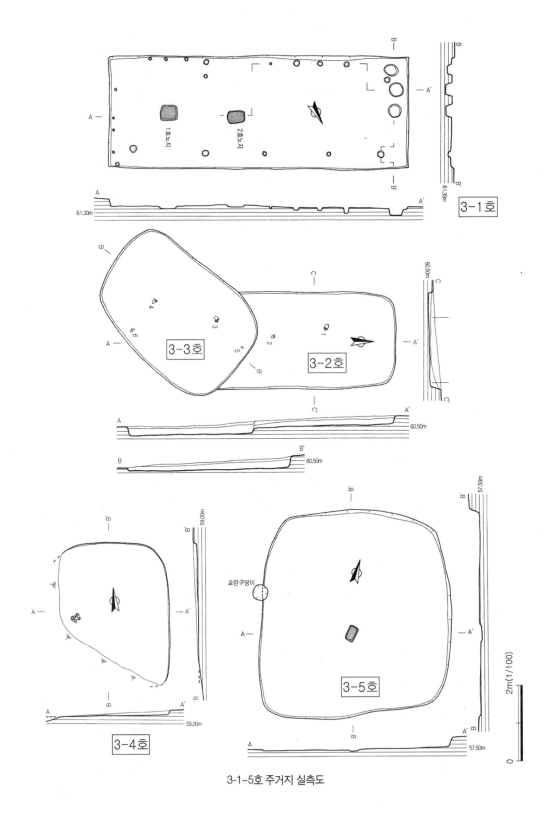

3-1~5호 주거지 실측도

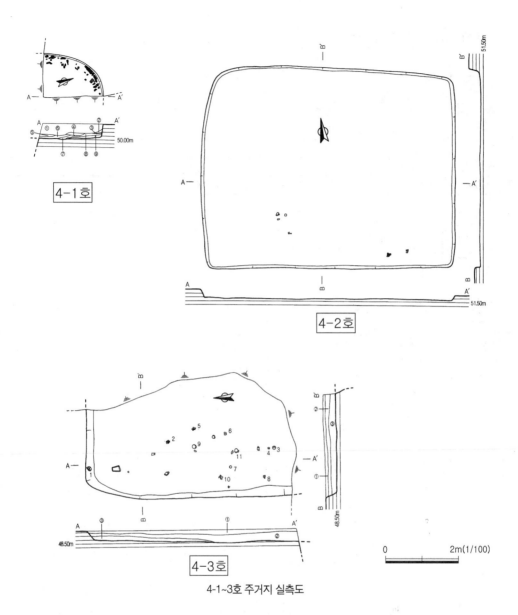

4-1호

4-2호

4-3호

4-1~3호 주거지 실측도

0   2m(1/100)

6. 천안 용곡동 눈돌유적

1) 조사 개요

유적 위치	충청남도 천안시 용곡동 눈돌마을 462-20(임) 일대
조사 기간	2004년 2월 21일~4월 6일
조사 면적	6,950m²
조사 기관	충청문화재연구원
보고서	박형순·강병권, 2006, 『천안 용곡동 눈돌유적』, 충청문화재연구원
주거지 수	2
유적 입지	Ⅰ구역-구릉(해발 72m 내외)
추정 연대	청동기시대 전기
관련 유구	없음

2) 주거지 속성

유구 번호	형태	규모(cm)			면적 (m²)	내부시설	주요 출토유물	화재 유무	선후 관계
		장축	단축	깊이					
1호	세장방형	1,120 잔존	260 추정	28	.	무시설식노지, 토광형노지, 저장공	호형토기, 발형토기	무	1호→2호
2호	세장방형	990	280	66	27.7	무시설식노지 3개, 저장공	발형토기	무	1호→2호

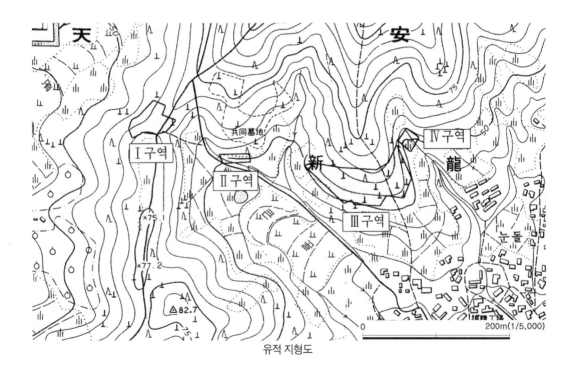

유적 지형도

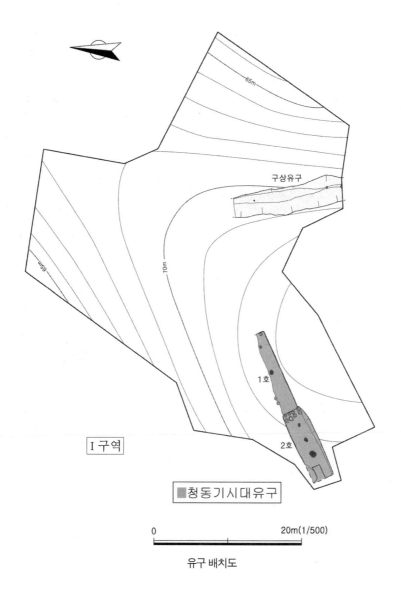

구상유구

1호

2호

I 구역

■청동기시대유구

0   20m(1/500)

유구 배치도

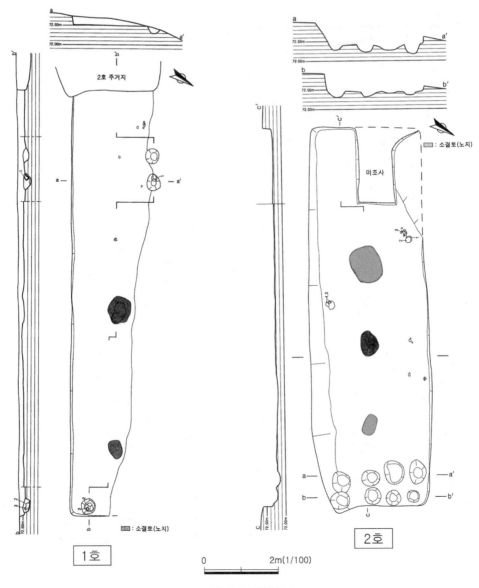

1 · 2호 주거지 실측도

0   2m(1/100)

7. 천안 남관리유적

1) 조사 개요

유적 위치	충청남도 천안시 풍세면 남관리 산1-8번지, 31-1번지 일대
조사 기간	1994년 11월 18일~12월 18일
조사 면적	2,805m²
조사 기관	공주대학교박물관
보고서	이남석, 1995, 『남관리유적』, 공주대학교박물관
주거지 수	5
유적 입지	구릉(해발 65~76m)
추정 연대	청동기시대 후반부
관련 유구	없음

2) 주거지 속성

유구 번호	형태	규모(cm)			면적 (m²)	내부시설	주요 출토유물	화재 유무
		장축	단축	깊이				
1호	원형	499	495 추정	40	19.4 추정	타원형토광	무문토기구연부, 무문토기저부, 석촉, 지석	무
2호	원형	488	488 추정	12	18.7 추정	주공	발형토기, 무문토기저부, 편평편인석부, 지석	무
3호	원형	455	440	75	15.7	타원형토광, 4주	무문토기저부, 지석	무
4호	말각 방형	380	360	70	13.7	타원형토광	무문토기저부	무
5호	말각 방형	560	550	100	30.8	타원형토광	무문토기저부, 합인석부, 지석	무

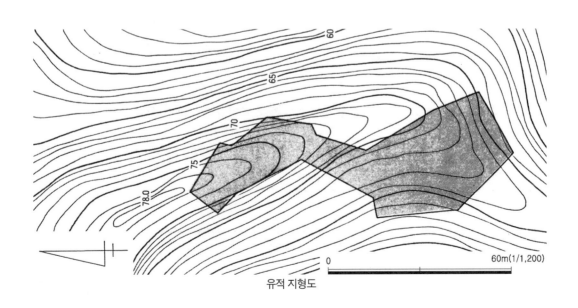

유적 지형도

0   60m(1/1,200)

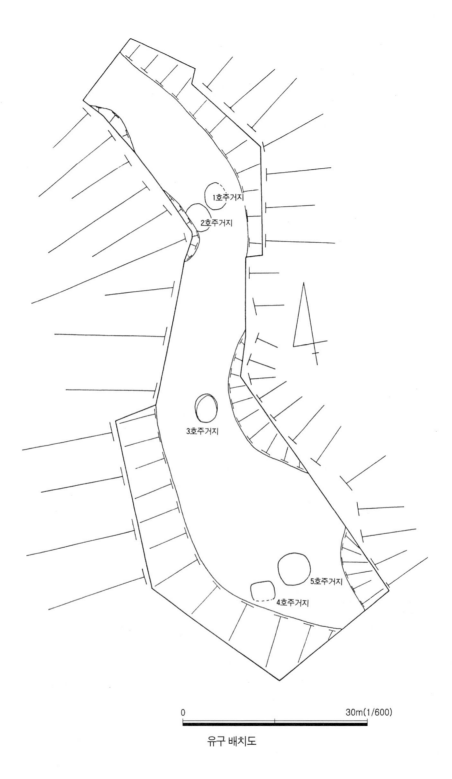

1호주거지
2호주거지
3호주거지
5호주거지
4호주거지

0   30m(1/600)

유구 배치도

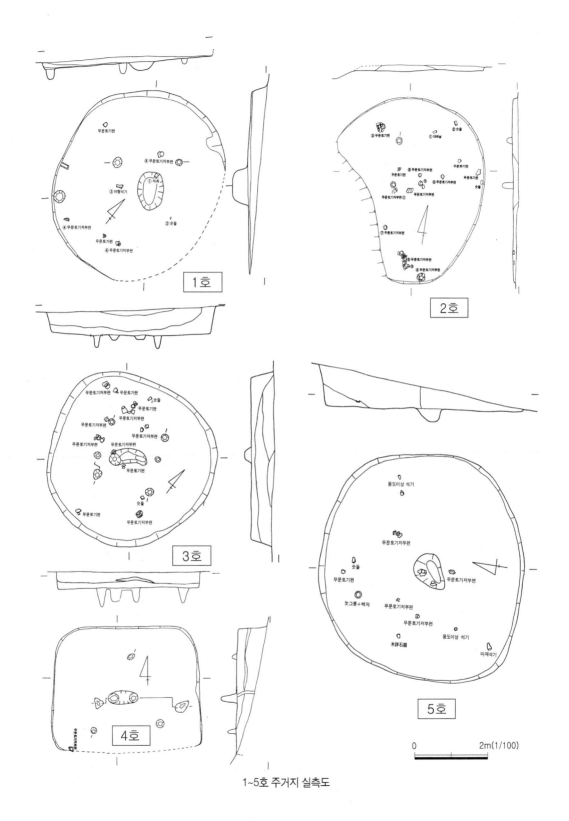

1~5호 주거지 실측도

0   2m(1/100)

8. 천안 청당동유적

1) 조사 개요

유적 위치	충청남도 천안시 청당동 산97-1 · 전76-2번지 일대
조사 기간	1990년 5월 29일~6월 24일, 1991년 8월 12일~9월 10일, 1992년 3월 16일~4월 25일, 1992년 8월 17일, 1993년 3월 4일~5월 3일, 1994년 4월 18일~5월 10일
조사 면적	10,698㎡
조사 기관	국립중앙박물관, 국립공주박물관
보고서	서오선 · 권오영, 1990, 「천안 청당동유적 발굴조사보고」, 『휴암리』, 국립중앙박물관 국립중앙박물관, 1995, 『청당동』Ⅱ
주거지 수	3
유적 입지	구릉(해발 59~62m)
추정 연대	기원전 7~6세기
관련 유구	소형수혈유구 2기, 적석유구 1기

2) 주거지 속성

유구 번호	형태	규모(cm)			면적 (㎡)	내부시설	주요 출토유물	화재 유무
		장축	단축	깊이				
1호	장방형	650	330	45	21.5	토광형노지, 저장공	단사선문토기, 적색마연대부소호, 편평만입촉	무
2호	장방형	680	385	56	26.2	토광형노지, 저장공	구순각목문호형토기, 구순각목공렬문토기, 이단경촉	무
3호	장방형	295 잔존	103 잔존	7	·		무문토기저부, 지석	무

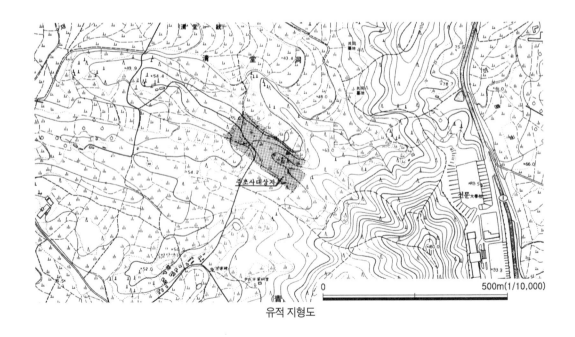

유적 지형도

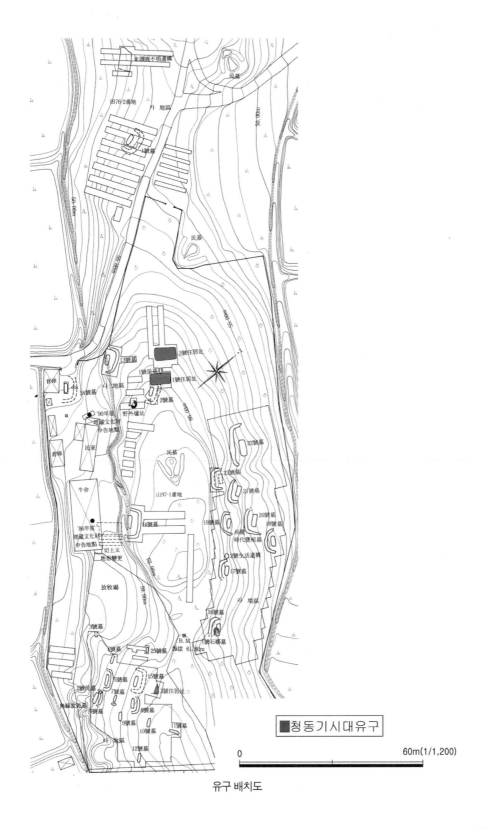

未調査不明遺構

民墓

田76-2番地

外 地區

1號墓

民墓

50-00m

55-00m

13號墓

24號墓

內 地區

2號住居址

1號民家

1號住居址

2號墓

'90年度
埋藏文化財
申告地點

野外爐址

22號墓

倉庫

民家

山97-1番地

23號墓

21號墓

20號墓

19號墓

18號墓

時代甕棺墓

牛舍

14號墓

'86年度
埋藏文化財
申告地點

切土로
地形變更

2號生活遺構

17號墓

放牧場

地區

16號墓

1號石槨墓

3號墓

4號墓

25號墓

B.M.
海拔 61.80m

2號民墓

6號墓

7號墓

5號墓

15號墓

3號住居址

無緣故民墓

8號墓

9號墓

10號墓

11號墓

地區

12號墓

■청동기시대유구

0   60m(1/1,200)

유구 배치도

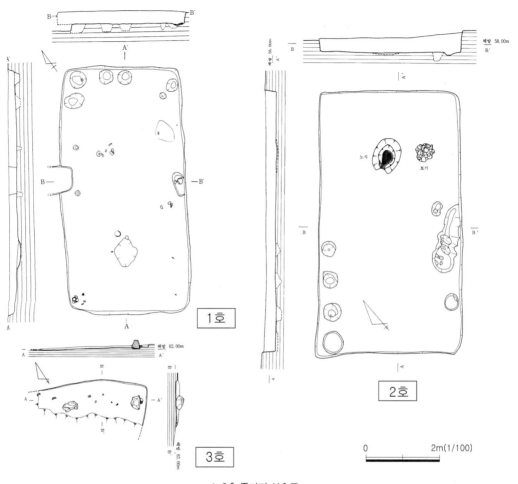

1~3호 주거지 실측도

9. 천안 운전리유적

1) 조사 개요

유적 위치	충청남도 천안시 목천면 운전리 일대
조사 기간	2002년 3월 4일~10월 29일
조사 면적	26,400m²
조사 기관	충청문화재연구원
보고서	허의행·강병권, 2004, 『천안 운전리유적』, 충청문화재연구원
주거지 수	13
유적 입지	A지구-구릉(해발 92~93m), B지구-구릉(해발 92~94m), C지구-구릉(해발 73~79m)
추정 연대	청동기시대 전기 후반
관련 유구	소형수혈유구 9기, 주구석관묘 1기

2) 주거지 속성

유구번호	형태	규모(cm)			면적(m²)	내부시설	주요 출토유물	화재유무	절대연대(BC)
		장축	단축	깊이					
A-1호	장방형	702	325	38	22.8	토광형노지 2개, 저장공	무문토기구연부, 무문토기저부	무	
A-2호	세장방형	880	250	57	22.0	토광형노지, 저장공	횡침선구순각목단사선문토기, 구순각목공렬문토기, 구순각목문토기, 환석	유	1,405-930/1,130-805 C14연대
A-3호	세장방형	960	350	56	33.6	무시설식노지 2개, 저장공, 단시설, 초석	무문토기저부, 합인석부, 지석	무	1,260-995 C14연대
A-4호	세장방형	920	116 잔존	50	·		무문토기저부, 방추차	무	
B-1호	세장방형	614 잔존	300	59	·	무시설식노지 2개, 저장공	무문토기구연부, 무문토기저부	무	
B-2호	세장방형	584	230 잔존	54	·	점토다짐	구순각목공렬문토기, 구순각목문토기, 무문토기저부	무	
B-3호	세장방형	1,810 잔존	385	14	·	무시설식노지 6개	무문토기저부	무	
B-4호	세장방형	1,322	394	96	52.1	무시설식노지 3개, 벽구, 초석, 점토다짐	적색마연토기, 구순각목공렬문토기, 이중구연구순각목단사선문토기, 주형석도	유	1,010-790 C14연대
B-5호	세장방형	1,263	302	47	38.1	무시설식노지 3개, 초석	구순각목문토기, 무문토기저부	유	1,130-920 C14연대
B-6호	장방형	624	347	29	21.7	무시설식노지, 저장공	이중구연구순각목단사선문토기, 구순각목단사선문토기	무	
C-1호	세장방형	824	330	93	27.2	무시설식노지, 벽구, 외부돌출구	무문토기저부	무	
C-2호	세장방형	816 추정	320 추정	64	26.1 추정	무시설식노지, 벽구	호형토기	무	
C-3호	장방형	650	320 추정	32	20.8 추정	무시설식노지 3개, 벽구	마연대부소호대각부, 구순각목문토기, 무문토기저부	무	

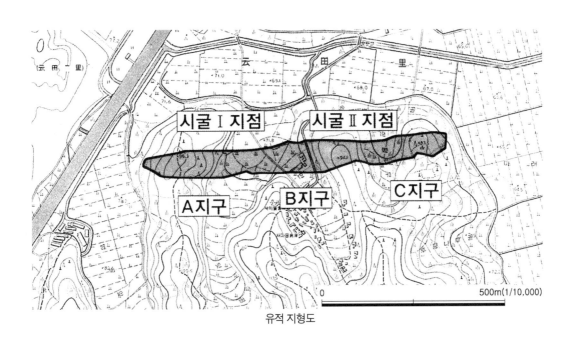

유적 지형도

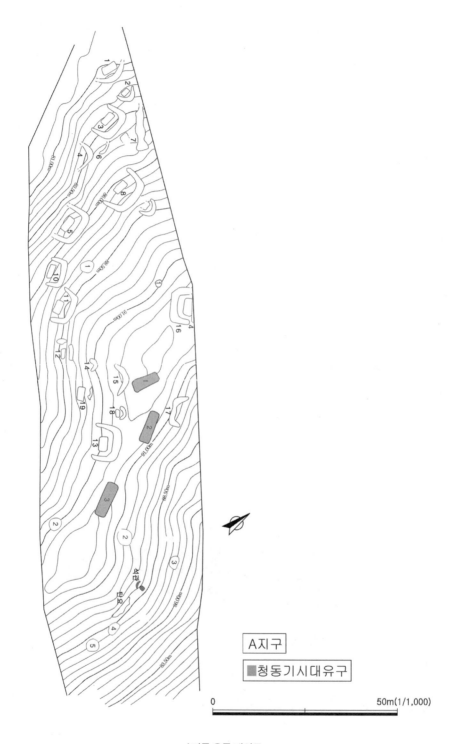

A지구 유구 배치도

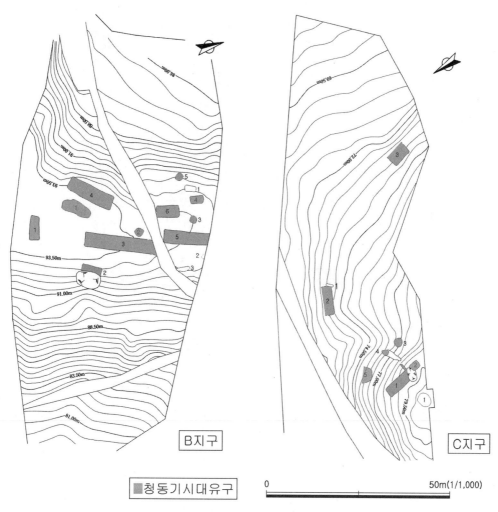

B·C지구 유구 배치도

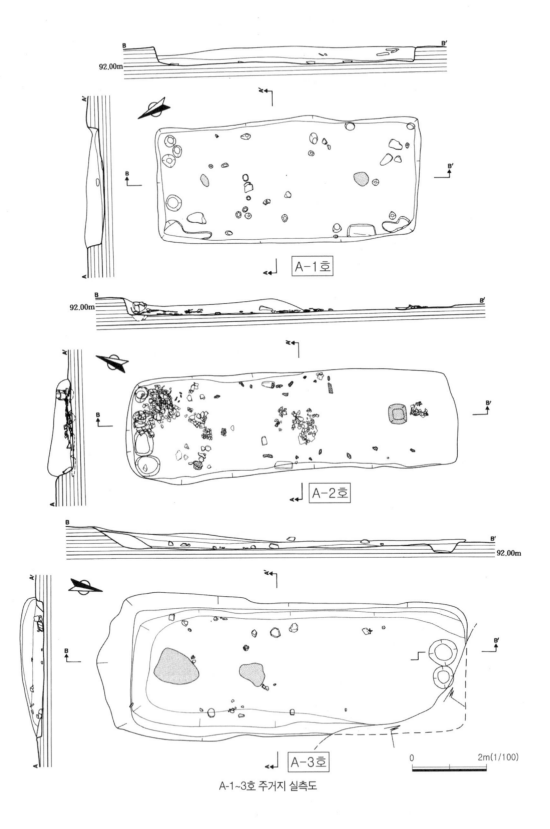

92.00m

B   B'

A-1호

92.00m

B   B'

A-2호

B   B'
92.00m

A-3호

0   2m(1/100)

A-1~3호 주거지 실측도

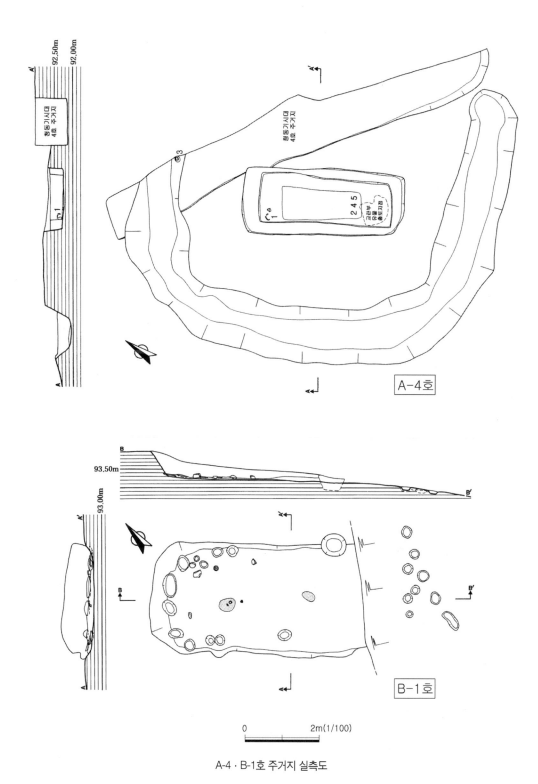

92.50m
92.00m

청동기시대 4호 주거지

청동기시대 4호 주거지

A-4호

93.50m

93.00m

B-1호

0   2m(1/100)

A-4 · B-1호 주거지 실측도

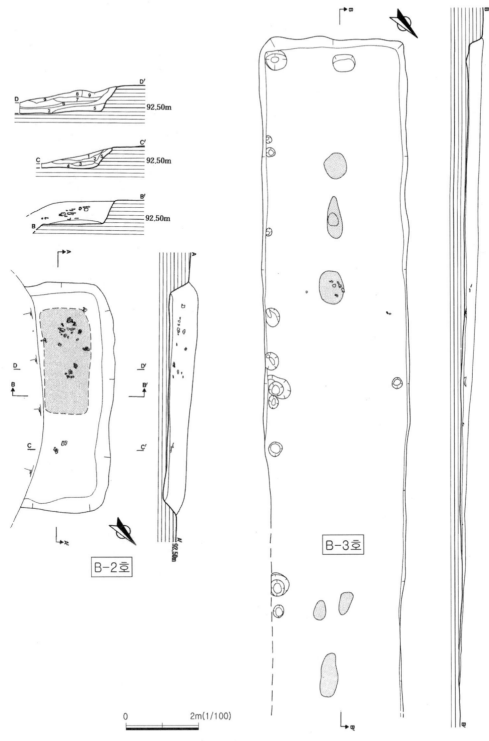

D'
D 92.50m

C'
C 92.50m

B'
B 92.50m

92.50m

B-2호

B-3호

0   2m(1/100)

B-2 · 3호 주거지 실측도

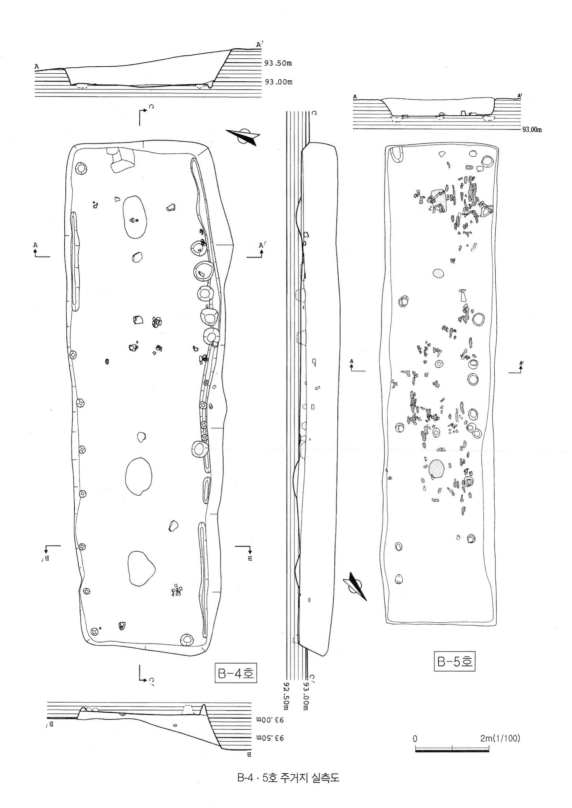

93.50m
93.00m

93.00m

93.50m
93.00m

92.50m
93.00m

92.50m
93.00m

B-4호

B-5호

0   2m(1/100)

B-4 · 5호 주거지 실측도

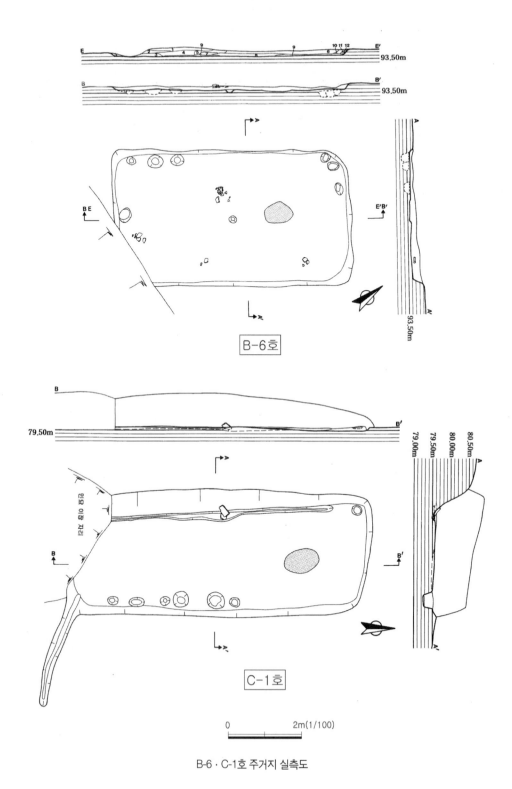

93.50m

93.50m

B-6호

79.50m

80.50m
80.00m
79.50m
79.00m

C-1호

0   2m(1/100)

B-6 · C-1호 주거지 실측도

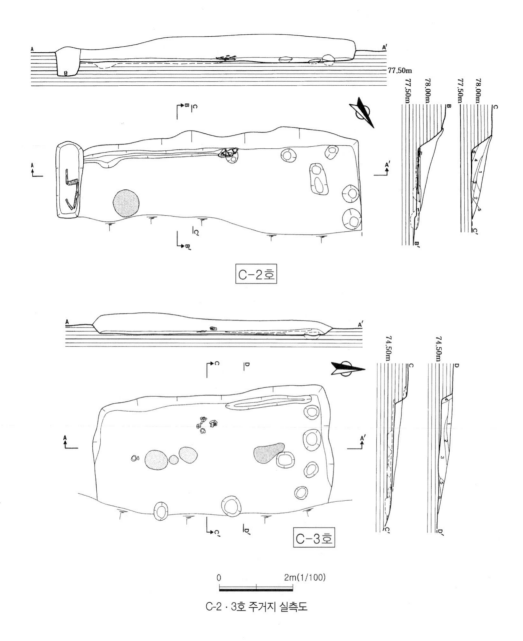

C-2호

C-3호

77.50m

77.50m
78.00m

77.50m
78.00m

74.50m

74.50m

0   2m(1/100)

C-2 · 3호 주거지 실측도

10. 천안 용원리유적

1) 조사 개요

유적 위치	충청남도 천안시 성남면 용원리 용산마을 일대
조사 기간	1997년 11월 25일~1998년 9월
조사 면적	39,600m²
조사 기관	충청매장문화재연구원
보고서	오규진·이강렬·이혜경, 1999, 『천안 용원리유적』, 충청매장문화재연구원
주거지 수	5
유적 입지	구릉(해발 195~210m)
추정 연대	
관련 유구	없음

2) 주거지 속성

유구 번호	형태	규모(cm) 장축	규모(cm) 단축	규모(cm) 깊이	면적 (m²)	내부시설	주요 출토유물	화재 유무
1호	세장방형	842 잔존	144 잔존	40	·	토광형노지	무문토기저부, 석검미제품, 주형석도, 환상석부	무
2호	세장방형	984	276 추정	32	27.2 추정	무시설식노지 2개, 토광형노지 2개, 벽구	석검미제품	무
3호	세장방형	770	370 잔존	50	·	토광형노지 2개, 벽구	무문토기저부, 합인석부	무
4호	세장방형	1,032	256 추정	48	26.4 추정	토광형노지	적색마연대부발, 무문토기저부	유
5호	방형	608	440 잔존	96	·	토광형노지	구순각목공렬문토기, 무문토기저부	무

※ 2호 주거지의 경우 유구 설명에는 토광형 노지 1개만 조사된 것으로 기술되어 있으나, 유구의 도면과 사진을 참고로 하여 무시설식 노지 2개와 토광형 노지 2개가 존재하는 것으로 판단하였다.

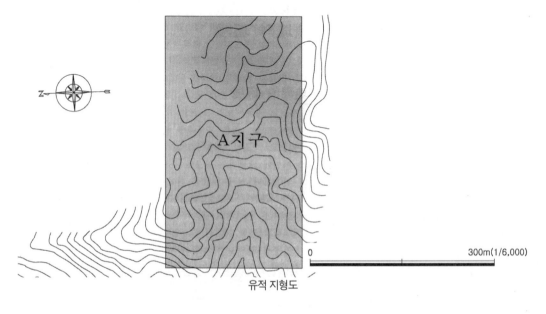

유적 지형도

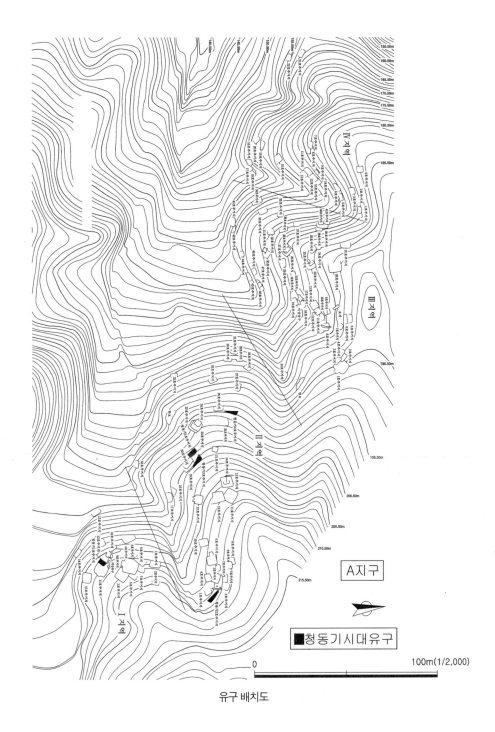

IV지역

III지역

II지역

I지역

A지구

■청동기시대유구

0   100m(1/2,000)

유구 배치도

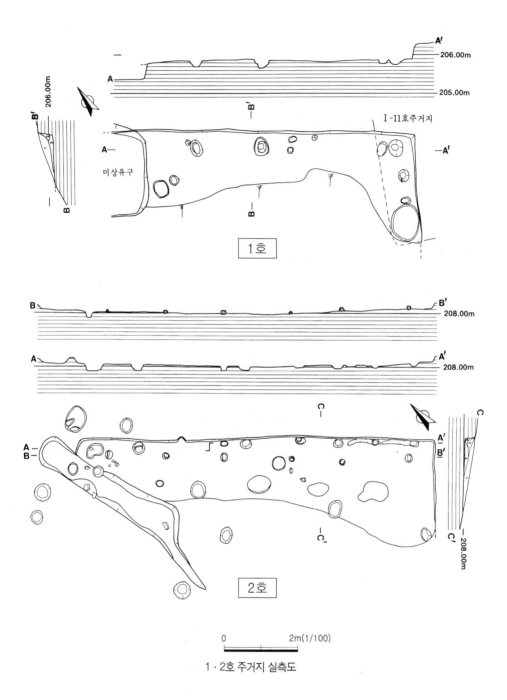

미상유구

I-11호주거지

206.00m

205.00m

206.00m

206.00m

1호

208.00m

208.00m

208.00m

2호

0   2m(1/100)

1 · 2호 주거지 실측도

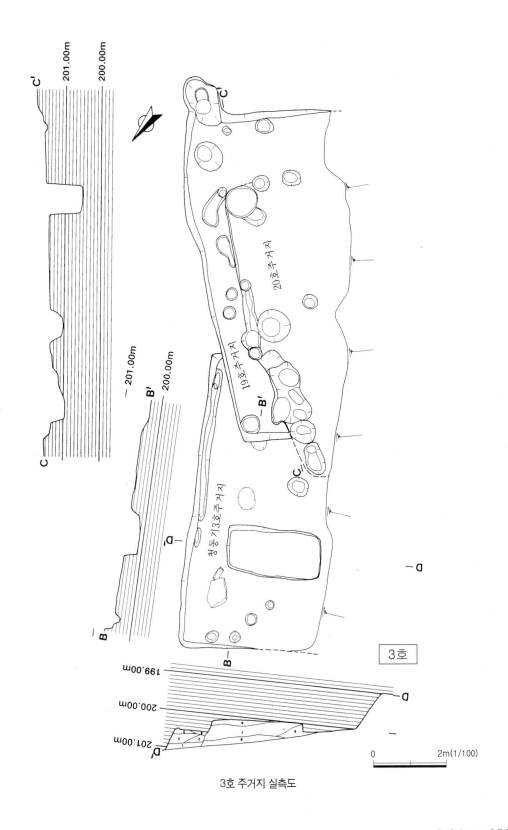

C' 201.00m
200.00m

C

201.00m
B' 200.00m

201.00m
B'

20호주거지

19호주거지

청동기3호주거지

C'

D'

D

B

C

B

3호

199.00m
200.00m
201.00m
D

0   2m(1/100)

3호 주거지 실측도

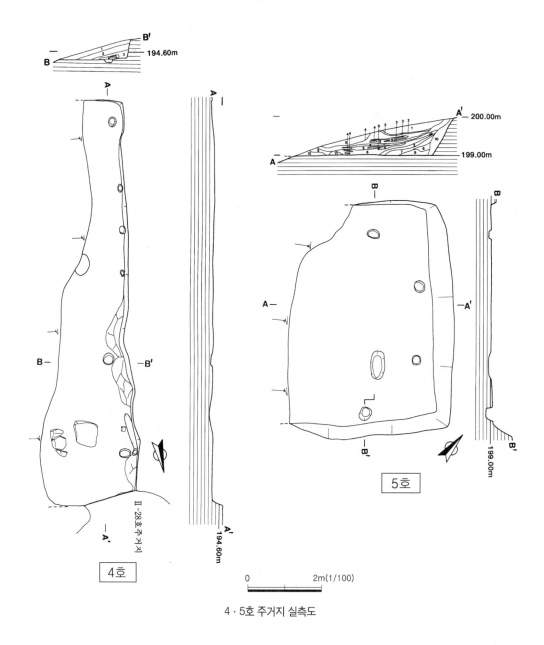

194.60m

II-28호주거지

4호

2m(1/100)

5호

200.00m

199.00m

199.00m

194.60m

4 · 5호 주거지 실측도

11. 천안 석곡리유적

1) 조사 개요

유적 위치	충청남도 천안시 성남면 석곡리 산24-1번지 일대
조사 기간	1996년 7월 23일~8월 26일
조사 면적	5,200㎡
조사 기관	고려대학교매장문화재연구소
보고서	이홍종·공민규·손준호, 2000, 『석곡리유적』, 고려대학교매장문화재연구소
주거지 수	5
유적 입지	구릉(해발 79~87m)
추정 연대	기원전 7~6세기
관련 유구	소형수혈유구 11기, 불명유구 1기

2) 주거지 속성

유구 번호	형태	규모(cm)			면적 (㎡)	내부시설	주요 출토유물	화재 유무	절대연대 (BC)
		장축	단축	깊이					
KC 001	원형	390	85 잔존	26	·		무문토기구연부, 무문토기저부	무	840 AMS
KC 002	원형	520 추정	420	50	17.1 추정	타원형토광, 4주(추정)	발형토기, 무문토기저부, 석검, 지석	무	655 AMS
KC 003	말각 방형	210	190 잔존	20	·	토광형노지	무문토기구연부, 무문토기저부	무	635 AMS
KC 004	원형	396 추정	370	20	11.5 추정	타원형토광, 4주	발형토기, 주구토기, 무문토기저부, 유경석검, 편주형석도, 편평편인석부	무	
KC 005	말각 방형	237	165 잔존	18	·	토광형노지	발형토기, 편주형석도	무	

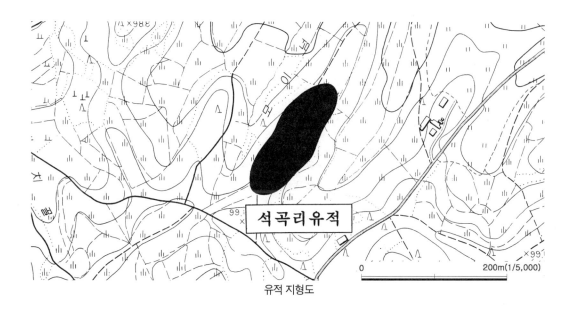

유적 지형도

200m(1/5,000)

석곡리유적

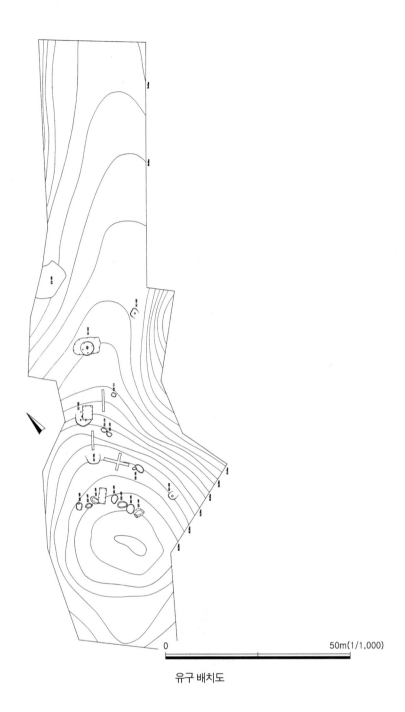

0   50m(1/1,000)

유구 배치도

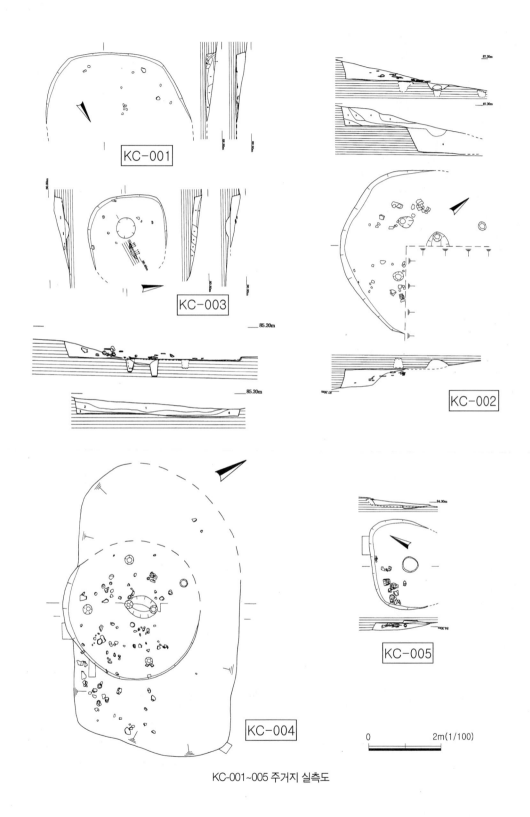

KC-001

KC-003

KC-002

KC-004

KC-005

0   2m(1/100)

KC-001~005 주거지 실측도

12. 천안 대흥리유적

1) 조사 개요

유적 위치	충청남도 천안시 성남면 대흥리 산66-3번지 일대
조사 기간	1997년 9월 8일~11월 25일
조사 면적	6,600㎡
조사 기관	충남대학교박물관, 서울대학교고고미술사학과
보고서	임상택, 1999, 『천안 대흥리유적』, 충남대학교박물관·서울대학교고고미술사학과
주거지 수	5
유적 입지	구릉(해발 75~78m)
추정 연대	송국리유적에 비해 이르며 고남리유적과 비슷하거나 약간 늦은 시기
관련 유구	저장공 29기

2) 주거지 속성

유구 번호	형태	규모(cm) 장축	규모(cm) 단축	규모(cm) 깊이	면적 (㎡)	내부시설	주요 출토유물	화재 유무	절대연대 (BC)
1호	원형	630	610	68	30.2	토광형노지, 단시설, 저장공, 일부점토다짐	발형토기, 외반구연토기, 무문토기저부, 유경석검, 석검병부, 연석, 토제장신구	무	
2호	장방형	354	290	45	10.3	토광형노지	발형토기, 외반구연토기, 무문토기저부, 석도, 연석, 지석	유	850-400 AMS
3호	원형	400	380	90	11.9	타원형토광, 구시설	발형토기, 외반구연토기, 적색마연토기, 무문토기저부, 일단경촉, 삼각형석도, 지석	무	
4호	장방형	340	268	36	9.1	토광형노지 2개	타날문토기, 구순각목문토기, 외반구연토기, 무문토기저부, 유경석검, 석검병부	무	
5호	장방형	292	264	36	7.7	토광형노지 2개	무문토기저부, 편주형석도	무	

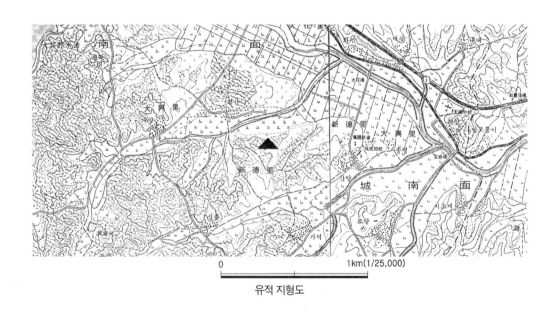

유적 지형도

0   1km(1/25,000)

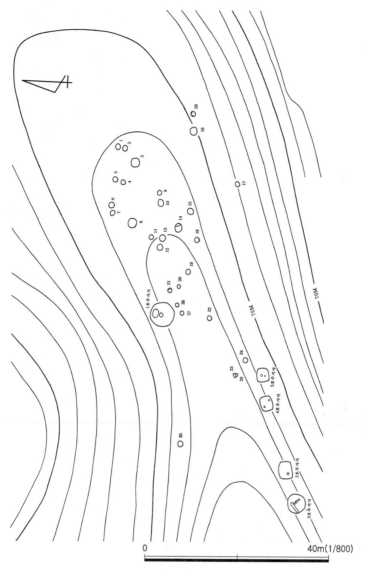

유구 배치도

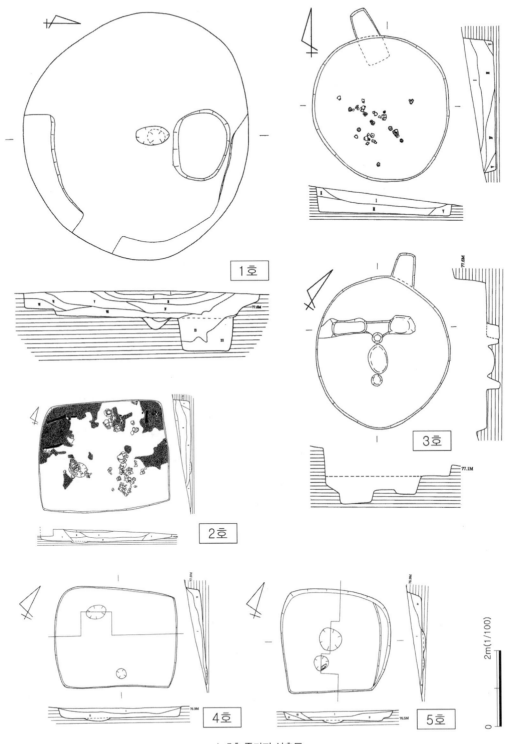

1호

2호

3호

4호

5호

2m(1/100)

0

1~5호 주거지 실측도

예산군 유적 위치도

1. 예산 두리유적

1) 조사 개요

유적 위치	충청남도 예산군 삽교읍 두리 산29-1(임) 일대
조사 기간	2005년 2월 21일~4월 5일
조사 면적	5,400m²
조사 기관	충청남도역사문화원
보고서	충청남도역사문화원, 2007, 『예산 삽교 두리유적』
주거지 수	5
유적 입지	구릉(해발 25~30m)
추정 연대	장방형주거지가 주를 이루는 시기~주거지의 길이가 길어지는 시기의 중간 단계
관련 유구	소성유구 1기

2) 주거지 속성

유구 번호	형태	규모(cm)			면적 (m²)	내부시설	주요 출토유물	화재 유무	절대연대 (BC)
		장축	단축	깊이					
1호	세장방형	1,166	366	20	42.7	토광형노지 3개, 벽구, 저장공	이중구연각목공렬복합사선문토기, 복합사선문토기, 이단경촉	무	
2호	세장방형	1,164 잔존	364 잔존	3	·	무시설식노지 3개, 일부점토다짐	무문토기동체부, 석도, 지석	무	
3호	장방형	728	413	43	30.1	무시설식노지 2개, 저장공	무문토기저부, 이단경촉, 지석	무	
4호	장방형	706	368	16	26.0	무시설식노지, 점토다짐	주형석도, 합인석부	유	
5호	방형	336 잔존	308 잔존	8	·	타원형토광	무문토기저부	무	790·620/650 AMS

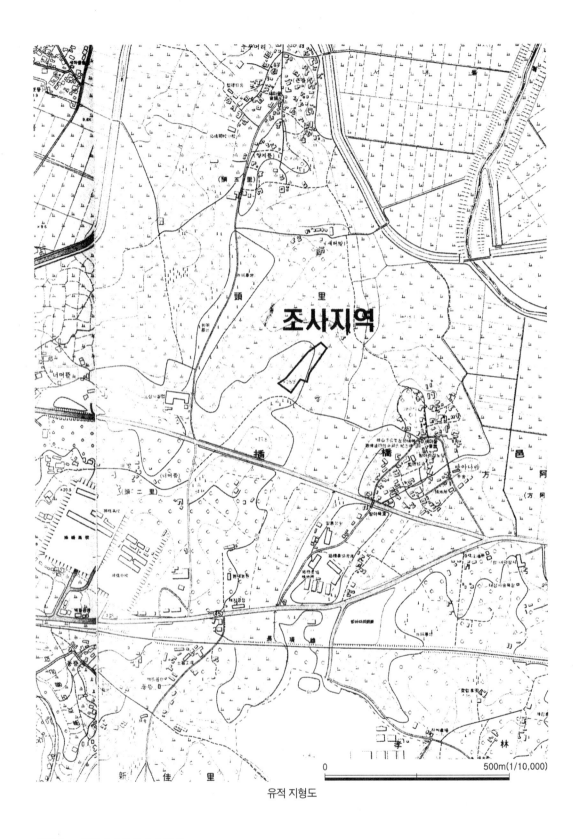

조사지역

유적 지형도

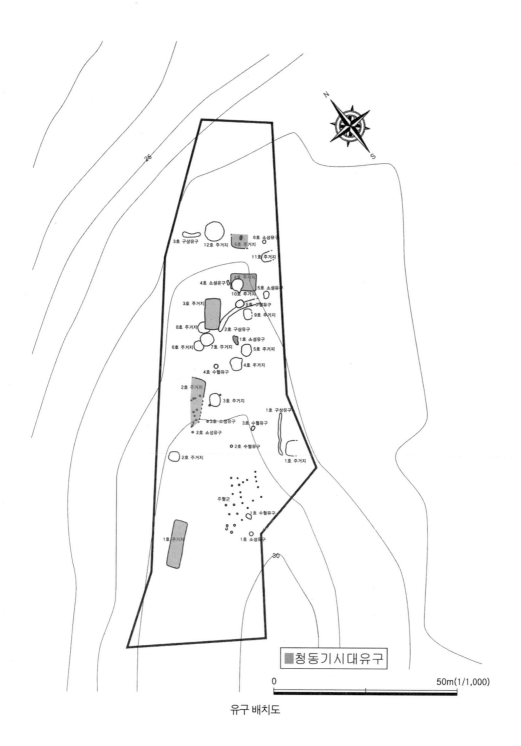

3호 구상유구　12호 주거지　6호 소성유구
　　　　　　　　　5호 주거지
　　　　　　　　　　　　　　11호 주거지
　　　　　　　4호 소성유구　4호 주거지
　　　　　　　　　　10호 주거지　5호 소성유구
　　3호 주거지　　　　　　6호 수혈유구
8호 주거지　　　　　　　　9호 주거지
　　　　　　2호 구상유구
6호 주거지　7호 주거지　1호 소성유구
　　　　　　　　　　5호 주거지
　　　　　　　　　4호 주거지
　　4호 수혈유구
2호 주거지
　　　　3호 주거지　　　1호 구상유구
　　　3호 소성유구　3호 수혈유구
　2호 소성유구
　　　　　　　2호 수혈유구
2호 주거지　　　　　1호 주거지

주혈군
　　　　1호 수혈유구

1호 주거지　　1호 소성유구

■청동기시대유구

0　　　　　　　　　　　50m(1/1,000)

유구 배치도

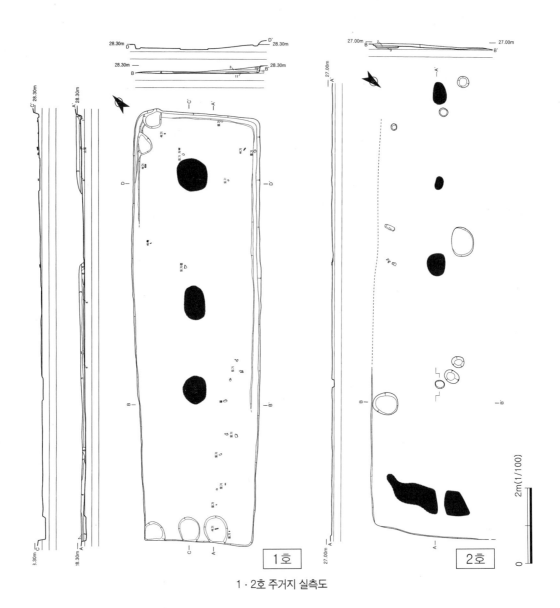

1 · 2호 주거지 실측도

2m(1/100)

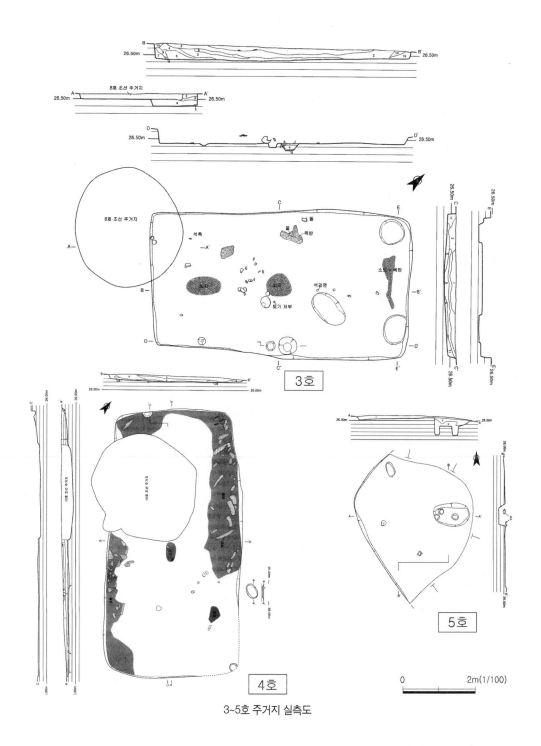

3호

4호

5호

3~5호 주거지 실측도

0   2m(1/100)

홍성군 유적 위치도

1. 상정리유적
2. 장척리유적

1. 홍성 상정리유적

1) 조사 개요

유적 위치	충청남도 홍성군 광천읍 상정리 778-14 · 산53-4번지 일대
조사 기간	2003년 11월 3일~12월 17일
조사 면적	7,340m²
조사 기관	충청문화재연구원
보고서	김백범 · 나건주, 2005, 『홍성 장척리 · 상정리유적』, 충청문화재연구원
주거지 수	1
유적 입지	구릉(해발 80m 내외)
추정 연대	인근의 서해안지역에서 확인되는 송국리유형 유적들과 유사한 연대
관련 유구	미상석조유구 1기

2) 주거지 속성

유구 번호	형태	규모(cm)			면적 (m²)	내부시설	주요 출토유물	화재 유무
		장축	단축	깊이				
1호	타원형	880	740	75	51.1	타원형토광, 4주	적색마연토기, 타날문토기, 유구석부	무

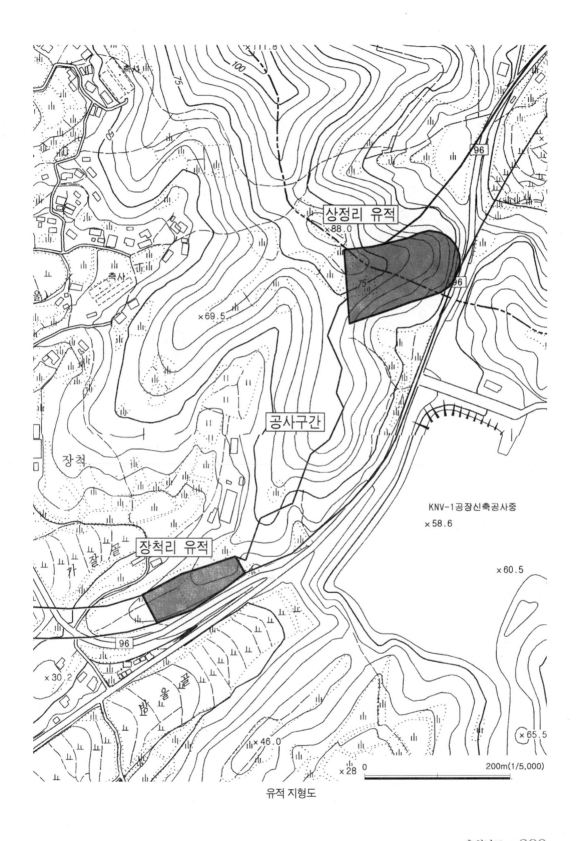

상정리 유적

공사구간

KNV-1공장신축공사중
×58.6

장척리 유적

유적 지형도

200m(1/5,000)

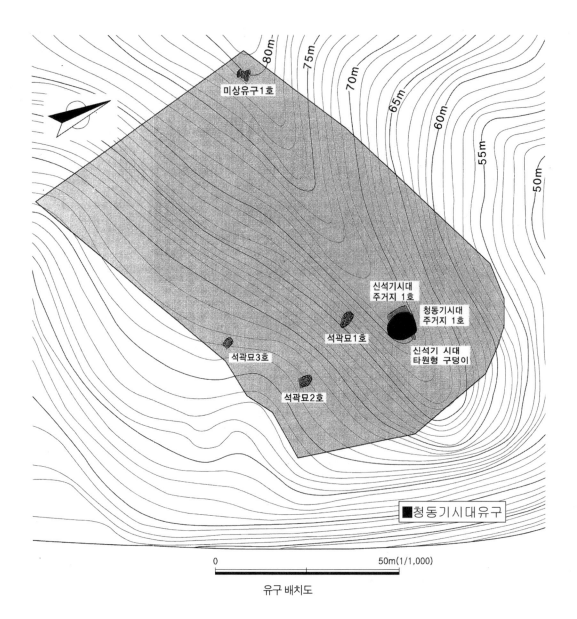

미상유구1호

신석기시대
주거지 1호

청동기시대
주거지 1호

석곽묘1호

신석기 시대
타원형 구덩이

석곽묘3호

석곽묘2호

■청동기시대유구

0   50m(1/1,000)

유구 배치도

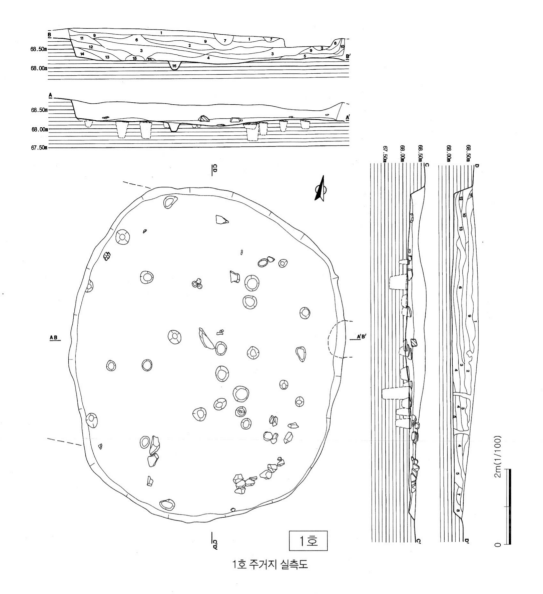

1호

1호 주거지 실측도

2m(1/100)

2. 홍성 장척리유적

1) 조사 개요

유적 위치	충청남도 홍성군 은하면 장척리 706-7 · 10번지 일대
조사 기간	2003년 11월 3일~12월 17일
조사 면적	1,293m²
조사 기관	충청문화재연구원
보고서	김백범 · 나건주, 2005, 『홍성 장척리 · 상정리유적』, 충청문화재연구원
주거지 수	3
유적 입지	구릉(해발 40m 내외)
추정 연대	전기-기원전 15~10세기, 후기-인근의 서해안지역에서 확인되는 송국리유형 유적들과 유사한 연대
관련 유구	없음

2) 주거지 속성

유구 번호	형태	규모(cm)			면적 (m²)	내부시설	주요 출토유물	화재 유무	절대연대 (BC)
		장축	단축	깊이					
1호	세장방형	820 잔존	390	25	·	무시설식노지	즐문토기, 무문토기저부, 편평촉	무	1,420-920 C14연대
2호	원형	400 잔존	170 잔존	40	·		타날문토기, 주상편인석부	무	
3호	장방형	500	180 잔존	30	·	주공	외반구연구순각목타날문토기, 타날문토기, 요석	무	790-420/810-760 · 680-550 C14연대

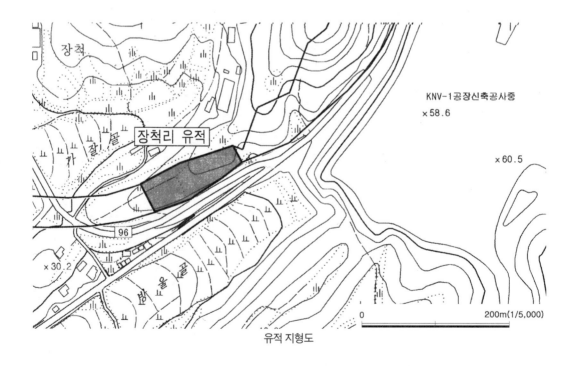

유적 지형도

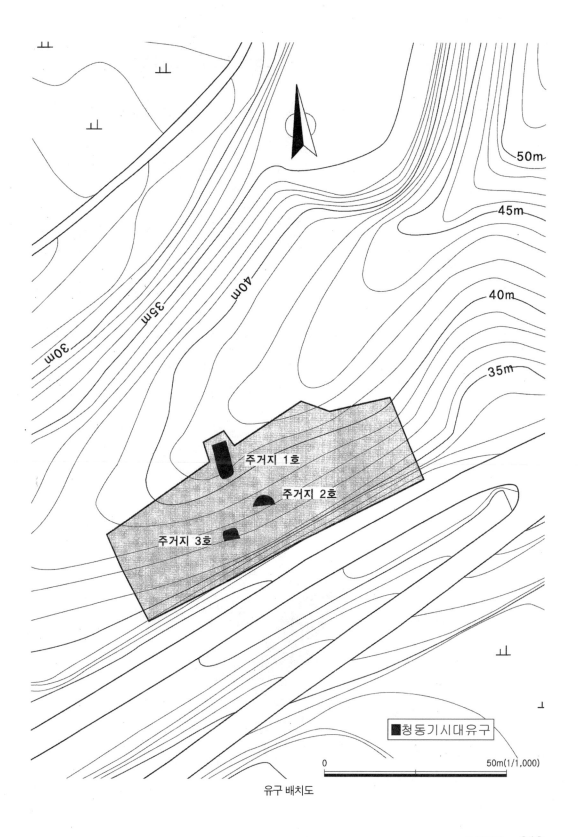

50m

45m

40m

35m

50m

45m

40m

35m

30m

주거지 1호

주거지 2호

주거지 3호

■청동기시대유구

0   50m(1/1,000)

유구 배치도

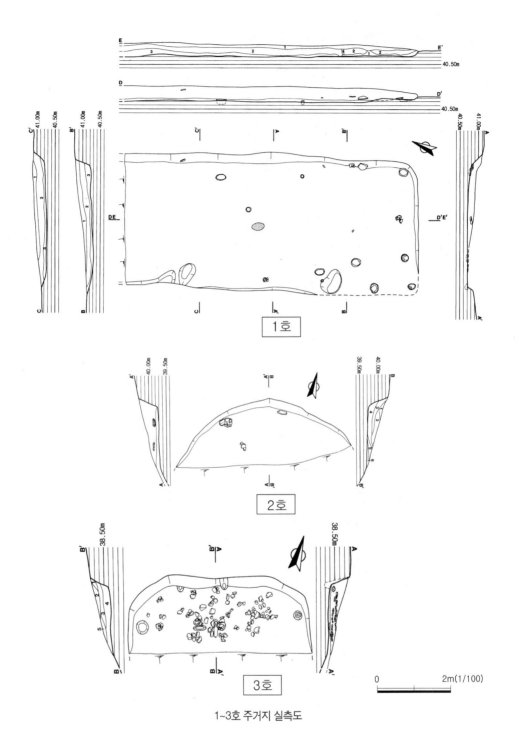

1호

2호

3호

0   2m(1/100)

1~3호 주거지 실측도

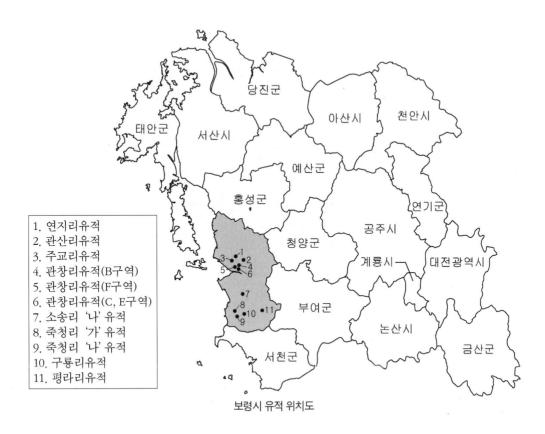

1. 연지리유적
2. 관산리유적
3. 주교리유적
4. 관창리유적(B구역)
5. 관창리유적(F구역)
6. 관창리유적(C, E구역)
7. 소송리 '나' 유적
8. 죽청리 '가' 유적
9. 죽청리 '나' 유적
10. 구룡리유적
11. 평라리유적

보령시 유적 위치도

1. 보령 연지리유적

1) 조사 개요

유적 위치	충청남도 보령시 주포면 연지리 산183~78번지 일대
조사 기간	1998년 5월 21일~12월 6일, 1999년 2월 24일~8월 20일
조사 면적	22,000m²
조사 기관	고려대학교매장문화재연구소
보고서	이홍종·최종택·강원표·박성희, 2002, 『연지리유적』, 고려대학교매장문화재연구소
주거지 수	1
유적 입지	구릉(해발 50m 내외)
추정 연대	
관련 유구	없음

2) 주거지 속성

유구 번호	형태	규모(cm)			면적 (m²)	내부시설	주요 출토유물	화재 유무
		장축	단축	깊이				
KC 004	원형	552 추정	540 추정	70	23.4 추정	타원형토광	무문토기저부, 일단경촉, 지석	무

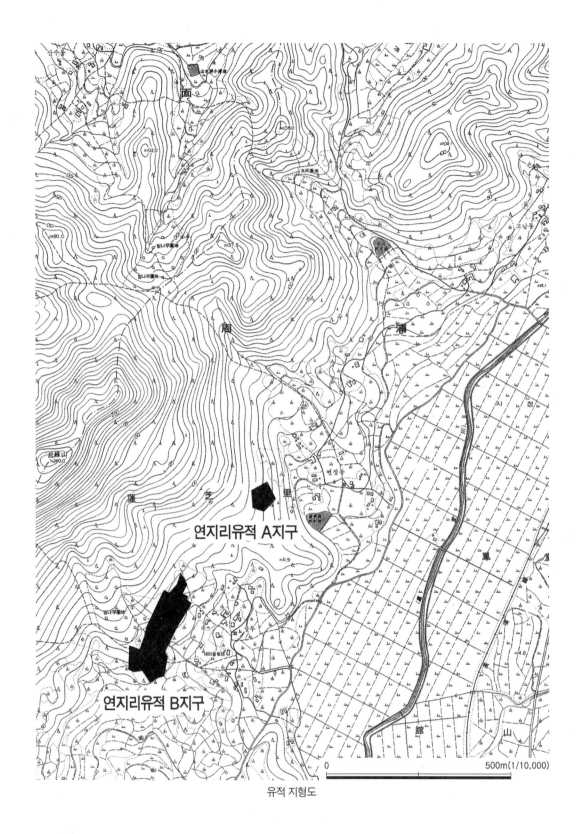

연지리유적 A지구

연지리유적 B지구

500m(1/10,000)

유적 지형도

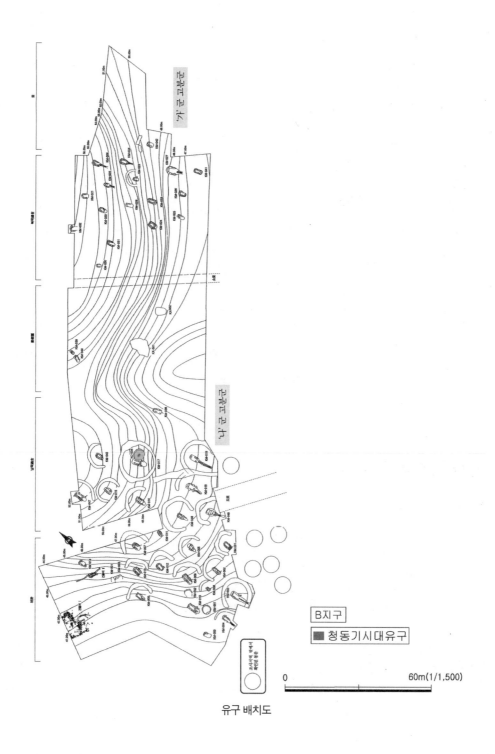

■ 청동기시대유구

0   60m(1/1,500)

유구 배치도

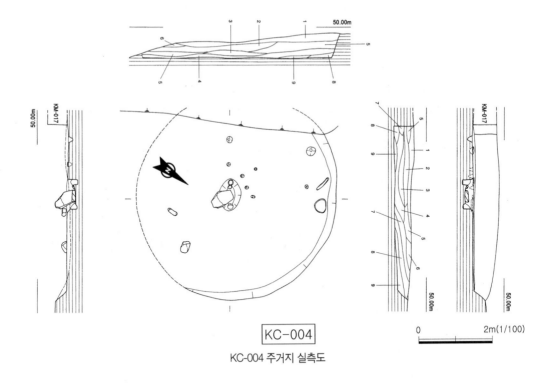

KC-004

KC-004 주거지 실측도

0   2m(1/100)

2. 보령 관산리유적

1) 조사 개요

유적 위치	충청남도 보령시 주포면 관산리 일대
조사 기간	1994년 5월 1일~10월 31일
조사 면적	33,000m²
조사 기관	고려대학교매장문화연구소
보고서	윤세영·이홍종, 1996, 『관산리유적』I, 고려대학교매장문화연구소
주거지 수	11
유적 입지	구릉(해발 37~45m)
추정 연대	기원전 9~8세기
관련 유구	석관묘 3기, 석개토광묘 1기

2) 주거지 속성

유구번호	형태	규모(cm)			면적(㎡)	내부시설	주요 출토유물	화재유무	절대연대(BC)
		장축	단축	깊이					
KC 001	말각방형	384	340	24	13.1	타원형토광	직립구연호, 일단경촉	무	
KC 004	장방형	2,040	580	80	118.3	토광형노지 4개, 벽구, 저장공, 단시설	이중구연구순각목공렬단사선문토기, 편평만입촉, 이단경촉, 주형석도, 편주형석도	유	1,260-905 C14연대
KC 005	말각방형	292	98 잔존	12	·	토광형노지 2개	유혈구석검, 지석	무	
KC 006	말각방형	368	256	24	9.4	토광형노지	구순각목공렬단사선문토기, 구순각목공렬문토기, 공렬문토기, 지석	무	
KC 007	방형	237	222	13	5.3	토광형노지	무문토기	무	
KC 008	방형	286	190 잔존	26	·	무시설식노지 2개	구순각목공렬문토기, 공렬단사선문토기, 적색마연토기, 편평만입촉, 어형석도	무	
KC 009	장방형	1,584 추정	368 추정	50	58.3 추정	토광형노지 2개, 저장공	구순각목문토기, 적색마연토기	유	1,015-805 C14연대
KC 010	장방형	1,150 추정	320 추정	30	36.8 추정	토광형노지, 벽구	구순각목공렬문토기, 무문토기저부	무	
KC 011	장방형	552	270 잔존	42	·	벽구, 저장공	구순각목문토기, 공렬문토기, 적색마연토기, 이단경촉, 주형석도	유	830-485·465-425 C14연대
KC 012	말각방형	254	202	23	5.1	무시설식노지 2개, 저장공, 일부점토다짐	이중구연공렬단사선문토기, 공렬문토기	무	1,110-805 C14연대
KC 013	장방형	2,223	540	40	120.0	토광형노지 6개	이중구연구순각목단사선문토기, 공렬문토기, 구순각목공렬문토기, 편평만입촉, 이단경촉	무	1,305-910 C14연대

※ KM-408호 석개토광묘는 다른 묘제들과 어느 정도 떨어져 단독으로 위치하며, 내부에서 점토대토기
단계에 해당하는 삼각편평촉(평기식)이 출토되어 관련 유구에서 제외하였다.

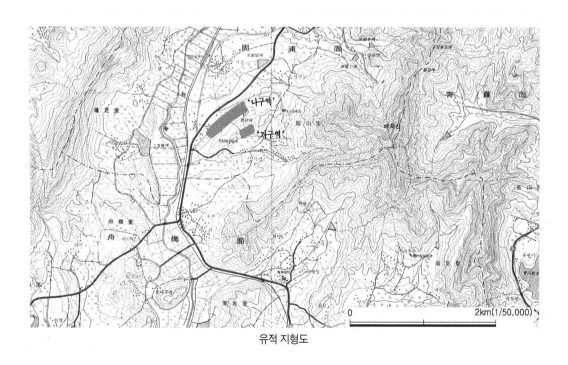

유적 지형도

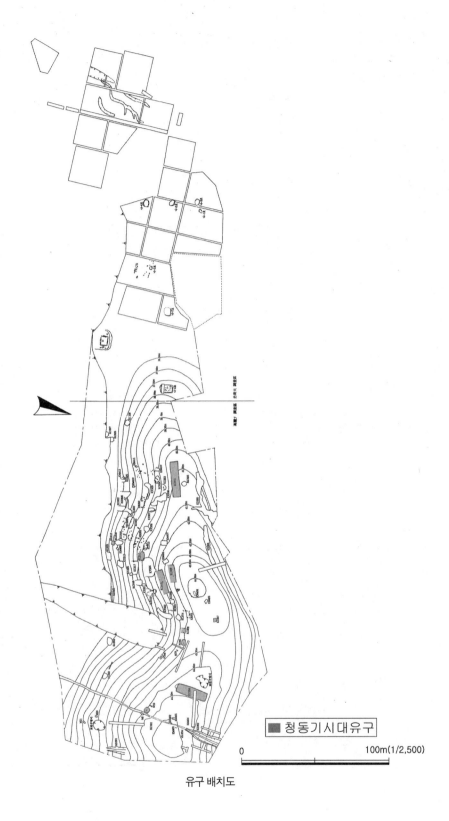

■청동기시대유구

0   100m(1/2,500)

유구 배치도

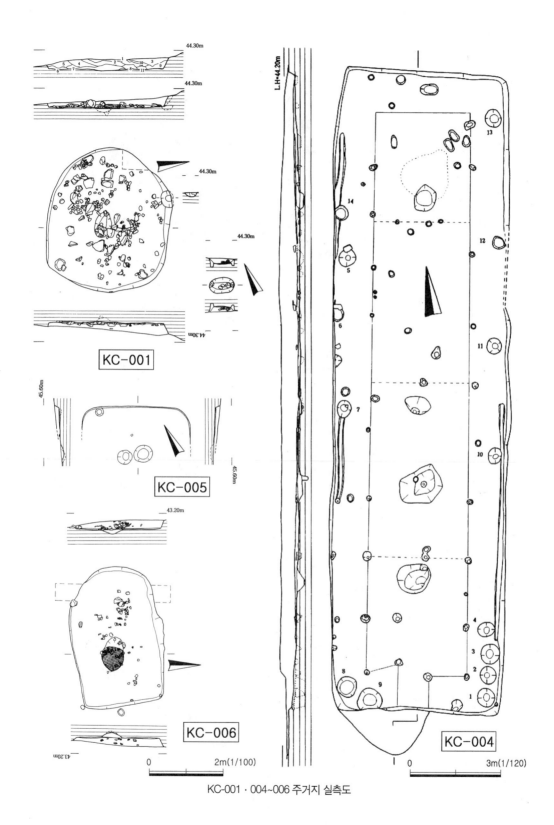

KC-001

KC-005

KC-006

KC-004

0   2m(1/100)

0   3m(1/120)

KC-001 · 004~006 주거지 실측도

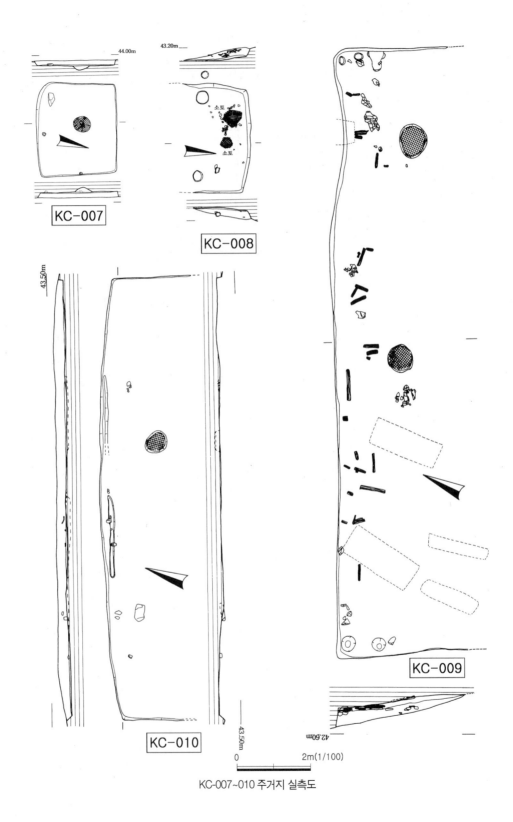

44.00m

KC-007

43.20m

소토

소토

KC-008

43.50m

KC-009

KC-010

43.50m

42.60m

0   2m(1/100)

KC-007~010 주거지 실측도

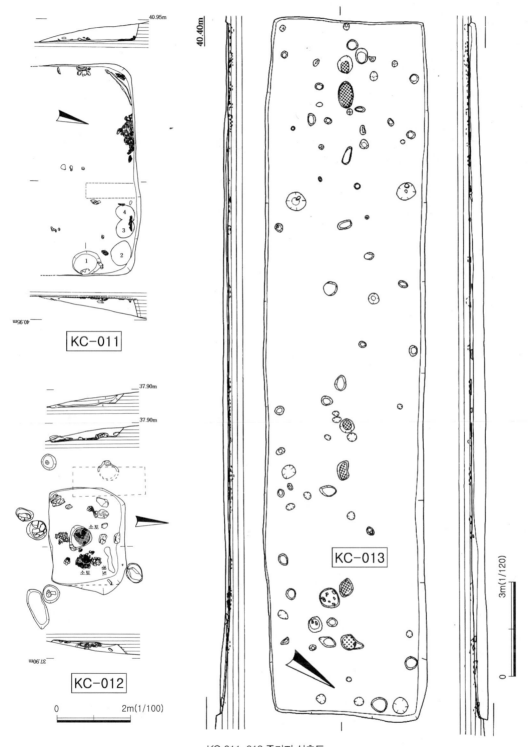

40.95m

KC-011

37.90m
37.90m

소토
소토

KC-012

0   2m(1/100)

40.40m

KC-013

3m(1/120)

0

KC-011~013 주거지 실측도

3. 보령 주교리유적

1) 조사 개요

유적 위치	충청남도 보령시 주교면 주교리 산62-1번지 일대
조사 기간	1998년 5월 21일~11월 20일
조사 면적	24,000m²
조사 기관	고려대학교매장문화재연구소
보고서	이홍종·손준호, 2004, 『주교리유적』, 고려대학교매장문화재연구소
주거지 수	17
유적 입지	구릉(해발 42~60m)
추정 연대	1단계-기원전 11~9세기, 2단계-기원전 7세기
관련 유구	지석묘 1기, 토광 18기, 구상유구 3기

2) 주거지 속성

유구번호	형태	규모(cm) 장축	규모(cm) 단축	규모(cm) 깊이	면적(m²)	내부시설	주요 출토유물	화재유무	선후관계	절대연대(BC)
KC 001	말각방형	456	396	40	18.1	타원형토광	일단경촉, 선형석기	무		605 AMS
KC 002	방형	376	300	18	11.3	벽구, 소토부	무문토기구연부, 무문토기저부	무		
KC 003	말각방형	354	330	16	11.7	타원형토광	일단경촉	무	003→KK001	
KC 004	말각방형	384	344	18	13.2	타원형토광	공렬문토기, 무문토기저부, 박편, 대석	무		
KC 007	방형	265	215	31	5.7	토광형노지, 저장공	이중구연구순각목단사선문토기	무		
KC 008	세장방형	1,260	552	15	69.6	토광형노지 2개, 벽구	이중구연구순각목단사선문토기, 구순각목문토기, 구순각목공렬문토기, 각목문저부, 유혈구석검	무		830 AMS
KC 011	방형	390 잔존	180 잔존	30	·	토광형노지	구순각목문토기, 지석	유		910 AMS
KC 012	방형	420	360 추정	40	15.1 추정	토광형노지 2개, 저장공, 벽구	구순각목공렬문토기, 구순각목문토기, 공렬문토기, 파수부, 석검	무	012→지석묘	
KC 013	세장방형	900	372	30	33.5	토광형노지 2개, 저장공, 벽구	이중구연공렬단사선문토기, 구순각목공렬문토기, 적색마연토기, 유혈구이단병검, 주형석도	유		1,025 AMS
KC 014	세장방형	1,086	366	30	39.7	토광형노지, 저장공	구순각목문토기, 공렬문토기	무		
KC 015	장방형	452	234	50	10.6	단시설, 주공	구순각목공렬문토기	무		
KC 016	장방형	414	240 추정	10	9.9 추정	토광형노지	석기미제품	무		
KC 017	방형	512	480	40	24.6	주공	무문토기저부, 이단경촉, 석착	무		
KC 018	세장방형	1,476	414	20	61.1	토광형노지 3개, 저장공, 벽구	이중구연구순각목단사선문토기, 적색마연토기, 편평만입촉, 고석, 지석	무		1,010 AMS
KC 019	세장방형	950	390 추정	28	37.1 추정	토광형노지, 벽구	무문토기저부	무	019→020	5,560 AMS
KC 020	말각방형	585 추정	585 추정	38	34.2 추정	타원형토광, 4주	공렬문토기, 무문토기저부	무	019→020	
KC 021	방형	307	234	20	7.2	토광형노지, 단시설	구순각목문토기, 무문토기저부	무		

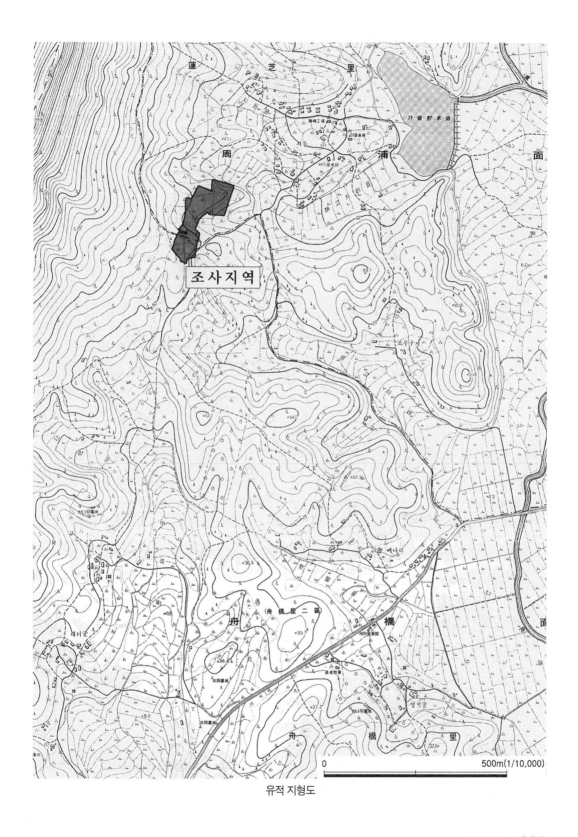

조사지역

0   500m(1/10,000)

유적 지형도

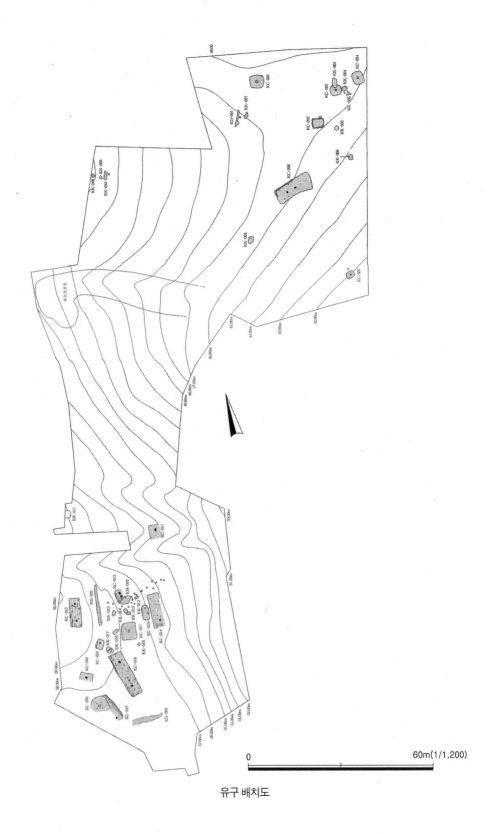

유구 배치도

0   60m(1/1,200)

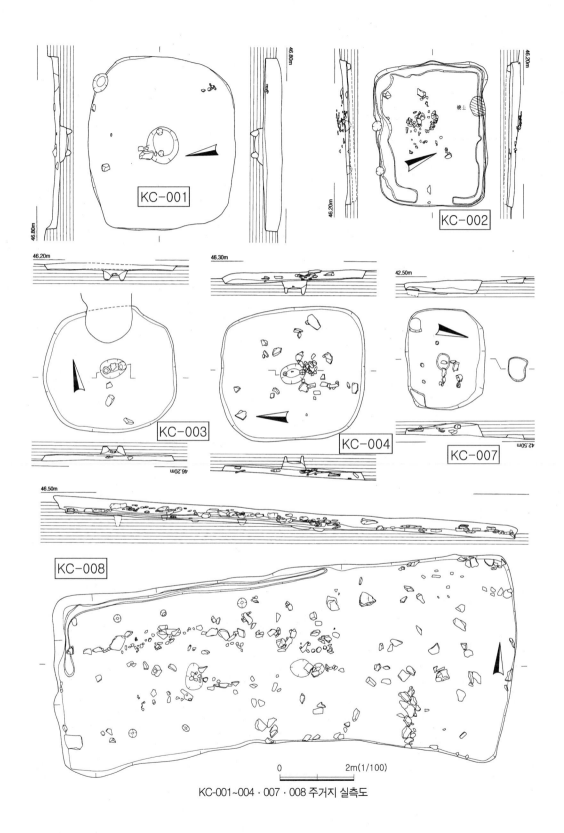

KC-001~004 · 007 · 008 주거지 실측도

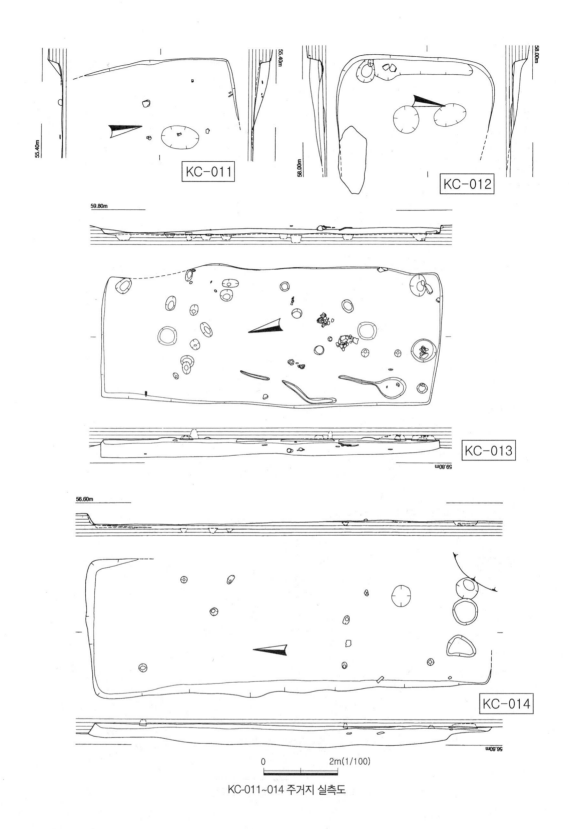

KC-011

KC-012

59.80m

KC-013

56.60m

KC-014

0   2m(1/100)

KC-011~014 주거지 실측도

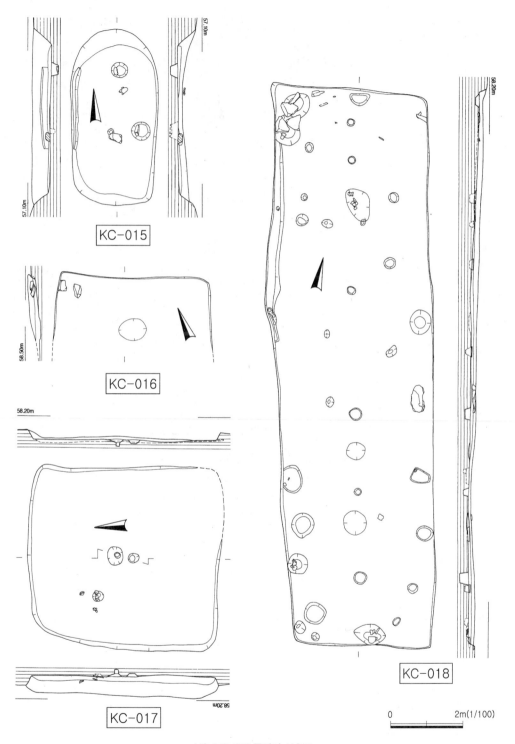

KC-015

KC-016

KC-017

KC-018

0   2m(1/100)

KC-015~018 주거지 실측도

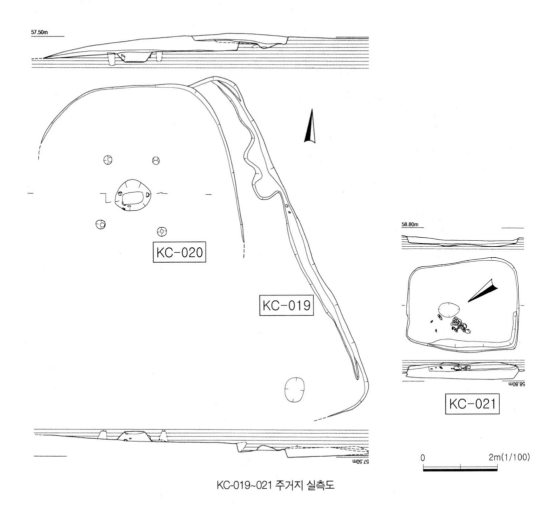

57.50m

58.80m

58.80m

KC-020

KC-019

KC-021

57.50m

KC-019~021 주거지 실측도

0   2m(1/100)

4. 보령 관창리유적(B구역)

1) 조사 개요

유적 위치	충청남도 보령시 주교면 관창리 일대
조사 기간	1994년 11월 1일~1995년 10월 31일
조사 면적	111,000m²
조사 기관	고려대학교매장문화재연구소
보고서	이홍종·강원표·손준호, 2001, 『관창리유적』, 고려대학교매장문화재연구소
주거지 수	100
유적 입지	구릉(해발 10~34m)
추정 연대	
관련 유구	토광 73기, 요지 25기, 불명유구 42기, 굴립주건물지 13기, 구상유구 5기, 석관묘 8기

2) 주거지 속성

유구 번호	형태	규모(cm) 장축	단축	깊이	면적 (m²)	내부시설	주요 출토유물	화재 유무	선후 관계	절대연대 (BC)
KC 001	원형	840	820	65	54.1	타원형토광, 4주, 벽구	외반구연구순각목문토기, 타날문토기, 적색마연토기, 주형석도, 삼각형석도	무		
KC 003	장방형	760	580 추정	34	44.1 추정	타원형토광, 소형수혈	구순각목문토기, 삼각형석도, 고석, 지석	무		
KC 004	원형	790	770	55	47.8	타원형토광, 4주	적색마연토기, 일단경촉, 삼각형석도, 지석	무		
KC 005	원형	500	450	58	17.7	타원형토광, 4주	발형토기, 일단경촉, 지석	무		
KC 006	원형	650	640	88	32.7	타원형토광, 4주	외반구연토기, 구순각목문토기, 타날문토기	무		
KC 007	원형	560	520	34	22.9	타원형토광, 4주, 저장공	외반구연토기, 단사선문토기, 타날문토기, 삼각형석도, 지석	무		
KC 008	타원형	620 추정	500 추정	47	24.3 추정	타원형토광, 4주	외반구연구순각목문토기, 외반구연토기, 적색마연토기	무	008-1 →008	
KC 008-1	방형	560 추정	440 추정	47	24.6 추정	타원형토광	석재	무	008-1 →008	
KC 009	방형	620 추정	540 추정	39	33.5 추정	타원형토광, 4주(추정)	타날문토기, 일단경촉	무		
KC 010	원형	690	670	36	36.3	타원형토광, 4주, 단시설	외반구연구순각목문토기, 외반구연토기, 타날문토기, 적색마연토기, 일단경촉	무		
KC 011	타원형	620	620 추정	33	30.2 추정	타원형토광, 단시설	외반구연토기, 타날문토기, 고석	무		
KC 012	원형	560	500	37	22.0	타원형토광, 4주	외반구연토기, 구순각목문토기, 적색마연토기, 일단경촉, 지석	무		
KC 013	방형	620 추정	610	37	37.8 추정	타원형토광, 4주	무문토기저부, 지석	무		
KC 014	원형	640	590	74	29.6	타원형토광, 4주	외반구연토기, 타날문토기, 일단경촉, 선형석기	무	015→ 014	
KC 016	원형	430	360	104	12.1	타원형토광, 단시설	외반구연구순각목문토기, 외반구연토기	무		
KC 017	원형	580 추정	470	29	21.4 추정	타원형토광 2개	무문토기저부, 지석	무		

KC 018	방형	500 추정	420 추정	27	21.0 추정	타원형토광, 구시설	구순각목문토기, 무문토기저부	무		
KC 019	원형	610	580	49	27.8	타원형토광, 4주, 벽구	외반구연구순각목문토기, 외반구연토기, 적색마연토기, 점토대토기, 일단경촉	무		
KC 020	원형	460	410	37	14.8	타원형토광, 벽구	외반구연구순각목문토기, 외반구연토기, 타날문토기, 적색마연토기, 지석	무		785-375 C14연대
KC 021	원형	450	420	35	14.8	타원형토광	외반구연구순각목문토기, 일단경촉, 석도	무		
KC 022	원형	330	300	12	7.8	타원형토광	일단경촉, 환상석부, 지석	무		
KC 023	원형	420	350 추정	32	11.5 추정	타원형토광	무문토기저부, 지석	무		
KC 024	원형	460	450	50	16.2		외반구연구순각목문토기, 외반구연토기, 타날문토기	무		
KC 025	타원 형	260 잔존	210 잔존	16	·		무문토기	무		
KC 026	방형	650	520	29	33.8	타원형토광, 4주	일단경촉, 주상편인석부, 편평편인석부, 선형석기	무		
KC 027	원형	580 추정	560	30	25.5 추정	타원형토광	석촉, 선형석기, 지석	무		
KC 028	타원 형	440	320	30	11.1	타원형토광	편평편인석부, 지석	무		
KC 029	원형	500	460	10	18.1	타원형토광, 벽구	고석, 지석	유		
KC 030	원형	770	680	30	41.1	타원형토광, 4주, 벽구	외반구연구순각목문토기, 외반구연토기, 타날문토기, 적색마연토기, 일단경촉	무		
KC 031	원형	780	710	35	43.5	타원형토광, 4주, 구시설	외반구연구순각목문토기, 외반구연토기, 석촉, 지석	무		
KC 032	방형	790	650	20	51.4	타원형토광 3개, 10주, 구시설	외반구연구순각목문토기, 일단경촉, 방추차, 지석	무		
KC 033	방형	440	420	36	18.5	타원형토광, 구시설	무문토기저부, 선형석기, 지석	무		
KC 034	원형	480	450	43	17.0	타원형토광	무문토기저부, 선형석기	무		
KC 035	방형	420	420	38	17.6	타원형토광, 구시설	구순각목문토기, 선형석기	무		
KC 036	원형	460	400	15	14.4	타원형토광	외반구연구순각목문토기, 외반구연토기, 타날문토기, 적색마연토기, 토제장신구	무		
KC 037	원형	550	450	14	19.4		무문토기저부	무	KB208 중복	
KC 038	타원 형	600	550	68	25.9	타원형토광, 구시설	외반구연구순각목문토기, 타날문토기, 적색마연토기, 일단병검, 일단경촉	무		790-350·300 -215 C14연대
KC 039	타원 형	520 추정	460 추정	10	18.8 추정	타원형토광	일단경촉	무		
KC 040	타원 형	800	710	91	44.6	타원형토광, 6주, 구시설	외반구연구순각목문토기, 타날문토기, 적색마연토기, 일단병검, 일단경촉	무		1,215-805 C14연대
KC 041	원형	410	390	34	12.6	타원형토광	타날문토기, 일단경촉, 방추차	무		
KC 042	원형	540	530	60	22.5	타원형토광, 구시설	외반구연구순각목문토기, 외반구연토기, 타날문토기, 적색마연토기, 일단경촉	무		790-405 C14연대
KC 043	방형	480	480	55	23.0	타원형토광	외반구연토기, 구순각목문토기, 선형석기, 지석	무		
KC 044	원형	320 추정	320	8	8.0 추정	타원형토광, 4주	발형토기, 외반구연토기	무		
KC 045	원형	350	310	25	8.5			무		

KC046	원형	690	690 추정	27	37.4 추정	타원형토광	무문토기저부	무	046→KK127	
KC047	방형	500	480	36	24.0	타원형토광, 구시설	무문토기저부, 일단경촉, 지석	무		
KC048	원형	650	620	54	31.6	타원형토광, 4주, 구시설	외반구연구순각목문토기, 외반구연토기, 타날문토기, 적색마연토기, 일단경촉	무	048→소형수혈	905-760·670-550 C14연대
KC049	원형	400	370	27	11.6	타원형토광, 벽구	외반구연구순각목문토기, 무문토기저부	무		
KC050	방형	380	330	26	12.5	타원형토광	지석	무		
KC051	원형	540	530	30	22.5	타원형토광, 구시설	외반구연구순각목문토기, 외반구연토기, 타날문토기, 일단경촉	무		
KC052	원형	430	420	14	14.2	타원형토광, 구시설, 단시설	외반구연구순각목문토기, 외반구연토기, 타날문토기, 적색마연토기, 일단경촉	무		
KC053	방형	470	430	42	20.2	타원형토광	구순각목문토기, 일단경촉	무		
KC054	방형	510	450	82	23.0	타원형토광, 구시설	호형토기, 적색마연토기, 일단경촉, 선형석기	무		
KC055	원형	400	340	20	10.7	타원형토광	외반구연구순각목문토기, 외반구연토기, 타날문토기, 적색마연토기, 파수부	무		
KC056	원형	650	590	48	30.1	타원형토광, 구시설	합인석부, 요석	무	056→KY818	
KC057	원형	550	530	56	22.9	타원형토광, 벽구	외반구연구순각목문토기, 일단경촉, 선형석기, 고석, 지석	무	076→057	
KC058	방형	300	300 추정	14	9.0 추정	타원형토광	무문토기저부, 적색마연토기, 편평편인석부	무		
KC059	원형	410	320 추정	19	10.3 추정	타원형토광, 벽구	무문토기저부, 지석	무		800-395 C14연대
KC060	타원형	770	660	50	39.9	타원형토광 2개, 6주, 벽구	외반구연구순각목문토기, 외반구연토기, 타날문토기, 적색마연토기, 석검병부	무	073→060	
KC061	타원형	380	260	33	7.8	타원형토광	적색마연토기, 일단경촉, 지석	무		
KC062	방형	400	320	22	12.8	타원형토광	무문토기구연부, 무문토기저부	무		
KC063	원형	400	390	41	12.2	타원형토광	외반구연구순각목문토기, 외반구연토기, 타날문토기, 적색마연토기, 파수부, 석추	무	078→063	
KC064	원형	400	390	20	12.2	타원형토광	무문토기	무		
KC065	방형	260	70 잔존	10	·			무		
KC066	방형	410	360 추정	25	14.8 추정	타원형토광		무		
KC067	원형	400	390	24	12.2	주공	외반구연구순각목문토기, 외반구연토기, 무문토기저부	무		
KC068	원형	370	310	21	9.0	주공	무문토기저부	무		
KC069	방형	360	250	27	9.0	타원형토광	외반구연구순각목문토기, 외반구연토기, 구순각목문토기, 합인석부	무		
KC070	원형	420	360	55	11.9	타원형토광	무문토기저부	무	070→KY805	
KC071	원형	440	390	42	13.5	타원형토광, 구시설	외반구연토기, 적색마연토기, 지석	무		
KC072	원형	620	600 추정	30	29.2 추정	타원형토광, 4주, 벽구	지석	무		
KC073	원형	670 추정	660	34	34.7 추정	타원형토광 2개, 4주	외반구연토기, 무문토기저부, 일단경촉, 선형석기, 지석	무	073→060	

KC 074	타원형	440	350	53	12.1	타원형토광	무문토기저부, 지석	무	
KC 075	원형	370	350	39	10.2	타원형토광, 벽구	무문토기저부, 지석	무	
KC 076	원형	780	710	62	43.5	타원형토광, 4주, 벽구	외반구연구순각목문토기, 외반구연토기, 타날문토기, 일단경촉, 선형석기	무	076→057
KC 077	원형	300	260	18	6.1		무문토기저부	무	75-AD340 C14연대
KC 078	장방형	820	680	52	55.8	타원형토광 2개, 6주, 단시설	외반구연구순각목문토기, 외반구연토기, 타날문토기, 적색마연토기, 편평촉	무	078→063
KC 079	원형	800	780 추정	34	49.0 추정	타원형토광, 4주	외반구연순각목타날문토기, 점토대토기, 파수부, 두형토기, 흑색마연토기	무	
KC 080	방형	380	380	44	14.4	타원형토광 2개	발형토기, 선형석기, 지석	무	
KC 081	방형	460	400	61	18.4	타원형토광	발형토기, 일단경촉, 지석	무	
KC 082	장방형	390 추정	380	45	14.8 추정	타원형토광	외반구연구순각목문토기, 외반구연토기, 선형석기, 지석	무	082-1→082
KC 082-1		·	·	·	·	타원형토광		무	082-1→082
KC 083	원형	480	450	39	17.0	타원형토광	무문토기저부, 석검, 지석	무	
KC 084	방형	450	370	18	16.7	타원형토광	무문토기저부, 석검, 일단경촉	무	
KC 085	원형	470	450	21	16.6	타원형토광	무문토기동체부	무	
KC 086	원형	540	520	61	22.0	타원형토광, 구시설	외반구연구순각목문토기, 적색마연토기, 일단경촉, 삼각형석도, 지석	무	
KC 087	방형	410	370	46	15.2	타원형토광	석검, 이단경촉	무	
KC 088	원형	450	380	26	13.4	타원형토광, 4주	무문토기저부, 선형석기	무	
KC 089	방형	510	460	44	23.5	타원형토광	무문토기저부, 방추차, 지석	무	
KC 090	장방형	330 추정	230	18	7.6 추정	타원형토광	외반구연토기, 무문토기저부, 석부	무	
KC 091	방형	410	350	29	14.4	타원형토광	무문토기구연부, 무문토기저부	무	
KC 092	방형	410	280	15	11.5	타원형토광	무문토기저부, 지석	무	
KC 093	원형	370	360	20	10.5	주공	외반구연토기, 무문토기저부, 일단경촉, 지석	무	
KC 094	타원형	420	340	24	11.2			무	
KC 095	방형	450	420	50	18.9	타원형토광	무문토기저부, 일단경촉, 지석	무	
KC 096	원형	400 추정	340 추정	42	10.7 추정	타원형토광	무문토기저부, 일단경촉, 방추차	무	
KC 097	방형	460	440	52	20.2	타원형토광, 구시설	구순각목문토기, 무문토기저부, 유경촉	무	
KC 098	원형	340	330	25	8.8	타원형토광	구순각목문호형토기, 구순각목문토기, 발형토기, 무문토기저부	무	
KC 099	방형	410	410	29	16.8	타원형토광, 구시설	무문토기저부, 일단경촉, 유구석부, 고석, 지석	무	
KC 100	방형	460	450	41	20.7	타원형토광 (추정)	외반구연구순각목문토기, 무문토기저부, 유경석검, 일단경촉, 지석	무	

※ 청동기시대의 주거지로 보고된 유구 가운데 KC-015는 비교적 대형의 장타원형을 이루며 내부시설이 전혀 확인되지 않기 때문에 관창리유적의 일반적인 주거지와는 성격이 다른 유구로 판단된다. 한편, KC-082호 주거지는 유구 설명과 퇴적양상을 통하여 2개의 주거지가 중복된 것으로 볼 수 있어 KC-082와 KC-082-1로 구분하였다. 이러한 내용을 종합하면 관창리유적 B구역에서 조사된 주거지는 총 100기가 된다.

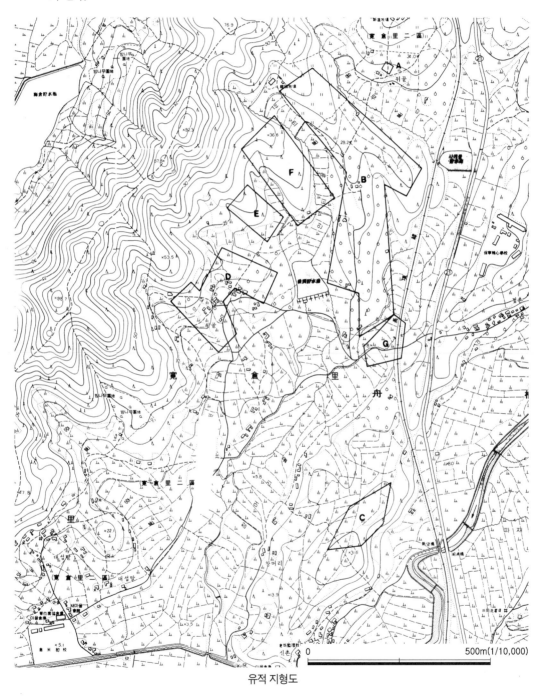

유적 지형도

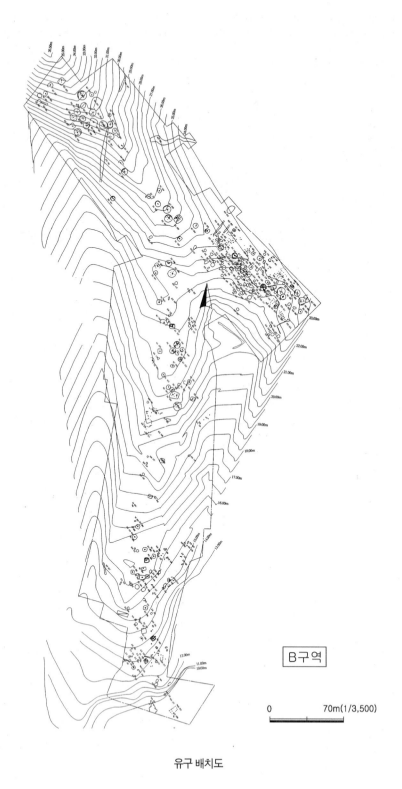

유구 배치도

B구역

0   70m(1/3,500)

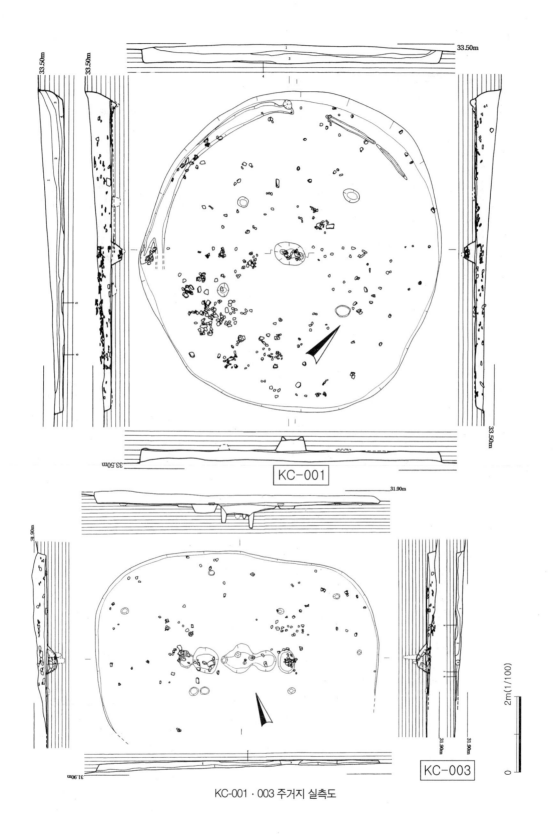

33.50m

KC-001

31.90m

2m(1/100)

KC-003

KC-001 · 003 주거지 실측도

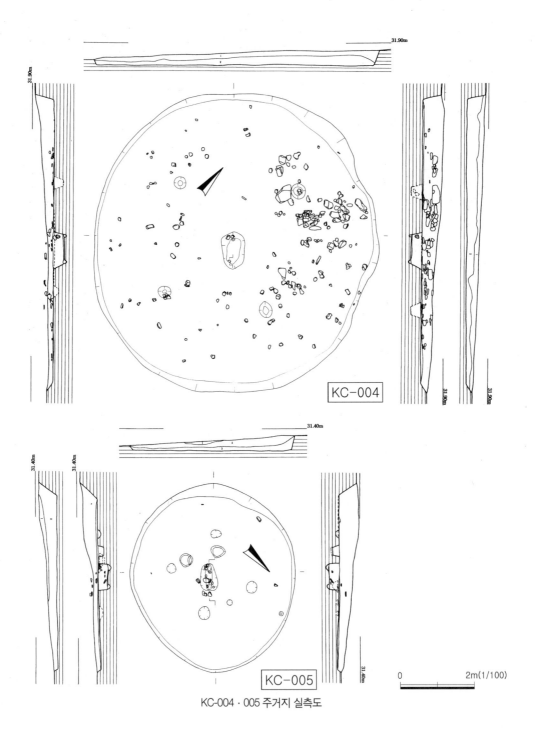

31.90m

KC-004

31.40m

KC-005

KC-004 · 005 주거지 실측도

0   2m(1/100)

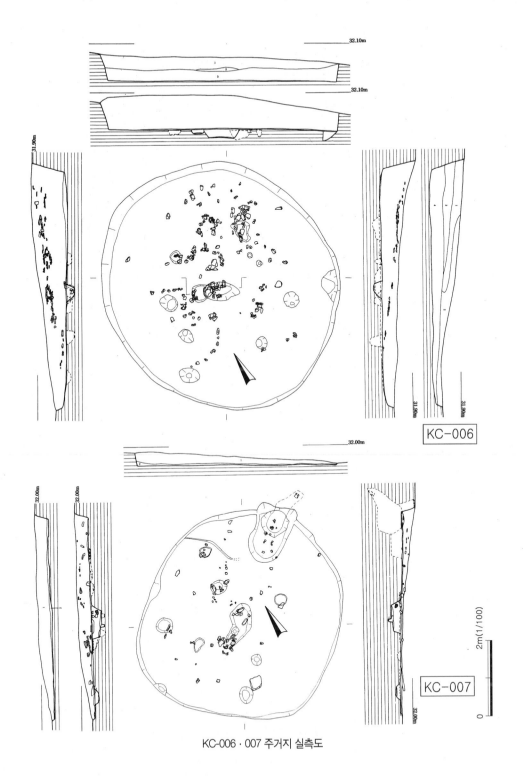

32.10m

32.10m

31.90m

31.90m 31.90m

KC-006

32.00m

32.00m 32.00m

32.00m

2m(1/100)

0

KC-007

KC-006 · 007 주거지 실측도

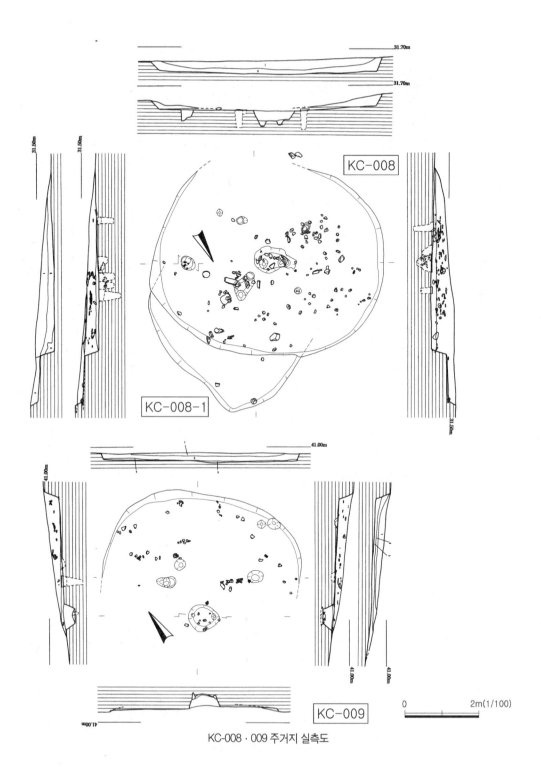

KC-008 · 009 주거지 실측도

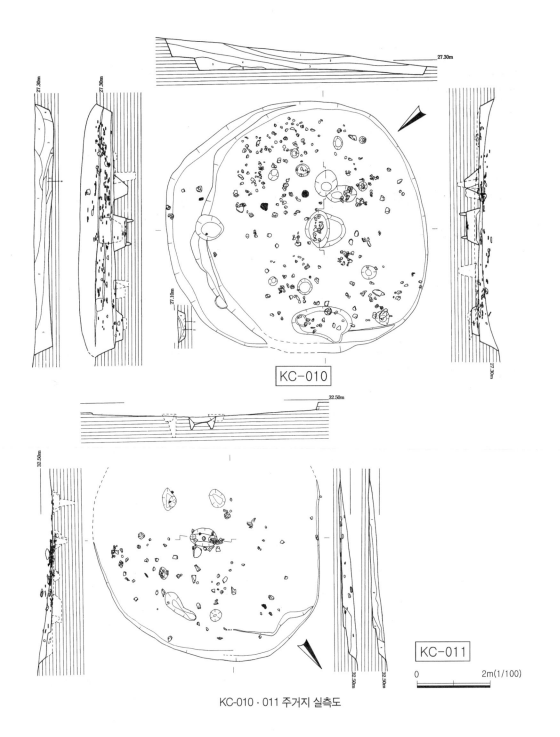

27.30m

27.30m 27.30m

27.10m

KC-010

27.30m

32.50m

32.50m

32.50m 32.50m

KC-011

0   2m(1/100)

KC-010 · 011 주거지 실측도

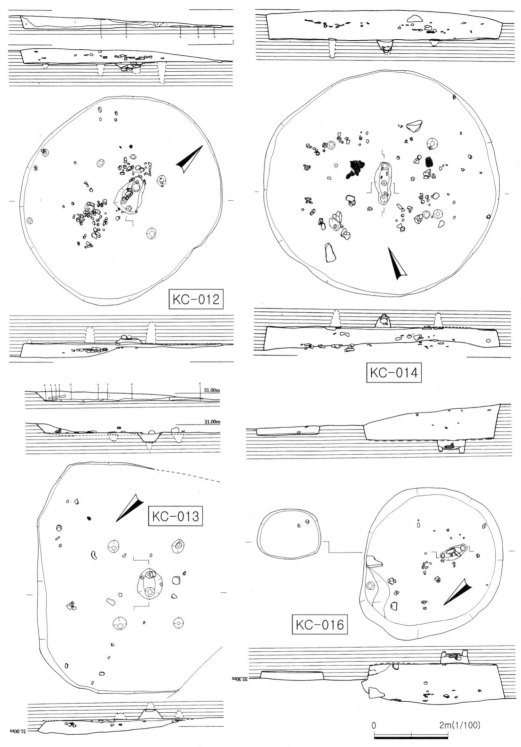

KC-012

KC-014

KC-013

KC-016

31.00m

31.00m

32.30m

31.00m

0   2m(1/100)

KC-012~014 · 016 주거지 실측도

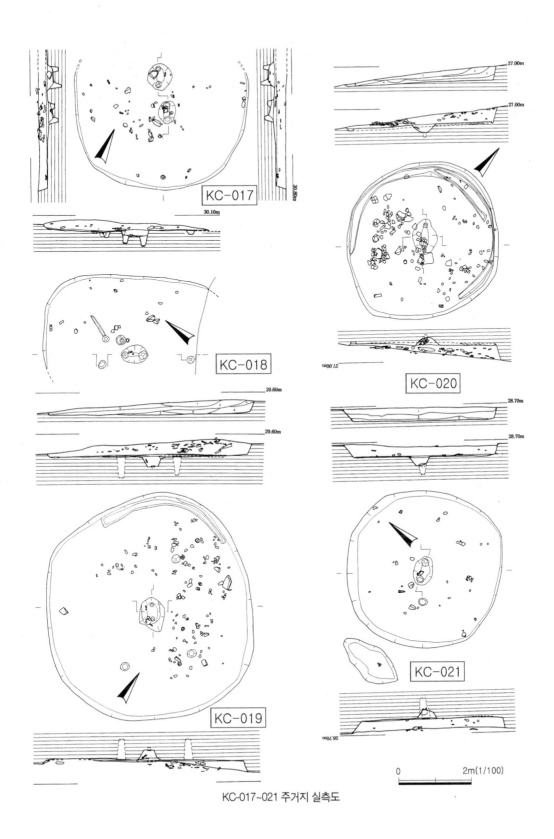

KC-017 30.80m

30.10m

30.10m

KC-018

29.60m

29.60m

KC-019

27.00m

27.00m

27.00m

KC-020

28.70m

28.70m

KC-021

28.70cm

0   2m(1/100)

KC-017~021 주거지 실측도

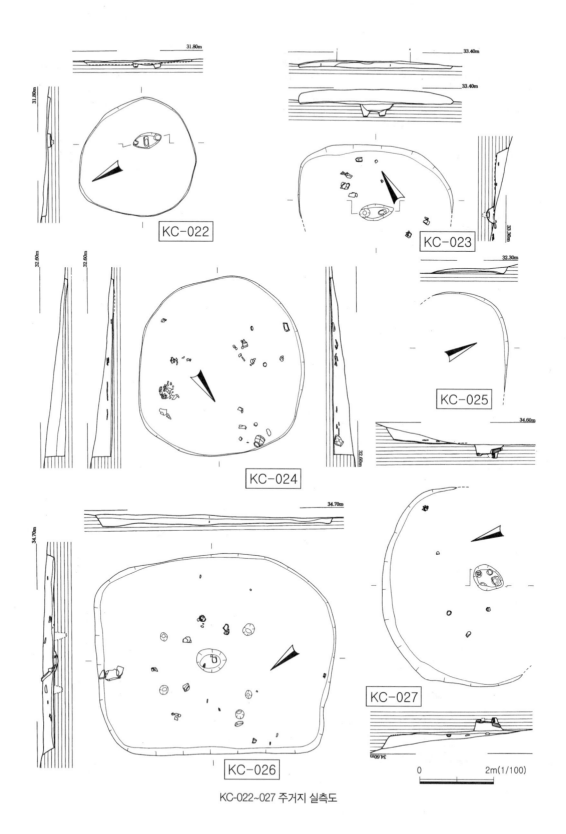

KC-022~027 주거지 실측도

0   2m(1/100)

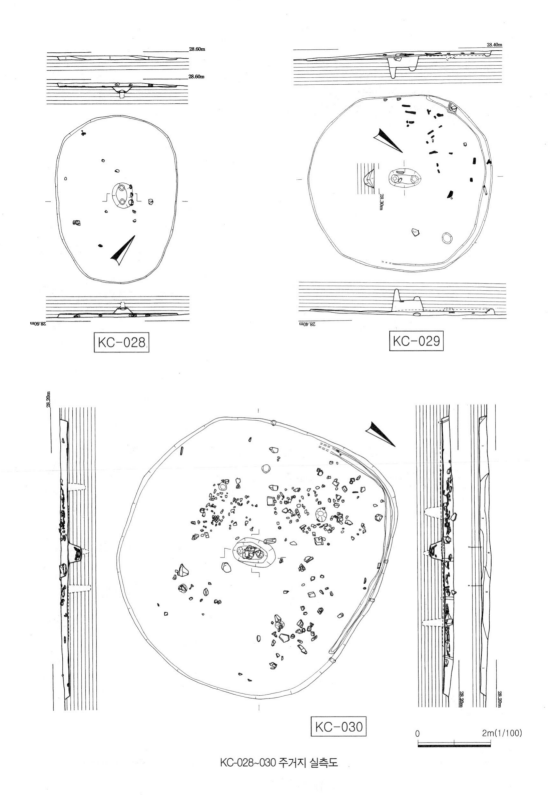

KC-028

KC-029

KC-030

0   2m(1/100)

KC-028~030 주거지 실측도

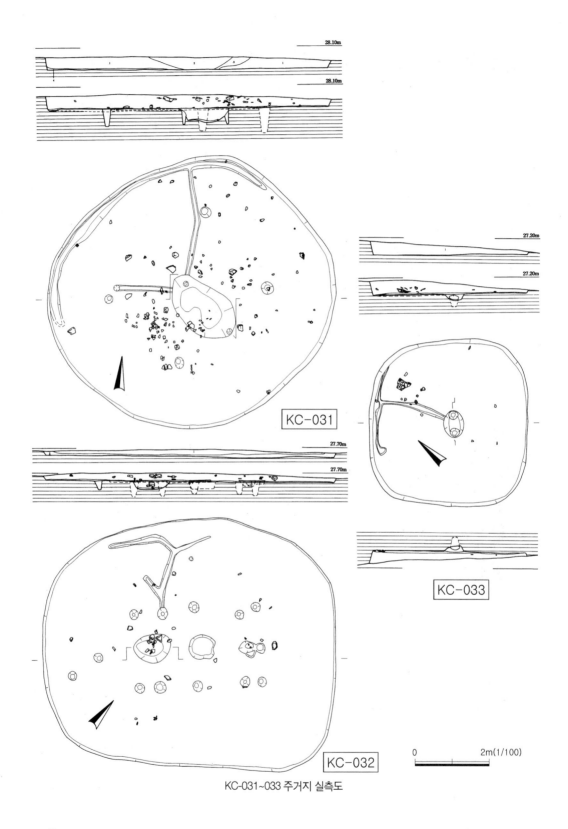

28.10m

28.10m

27.20m

27.20m

KC-031

27.70m

27.70m

KC-033

KC-032

0   2m(1/100)

KC-031~033 주거지 실측도

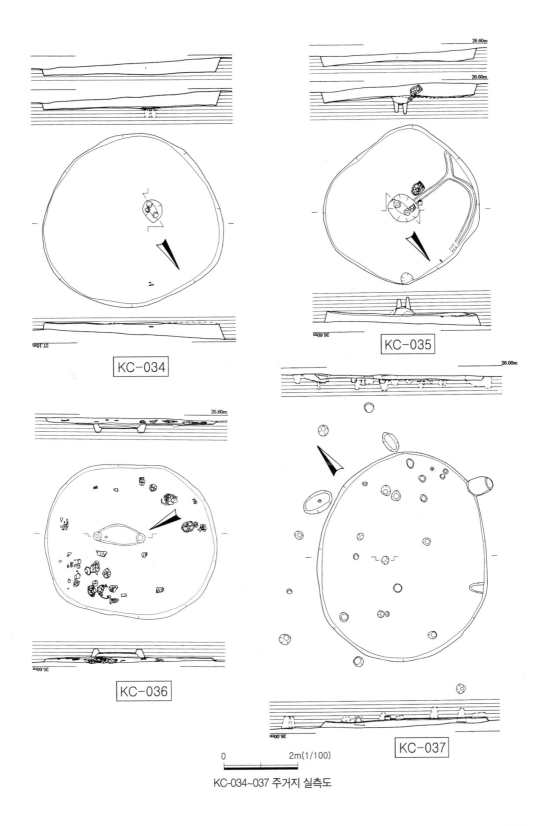

KC-034

KC-035

KC-036

KC-037

0   2m(1/100)

KC-034~037 주거지 실측도

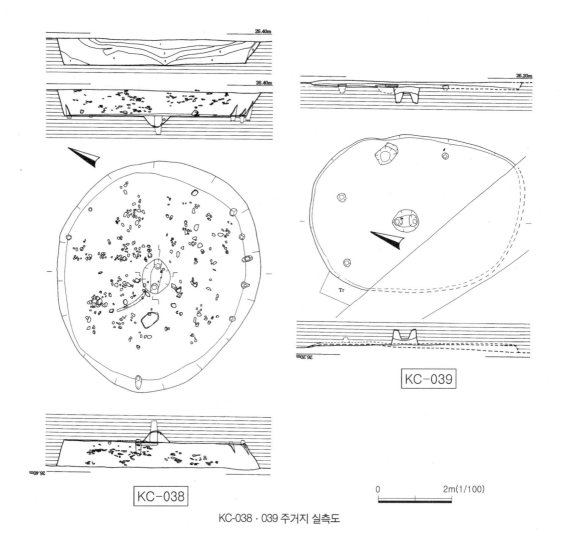

KC-039

KC-038

0   2m(1/100)

KC-038 · 039 주거지 실측도

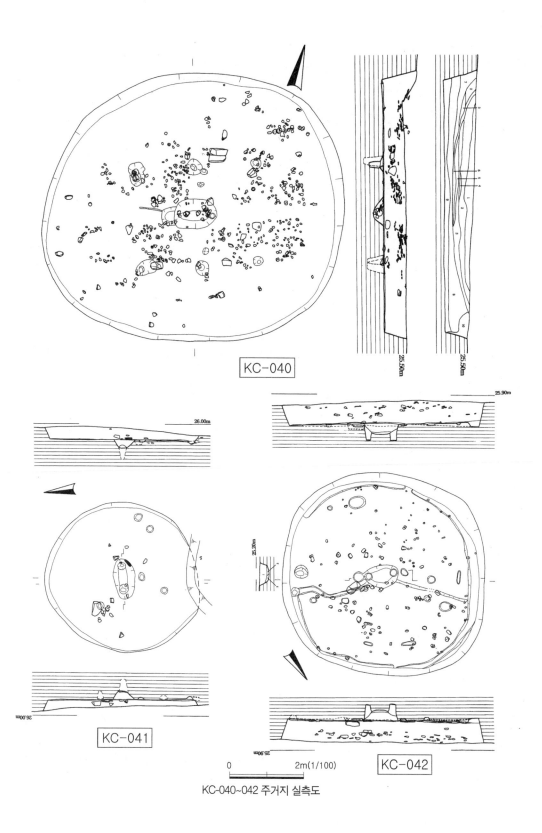

KC-040

26.00m

25.50m   25.50m

25.90m

25.90m

25.20m

KC-041

25.90m

0   2m(1/100)

KC-042

KC-040~042 주거지 실측도

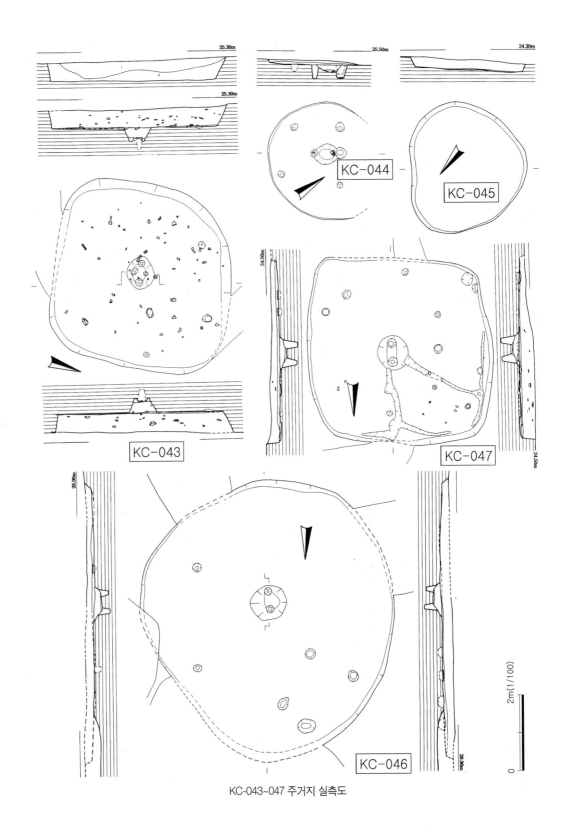

KC-043~047 주거지 실측도

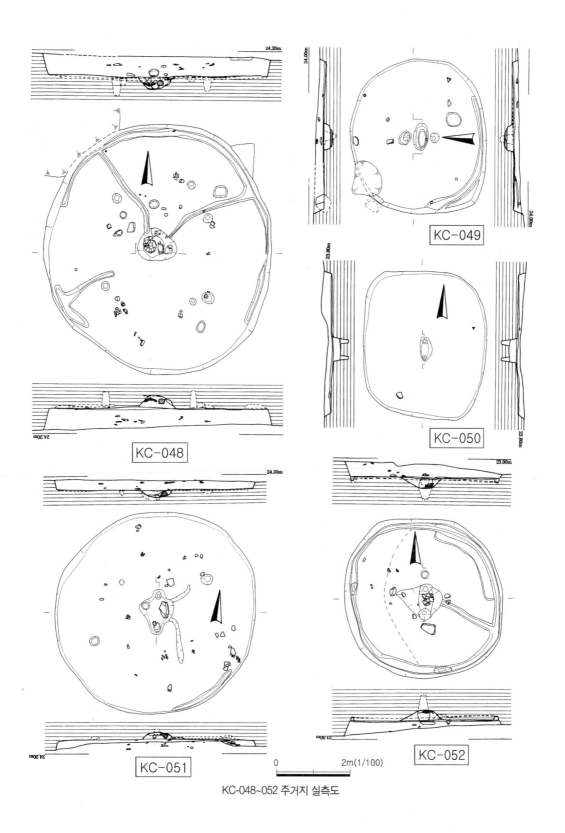

KC-049

KC-050

KC-048

KC-052

KC-051

0   2m(1/100)

KC-048~052 주거지 실측도

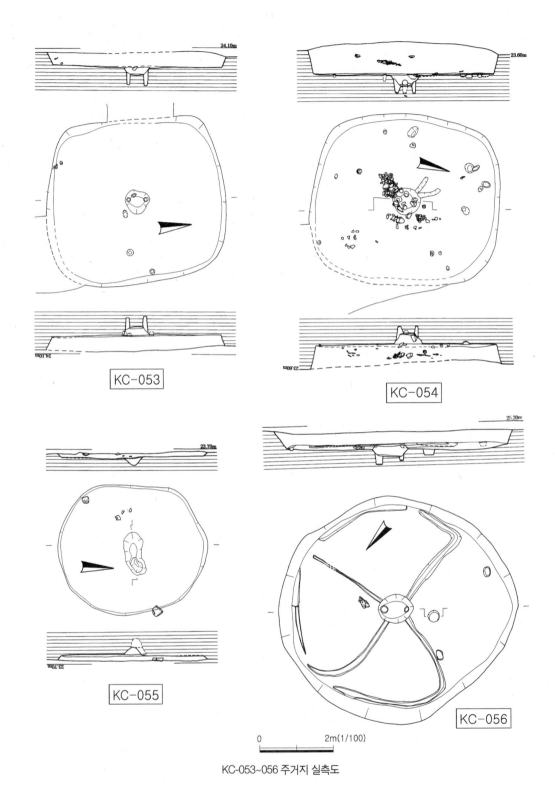

KC-053

KC-054

KC-055

KC-056

0   2m(1/100)

KC-053~056 주거지 실측도

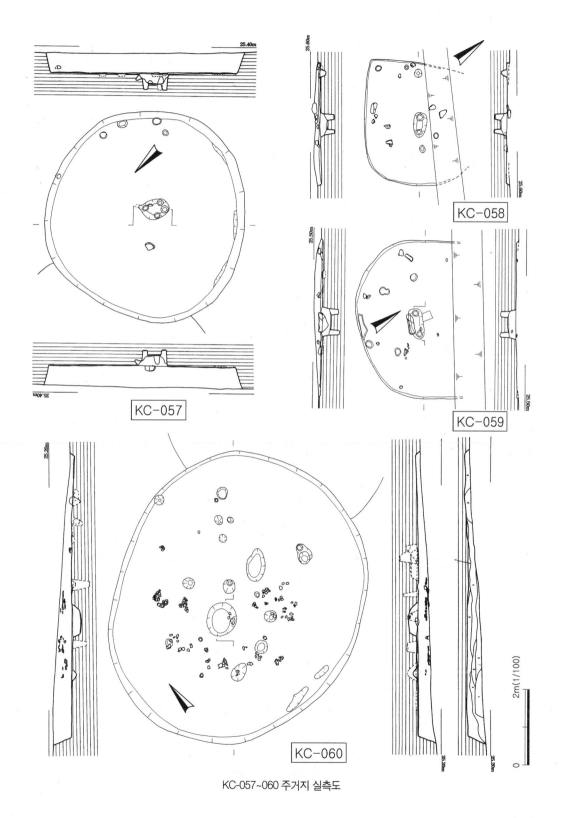

KC-057

KC-058

KC-059

KC-060

KC-057~060 주거지 실측도

2m(1/100)

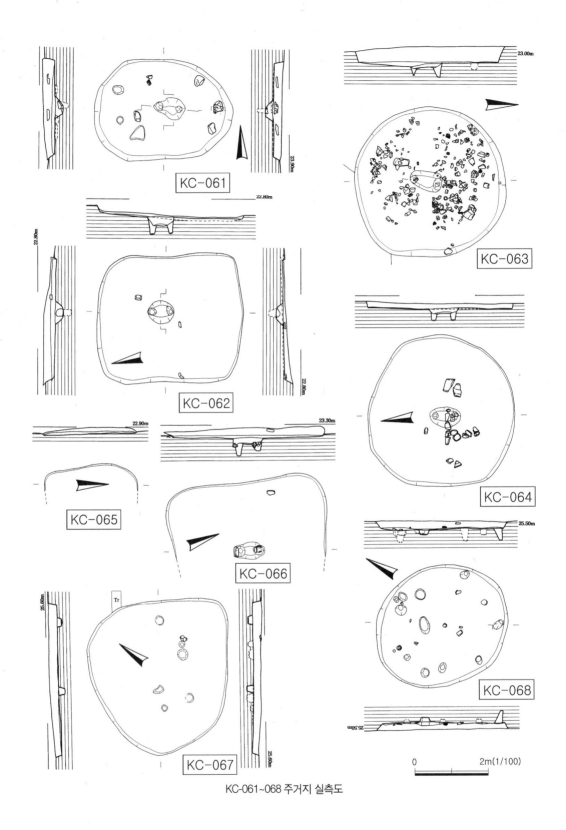

KC-061~068 주거지 실측도

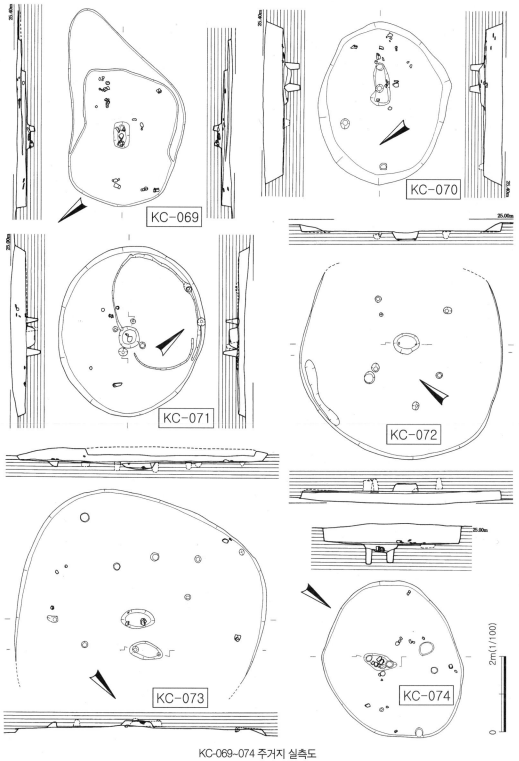

KC-069~074 주거지 실측도

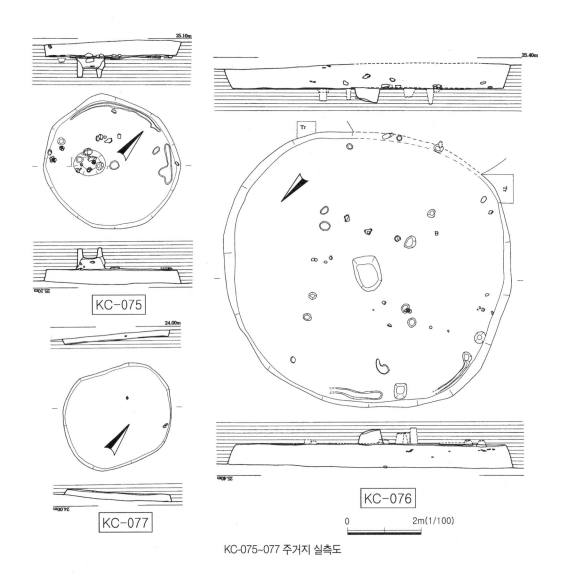

25.10m

KC-075

25.10m

24.00m

KC-077

24.00m

25.40m

Tr

Tr

KC-076

25.40m

0   2m(1/100)

KC-075~077 주거지 실측도

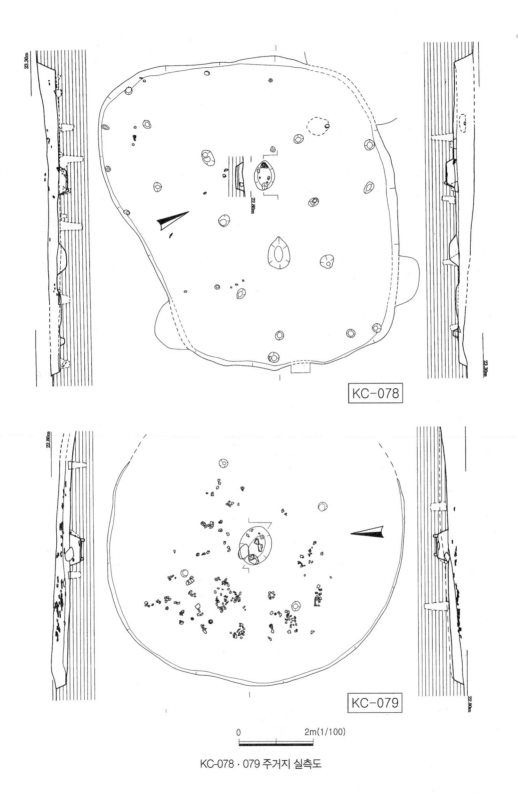

KC-078

KC-079

0   2m(1/100)

KC-078 · 079 주거지 실측도

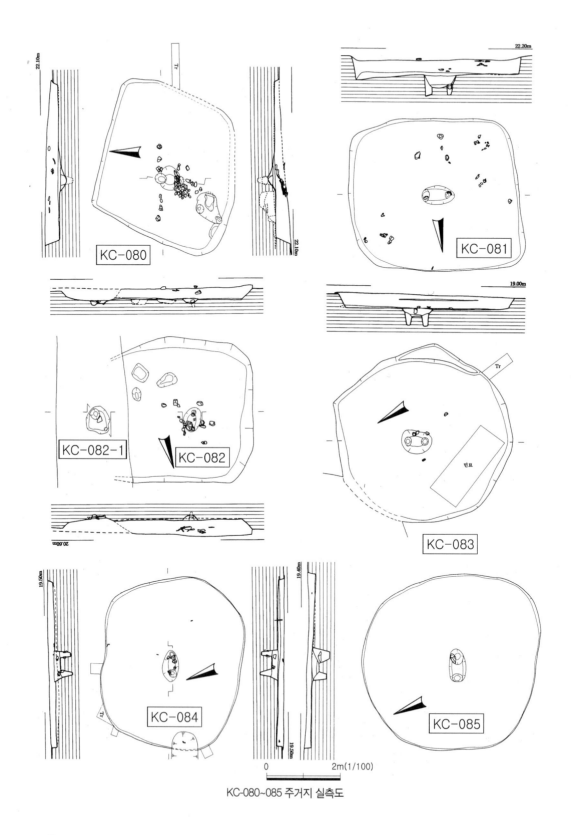

KC-080 KC-085 주거지 실측도

0   2m(1/100)

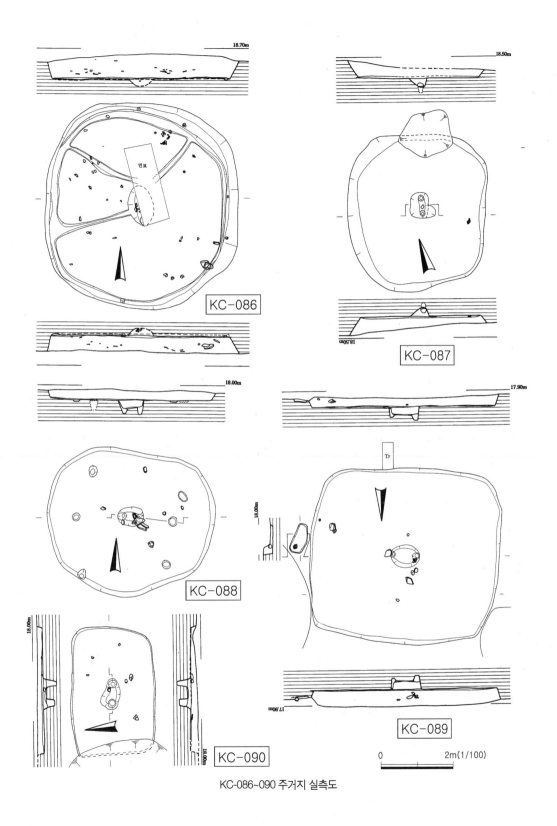

KC-086

KC-087

KC-088

KC-089

KC-090

KC-086~090 주거지 실측도

0   2m(1/100)

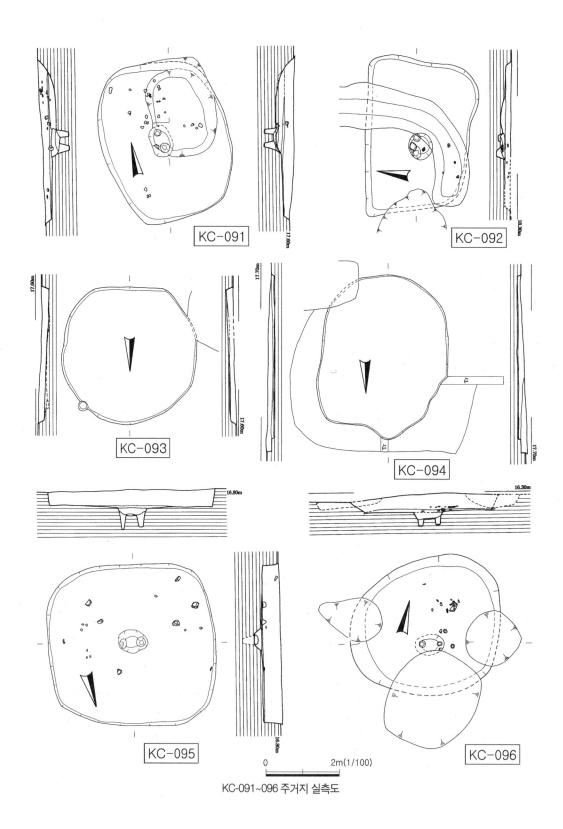

KC-091

KC-092

KC-093

KC-094

KC-095

KC-096

0   2m(1/100)

KC-091~096 주거지 실측도

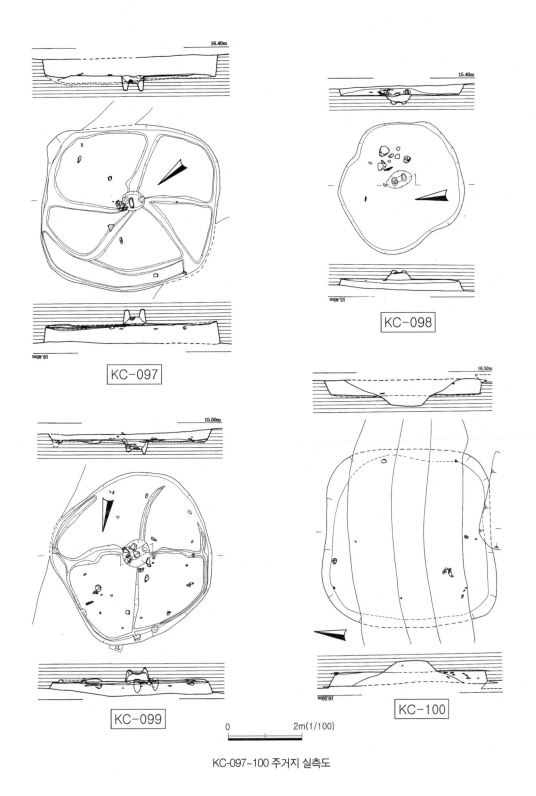

16.40m

KC-097

15.40m

KC-098

15.50m

KC-099

16.50m

KC-100

0   2m(1/100)

KC-097~100 주거지 실측도

5. 보령 관창리유적(F구역)

1) 조사 개요

유적 위치	충청남도 보령시 주교면 관창리 일대
조사 기간	1994년 12월 12일~1995년 4월 17일
조사 면적	32,234m²
조사 기관	아주대학교박물관
보고서	오상탁·강현숙, 1999, 『관창리유적』, 아주대학교박물관
주거지 수	35
유적 입지	구릉(해발 23~36m)
추정 연대	기원전 7~5세기
관련 유구	소형수혈유구 4기, 저장공 1기, 요지 1기

2) 주거지 속성

유구 번호	형태	규모(cm) 장축	단축	깊이	면적 (m²)	내부시설	주요 출토유물	화재 유무	선후 관계	절대연대 (BC)
1호	말각장 방형	380	270 추정	18	10.3 추정	타원형토광, 점토다짐	무문토기저부, 유혈구석검, 일단경촉	무		
2호	말각장 방형	466 추정	396 추정	41	18.5 추정	타원형토광(추정)	무문토기저부, 일단경촉, 유구석부, 지석	무	2호→3 호	
3호	말각장 방형	706	564 추정	77	39.8 추정	타원형토광	무문토기저부, 석착, 지석	무	2호→3 호	
4호	말각장 방형	307	235 잔존	33	·	토광형노지	무문토기저부, 일단경촉	무		
5호	타원형	527	463	68	19.2	타원형토광	외반구연토기, 일단경촉, 편평편인석부	무		
6호	말각장 방형	608	484	81	29.4	저장공, 주공	외반구연구순각목문토기, 타날문토기, 적색마연토기, 석추	유		
7호	말각장 방형	506	444	79	22.5	저장공, 주공	외반구연구순각목문토기, 외반구연토기, 타날문토기	유		815-485·465 -425 C14연대
8호	말각장 방형	520	440	67	22.9	토광형노지	외반구연토기, 타날문토기, 삼각형석도	유	9호→8 호	790-395 C14연대
9호	원형	720 추정	714	79	40.4 추정	타원형토광, 4주	무문토기저부, 고석, 지석	무	9호→8 호	
10호	원형	829	724	112	47.1	타원형토광, 4주	외반구연토기, 타날문토기, 점토대토기, 일단경촉, 지석	유		785-390 C14연대
11호	원형	731	679	52	39.0	타원형토광, 4주, 벽구	외반구연구순각목문토기, 타날문토기, 적색마연토기, 일단경촉, 지석	무		
12호	말각장 방형	791	716	96	56.6	타원형토광, 6주, 단시설	외반구연토기, 구순각목문토기, 타날문토기, 유경석검, 일단경촉	무		
13호	말각장 방형	870 잔존	642	31	·	타원형토광 2개, 6주, 구시설	무문토기저부, 일단경촉	무		
14호	말각방 형	670	622	76	41.7	타원형토광, 4주	무문토기저부, 일단경촉, 선형석기, 지석	무		
15호	원형	754	690	105	40.8	타원형토광, 6주, 단시설, 불씨보관소	외반구연구순각목문토기, 타날문토기, 적색마연토기, 일단경촉, 석추, 지석	무		
16호	말각장 방형	635	536	41	34.0	타원형토광, 4주, 일부점토다짐	구순각목문토기, 일단경촉, 지석	무		

호	평면형태	길이	너비	깊이	면적	내부시설	출토유물	화재	중복	C14연대
17호	말각장방형	440 추정	360 추정	16	15.8 추정	타원형토광	석부, 지석	무		
18호	말각방형	430 추정	430 추정	6	18.5 추정	타원형토광	지석	무		
19호	원형	403	373	65	11.8	타원형토광	무문토기저부, 합인석부, 지석	무	20호→19호	
20호	말각방형	546	498	27	27.2	타원형토광	무문토기저부, 지석	무	20호→19호	
21호	말각장방형	506	442	37	22.4	타원형토광, 일부점토다짐	무문토기저부, 일단경촉, 선형석기, 지석	무		835-755·685-540 C14연대
22호	말각장방형	650 추정	420 추정	33	27.3 추정	타원형토광, 구시설	무문토기저부, 지석	무		
23호	원형	512	486	67	19.5	타원형토광	외반구연토기, 일단경촉, 합인석부, 지석	무		
24호	말각장방형	660 추정	560 추정	31	37.0 추정	타원형토광(추정)	무문토기저부, 석착, 지석	무	24호→25호	
25호	말각장방형	576	497	51	28.6	타원형토광, 구시설, 점토다짐	타날문토기, 무문토기저부, 일단경촉, 삼각형석도, 지석	무	24호→25호	
26호	원형	554	506	67	22.0	타원형토광	구순각목문토기, 무문토기저부, 일단경촉, 지석	무		815-405 C14연대
27호	말각장방형	469	416	53	19.5	타원형토광, 구시설, 점토다짐	구순각목문토기, 무문토기저부, 편평편인석부, 지석	무		
28호	원형	480	420 추정	28	15.8 추정	타원형토광	구순각목문토기, 타날문토기, 적색마연토기, 이단경촉	무		
29호	말각장방형	432	362	33	15.6	타원형토광, 일부점토다짐	무문토기저부, 주상편인석부	무		
30호	원형	750	720 추정	57	42.4 추정	타원형토광, 4주	적색마연토기, 흑색마연토기, 두형토기대각부, 점토대토기, 편평촉	무		800-395 C14연대
31호	말각장방형	446	389	38	17.3	타원형토광, 구시설	무문토기저부, 일단경촉	무		
32호	말각방형	448 추정	432 추정	10	19.4 추정	타원형토광, 일부점토다짐	무문토기저부, 일단경촉, 석촉, 지석	무		
33호	원형	470	443	46	16.3	타원형토광, 구시설, 일부점토다짐	외반구연구순각목문토기, 무문토기저부, 유경촉, 지석	무		
34호	원형	451	413	53	14.6	타원형토광, 점토다짐	외반구연토기, 삼각형석도	무	35호→34호	
35호	원형	439 추정	415 추정	28	14.3 추정	타원형토광	무문토기저부, 일단경촉, 주형석도, 지석	무	35호→34호	

※ 보고서에서 '토기 외부 목판 긁기흔'으로 표현된 기면 조정 기법은 관창리유적 B구역을 포함한 다른 유적에서의 출토 사례를 참조하여 '타날문'으로 수정하였다.

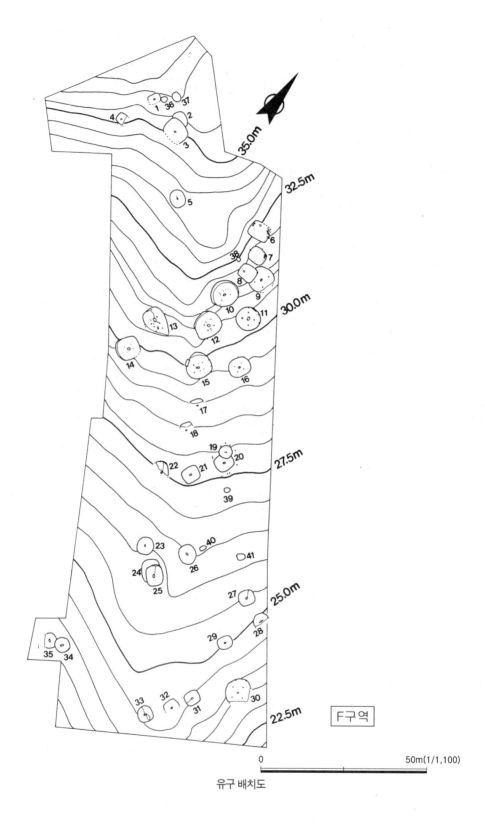

유구 배치도

F구역

35.0m
32.5m
30.0m
27.5m
25.0m
22.5m

0   50m(1/1,100)

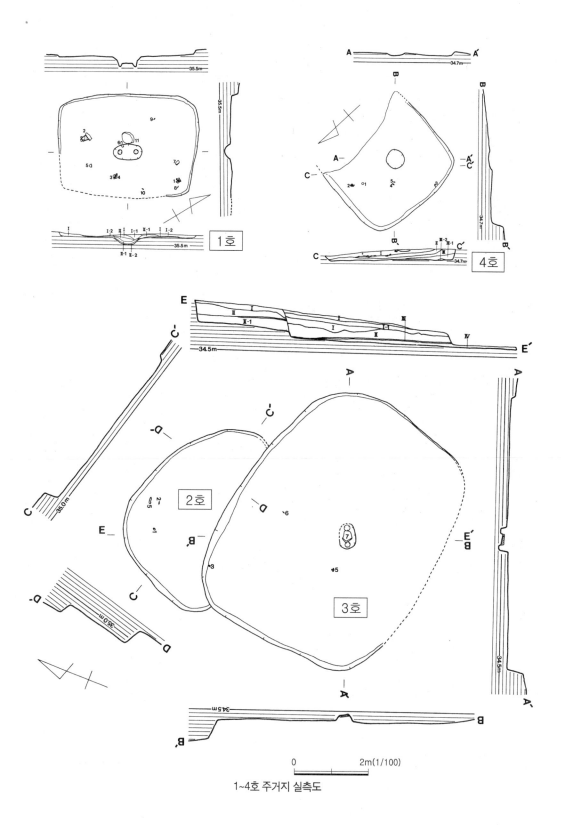

1~4호 주거지 실측도

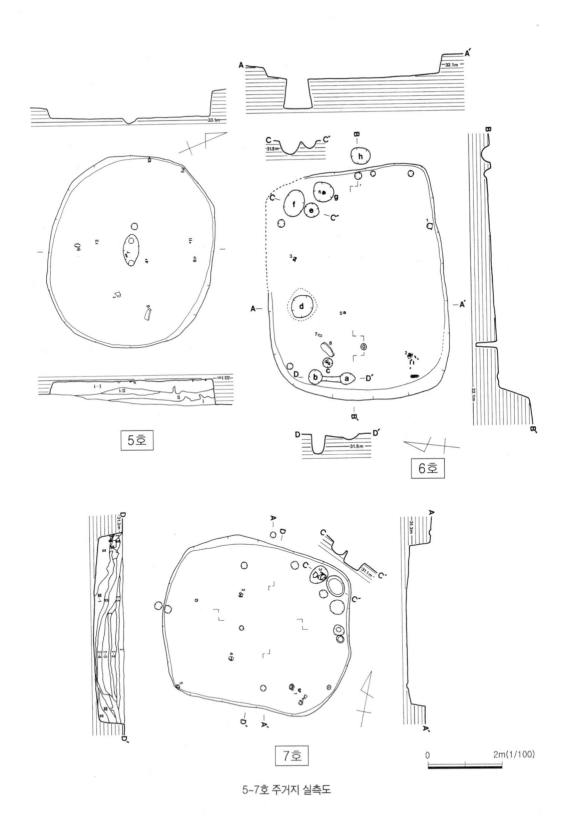

5호

6호

7호

0   2m(1/100)

5~7호 주거지 실측도

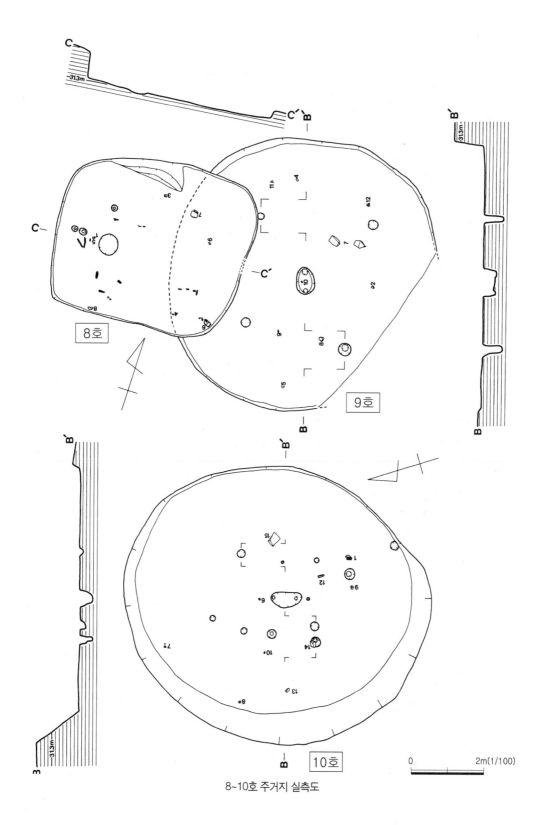

8~10호 주거지 실측도

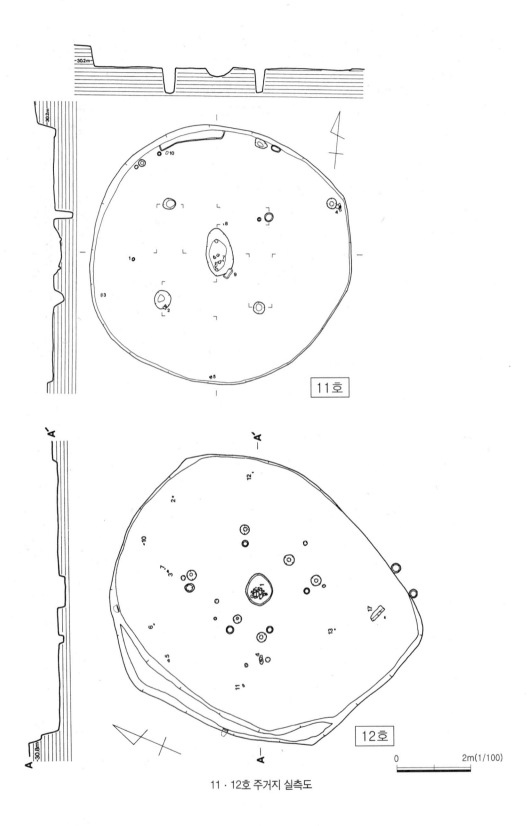

11 · 12호 주거지 실측도

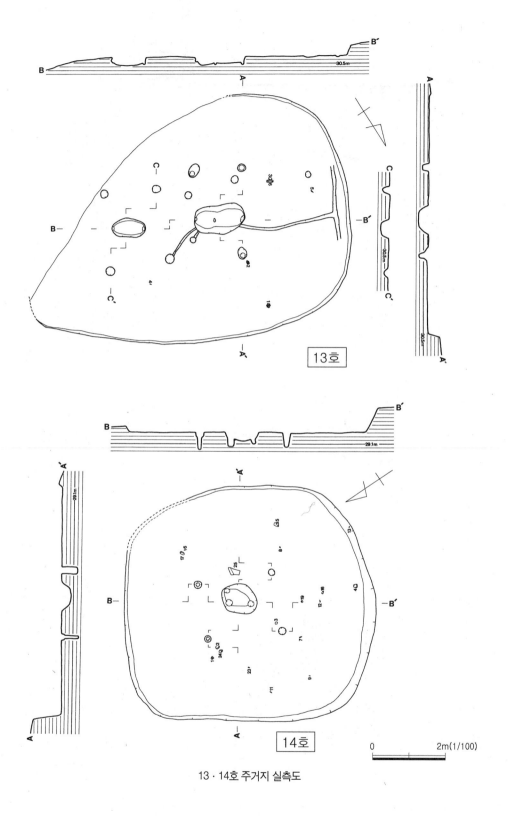

13호

14호

0 _____ 2m(1/100)

13 · 14호 주거지 실측도

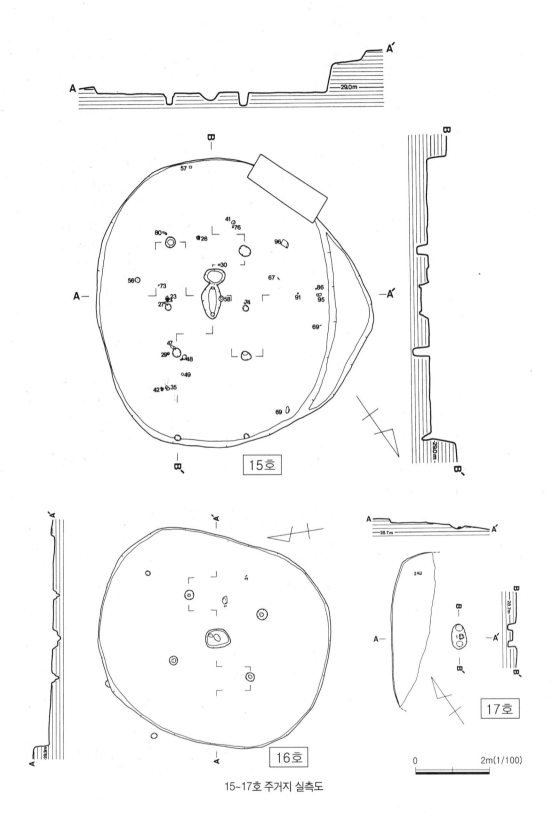

15~17호 주거지 실측도

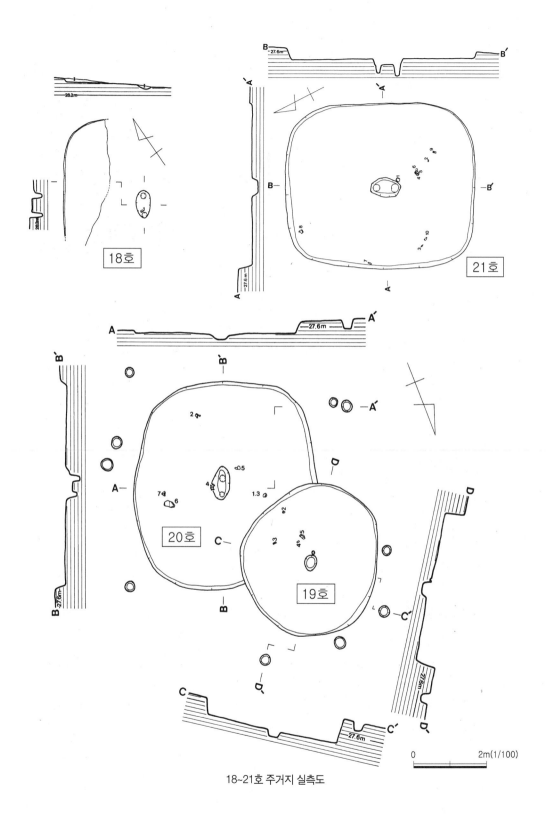

18호

21호

20호

19호

0   2m(1/100)

18~21호 주거지 실측도

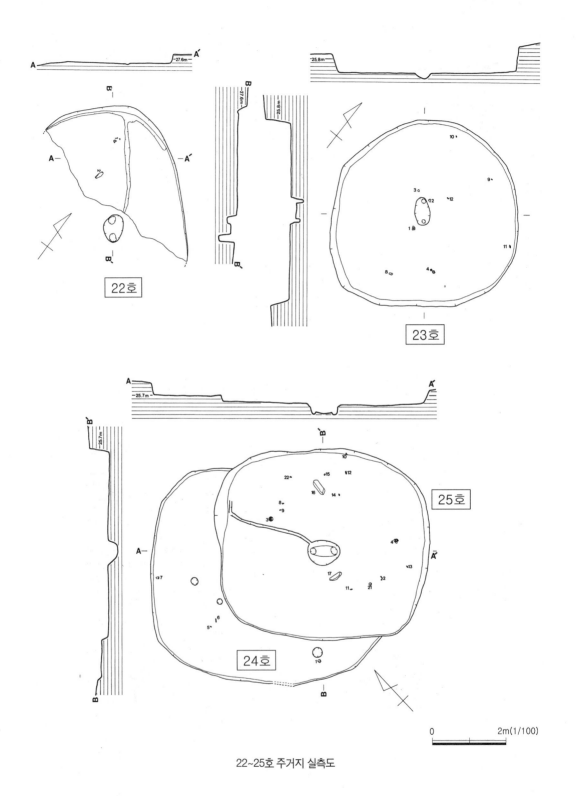

22호

23호

25호

24호

0   2m(1/100)

22~25호 주거지 실측도

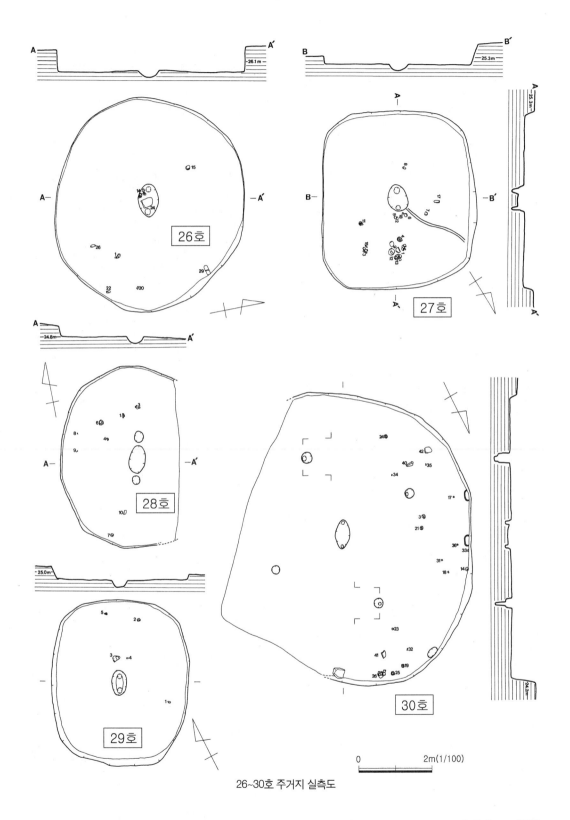

26~30호 주거지 실측도

0   2m(1/100)

26호

27호

28호

29호

30호

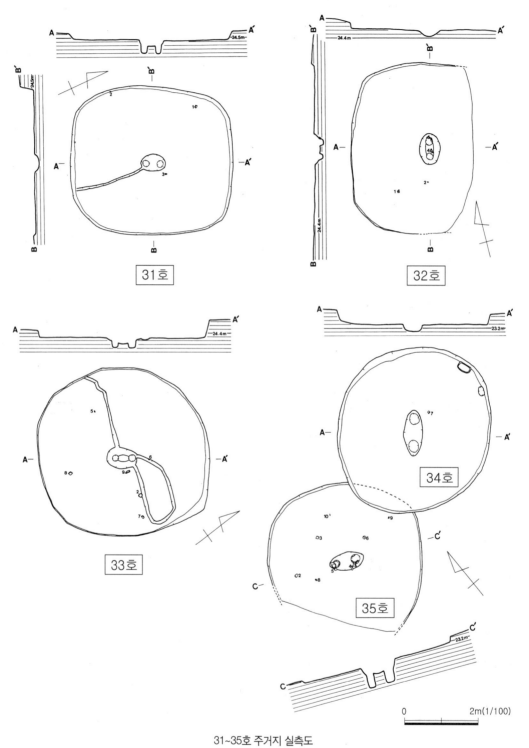

31~35호 주거지 실측도

0   2m(1/100)

6. 보령 관창리유적(C·E구역)

1) 조사 개요

유적 위치	충청남도 보령시 주교면 관창리 일대
조사 기간	1995년 3월 29일~6월 7일
조사 면적	C구역 13,782㎡, E구역 10,546㎡
조사 기관	대전보건대학박물관
보고서	이은창·박보현·김석주, 2002, 『관창리유적』, 대전보건대학박물관
주거지 수	11
유적 입지	구릉(해발 21~31m)
추정 연대	휴암리유적과 송국리유적의 중간단계
관련 유구	소형수혈유구 3기

2) 주거지 속성

유구 번호	형태	규모(cm) 장축	규모(cm) 단축	규모(cm) 깊이	면적 (㎡)	내부시설	주요 출토유물	화재 유무	선후 관계
C-1호	장방형	360	215	33	7.7	타원형토광	무문토기구연부, 무문토기저부	무	
E-1호	말각방형	490	430	36	21.1	타원형토광	무문토기저부, 일단경촉, 편평편인석부	무	
E-2호	원형	442	440	44	15.3	타원형토광	외반구연구순각목문토기, 무문토기저부, 타날문토기, 지석	무	
E-3호	방형	444 추정	376	22	16.7 추정	타원형토광	무문토기저부	무	
E-4호	말각방형	400	330	30	13.2	타원형토광	무문토기저부, 일단경촉, 편평편인석부	무	
E-5호	원형	460	400	40	14.4	타원형토광, 벽구, 점토다짐	무문토기저부, 일단경촉	무	
E-6호	방형	420	60 잔존	30	·		무문토기동체부	무	
E-7호	말각방형	410	360	35	14.8	타원형토광	무문토기구연부, 무문토기저부	무	7·8호 중복
E-8호	말각방형	466	320	15	14.9	주공		무	7·8호 중복
E-9호	말각방형	486	430	48	20.9		무문토기구연부, 무문토기저부	무	
E-10호	원형	604	538	40	25.5	타원형토광, 점토다짐	무문토기저부, 일단경촉, 지석	무	

※ 보고서에서 '긁기흔'으로 표현된 기면 조정 기법은 관창리유적 B구역을 포함한 다른 유적에서의 출토 사례를 참조하여 '타날문'으로 수정하였다.

C지구

■ 청동기시대유구

0 _____ 40m(1/800)

C지구 유구 배치도

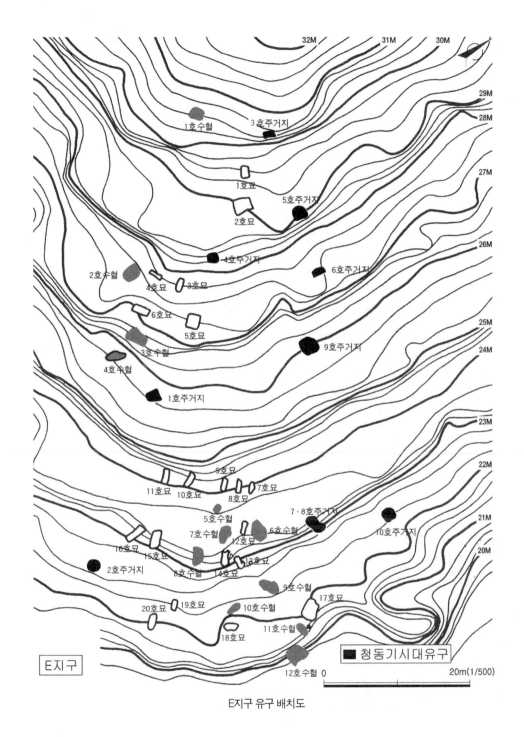

32M 31M 30M
29M
28M
27M
26M
25M
24M
23M
22M
21M
20M

1호수혈 3호주거지
1호묘
2호묘 5호주거지
4호주거지 6호주거지
2호수혈 4호묘 3호묘
6호묘
5호묘
3호수혈 9호주거지
4호수혈
1호주거지

9호묘
11호묘 10호묘 7호묘
8호묘
7·8호주거지
5호수혈
7호수혈 6호수혈 10호주거지
16호묘 15호묘 12호묘
2호주거지 13호묘
8호수혈 14호묘
9호수혈 17호묘
20호묘 19호묘 10호수혈
18호묘 11호수혈

E지구

■ 청동기시대유구

12호수혈 0 20m(1/500)

E지구 유구 배치도

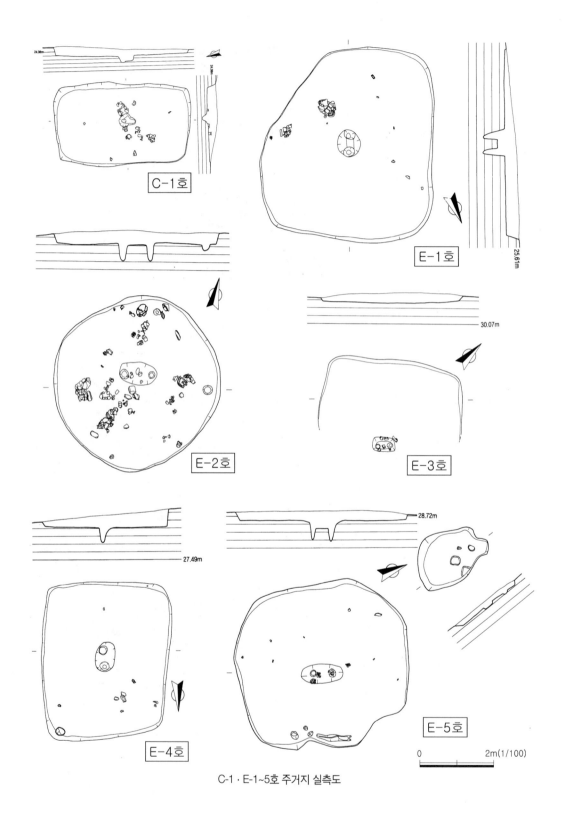

C-1호

E-1호

E-2호

E-3호

E-4호

E-5호

0　　　　　　2m(1/100)

C-1・E-1~5호 주거지 실측도

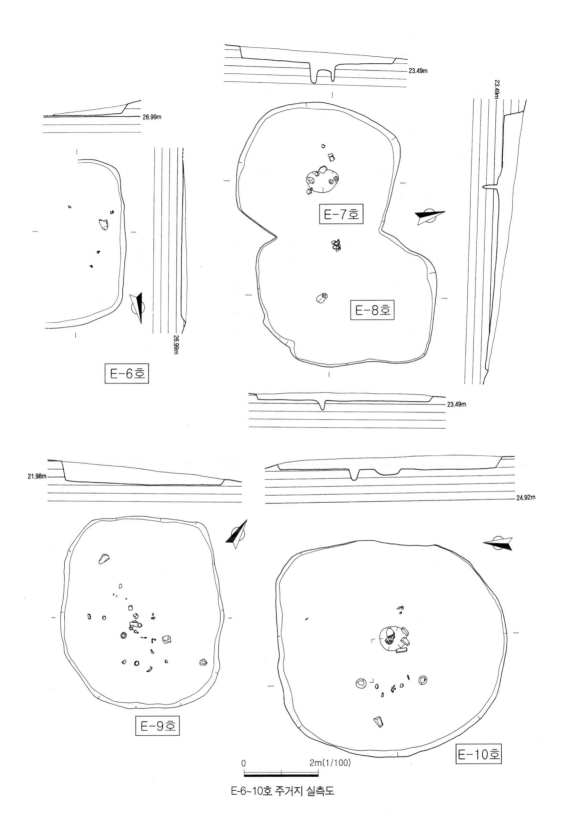

26.99m

23.49m

23.49m

E-7호

E-8호

26.99m

E-6호

23.49m

21.98m

24.92m

E-9호

E-10호

0   2m(1/100)

E-6~10호 주거지 실측도

7. 보령 소송리 '나' 유적

1) 조사 개요

유적 위치	충청남도 보령시 남포면 소송리 산3(임)~옥서리 산107(임) 일대
조사 기간	1998년 5월 21일~1999년 9월 11일
조사 면적	6,600㎡
조사 기관	한국문화재보호재단
보고서	한국문화재보호재단, 2000, 『서해안고속도로(남포~웅천) 건설구간내 문화유적 발굴조사보고서』
주거지 수	1
유적 입지	구릉(해발 31~32m)
추정 연대	기원전 5~4세기
관련 유구	패총, 구상유구 2기, 소형수혈유구 1기

2) 주거지 속성

유구 번호	형태	규모(cm)			면적 (㎡)	내부시설	주요 출토유물	화재 유무
		장축	단축	깊이				
1호	원형	486	480	40	18.3	타원형토광	외반구연토기, 구순각목문토기, 일단경촉, 지석	무

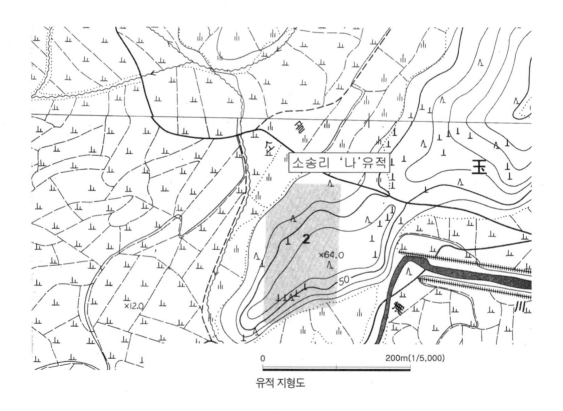

유적 지형도

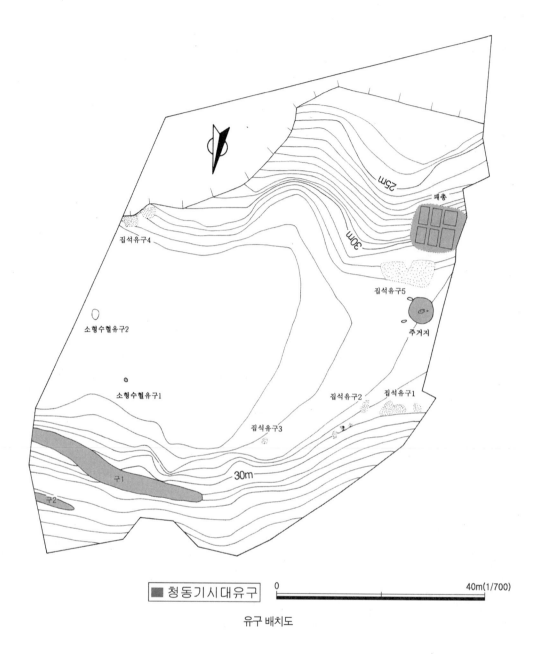

집석유구4

소형수혈유구2

소형수혈유구1

집석유구3

25m

30m

패총

집석유구5

주거지

집석유구2   집석유구1

30m

구1

구2

■ 청동기시대유구

0   40m(1/700)

유구 배치도

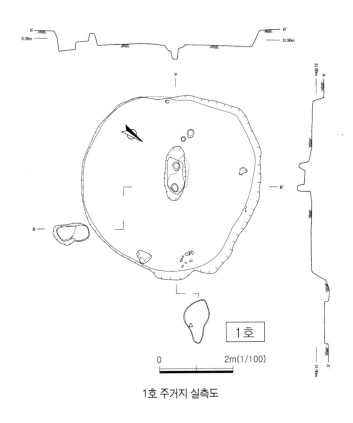

1호

0   2m(1/100)

1호 주거지 실측도

8. 보령 죽청리 '가' 유적

1) 조사 개요

유적 위치	충청남도 보령시 웅천읍 죽청리 산160-3(임)~160-11(임) 일대
조사 기간	1998년 5월 21일~1999년 9월 11일
조사 면적	6,684m²
조사 기관	한국문화재보호재단
보고서	한국문화재보호재단, 2000, 『서해안고속도로(남포~웅천) 건설구간내 문화유적 발굴조사보고서』
주거지 수	12
유적 입지	구릉(해발 44~53m)
추정 연대	기원전 5~4세기
관련 유구	지석묘 1기, 구상유구 5기, 적석유구 2기

2) 주거지 속성

유구 번호	형태	규모(cm)			면적 (m²)	내부시설	주요 출토유물	화재 유무	선후 관계
		장축	단축	깊이					
1호	말각방 형	468	448	80	21.0 추정	타원형토광, 점토다짐	무문토기구연부, 무문토기저부, 일단경촉	무	
2호	말각방 형	482 추정	454 추정	54	21.9 추정	타원형토광, 일부점토다짐	무문토기저부, 적색마연토기	무	
3호	타원형	556	462 추정	45	25.7 추정	타원형토광, 일부점토다짐	무문토기구연부, 지석	무	
4호	말각장 방형	663 추정	320 추정	15	21.2 추정	타원형토광	무문토기저부, 적색마연토기, 지석	무	
5호	말각방 형	405 추정	366 추정	50	14.8 추정	타원형토광	무문토기저부, 석검, 합인석부	무	5호·6호 중복
6호	말각방 형	470 추정	370 추정	43	17.4 추정	타원형토광	무문토기저부, 일단경촉	무	5호·6호 중복
7호	말각장 방형	666 추정	448 추정	48	29.8 추정	타원형토광, 구시설	무문토기저부, 석검, 석도	무	
8호	말각방 형	520 추정	448 추정	26	23.3 추정	타원형토광	무문토기구연부, 방추차	무	
9호	말각방 형	505	480 추정	64	24.2 추정	타원형토광	구순각목문토기, 무문토기저부, 적색마연토기	무	
10호	장방형	337	85 잔존	18	·			무	10호·11호 중복
11호	장방형	321	176 잔존	28	·	토광형노지	무문토기저부	무	10호·11호 중복
12호	말각장 방형	478	400	56	19.1	타원형토광	구순각목문토기, 무문토기저부, 일단경촉	무	12호→1호적석유구 →4호구상유구

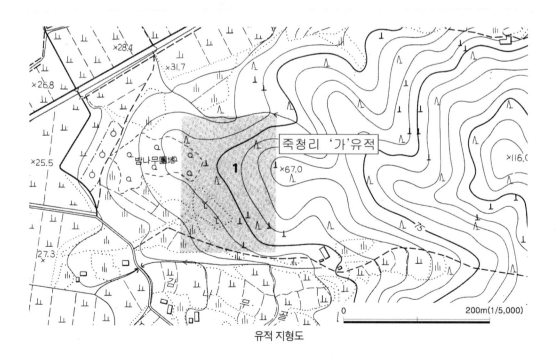

유적 지형도

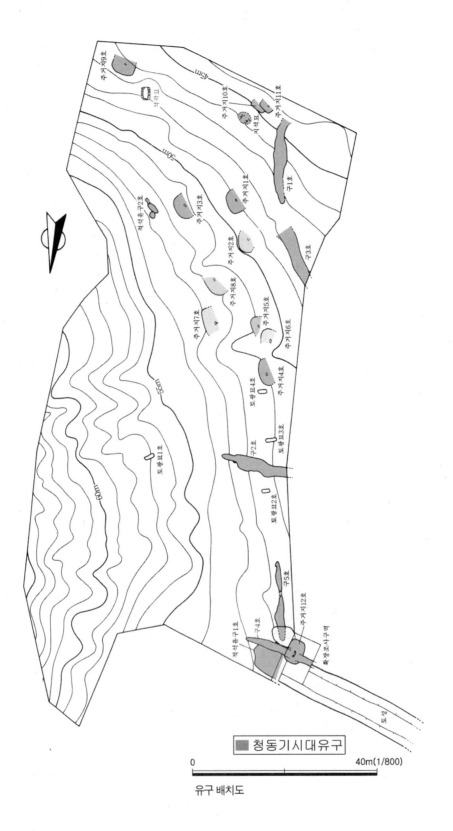

청동기시대유구

0   40m(1/800)

유구 배치도

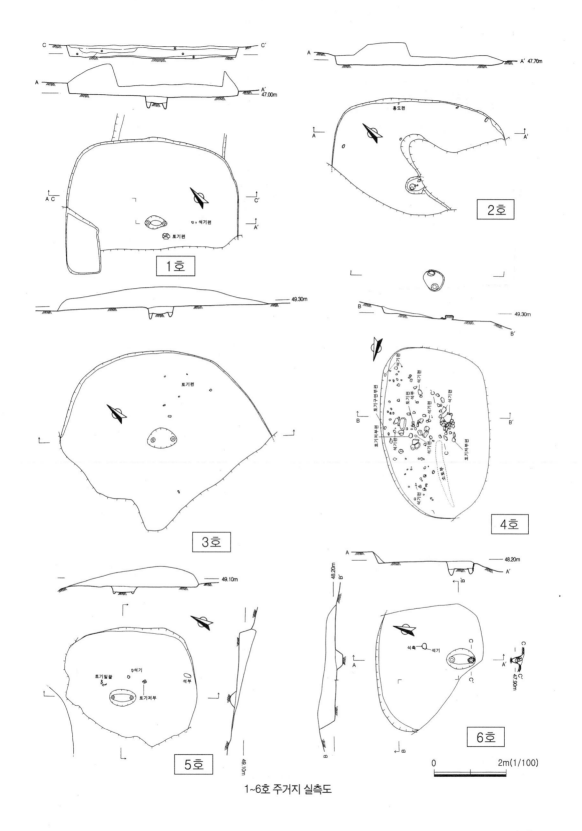

C ────────── C'

A ──────── A' 47.00m

홍도편

2호

47.70m

석기편

토기편

1호

49.30m

토기편

3호

49.30m

4호

토기편

48.20m

49.10m

토기일괄   석기
토기저부   석부

5호

석촉   석기

6호

0   2m(1/100)

1~6호 주거지 실측도

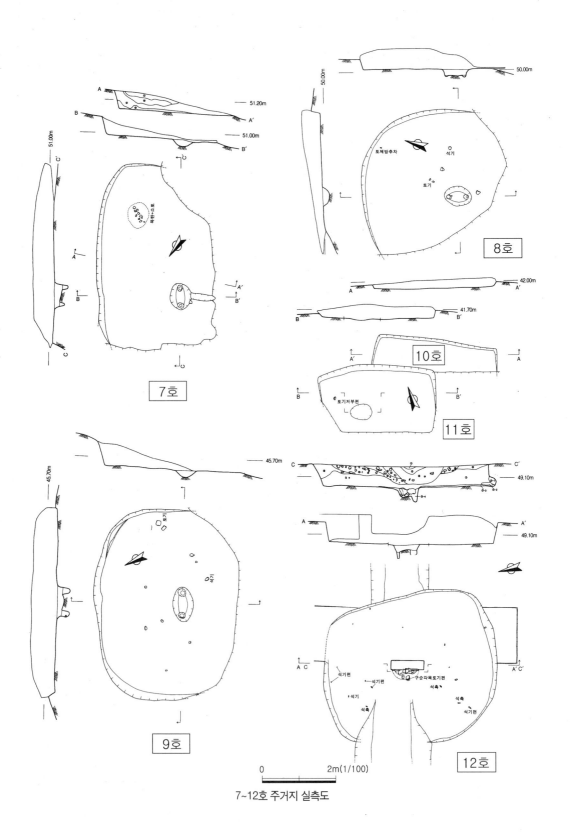

7~12호 주거지 실측도

9. 보령 죽청리 '나' 유적

1) 조사 개요

유적 위치	충청남도 보령시 웅천읍 죽청리 산157(임)~153-1(임) 일대
조사 기간	1998년 5월 21일~1999년 9월 11일
조사 면적	4,903m²
조사 기관	한국문화재보호재단
보고서	한국문화재보호재단, 2000,『서해안고속도로(남포~웅천) 건설구간내 문화유적 발굴조사보고서』
주거지 수	1
유적 입지	구릉(해발 56~57m)
추정 연대	청동기시대
관련 유구	적석유구 1기, 소형수혈유구 1기

2) 주거지 속성

유구 번호	형태	규모(cm)			면적 (m²)	내부시설	주요 출토유물	화재 유무
		장축	단축	깊이				
1호	타원형	380	150 잔존	50	·		무문토기저부	무

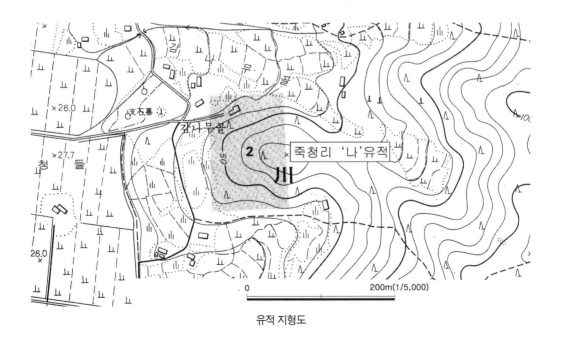

유적 지형도

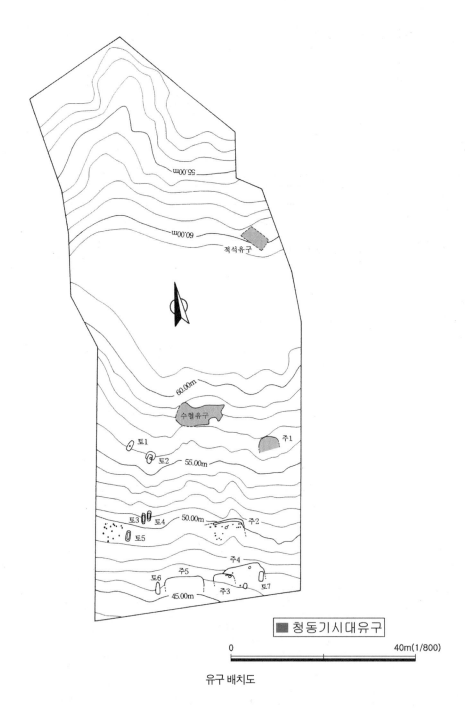

적석유구

수혈유구

토1

토2   55.00m

주1

60.00m

토3 토4   50.00m   주2
토5

주4
토6   주5   토7
45.00m   주3

■ 청동기시대유구

0   40m(1/800)

유구 배치도

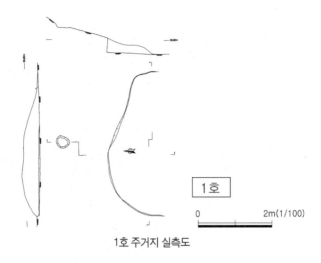

1호 주거지 실측도

10. 보령 구룡리유적

1) 조사 개요

유적 위치	충청남도 보령시 웅천읍 구룡리 805(전) 일대
조사 기간	2001년 2월 1일~5월 15일
조사 면적	13,230m²
조사 기관	중앙문화재연구원
보고서	중앙문화재연구원, 2001, 『보령 구룡리유적』
주거지 수	1
유적 입지	구릉(해발 86m 내외)
추정 연대	청동기시대 전기
관련 유구	없음

2) 주거지 속성

유구 번호	형태	규모(cm)			면적 (m²)	내부시설	주요 출토유물	화재 유무
		장축	단축	깊이				
1호	장방형	528 잔존	224 잔존	39	·	무시설식노지, 벽구	구순각목문호형토기, 공렬문토기, 편평만입촉, 석재	무

유적 지형도

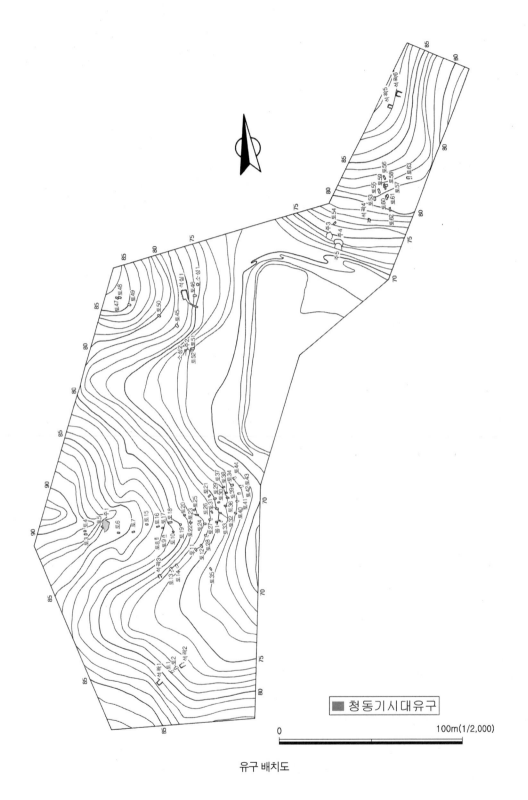

유구 배치도

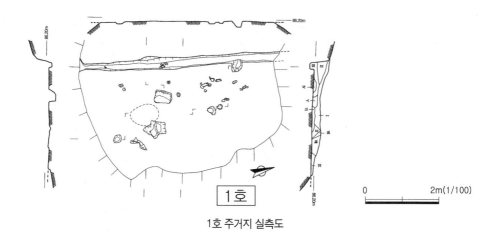

1호 주거지 실측도

11. 보령 평라리유적

1) 조사 개요

유적 위치	충청남도 보령시 미산면 평라리 517-1(전), 518(전), 513(전) 일대
조사 기간	1995년 4월 8일~6월 4일
조사 면적	2,640m²
조사 기관	충북대학교박물관
보고서	이융조·정동찬·우종윤·윤용현·홍현선, 1996, 『평라리 선사유적』
주거지 수	1
유적 입지	구릉(해발 58m 내외)
추정 연대	
관련 유구	지석묘 3기, 석곽묘 4기, 석관묘 14기

2) 주거지 속성

유구 번호	형태	규모(cm)			면적 (m²)	내부시설	주요 출토유물	화재 유무
		장축	단축	깊이				
1호	말각방형	320	320	42	10.2	타원형토광, 구시설	무문토기저부, 일단경촉, 지석, 보리, 밀, 귀리, 콩	무

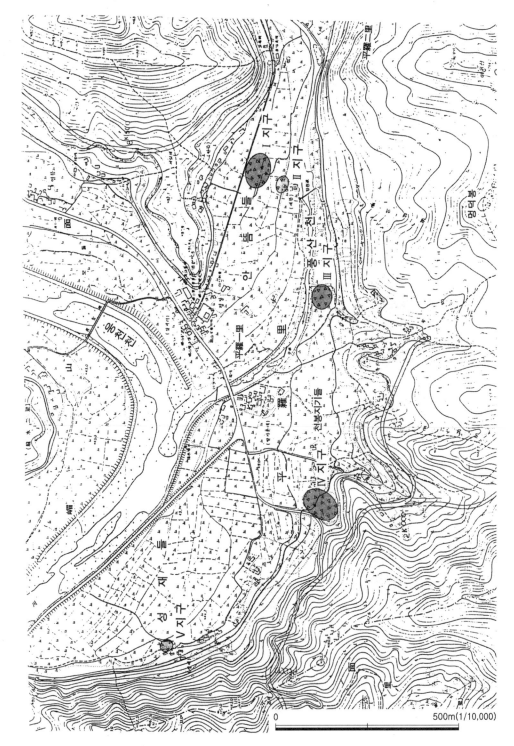

유적 지형도

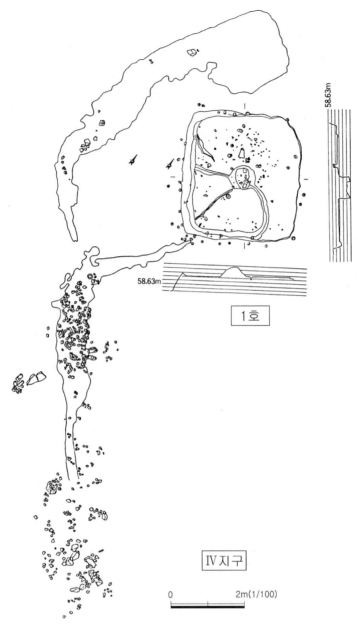

58.63m

58.63m

1호

Ⅳ지구

0   2m(1/100)

유구 배치도 및 1호 주거지 실측도

청양군 유적 위치도

1. 학암리유적
2. 학암리유적
   (서천-공주
   고속도로구간)
3. 분향리유적

1. 청양 학암리유적

1) 조사 개요

유적 위치	충청남도 청양군 정산면 학암리 산20-1번지 일대
조사 기간	1999년 9월 1일~12월 31일
조사 면적	18,150m²
조사 기관	공주대학교박물관
보고서	이남석·이현숙, 2002, 『학암리유적』, 공주대학교박물관
주거지 수	8
유적 입지	구릉(해발 40~65m)
추정 연대	청동기시대 전기의 중후반
관련 유구	소형수혈유구 3기

2) 주거지 속성

유구 번호	형태	규모(cm)			면적 (m²)	내부시설	주요 출토유물	화재 유무	선후 관계	절대연대 (BC)
		장축	단축	깊이						
I-1 호	세장 방형	894	443	36	39.6	토광형노지 2개, 저장공	적색마연토기, 무문토기저부	무		1,220-970·960-930/1,270-1,000/1, 500-1,260 AMS
I-2 호	세장 방형	686	225 잔존	25	·	벽구		무		
I-3 호	장방 형	580	454	34	26.3	토광형노지, 저장공	이단경촉, 주상편인석부, 어망추	무		

호	형태	길이	너비		면적	내부시설	출토유물	무		AMS
I-4호	장방형	246 잔존	198 잔존	58	·			무		
II-1호	장방형	768	352	42	27.0	소토부, 저장공	이중구연공렬단사선문토기, 공렬문토기, 어망추	무		1,430-1,190·1,180-1,160·1,150-1,130/1,420-1,200/1,440-1,200 AMS
II-2호	장방형	480	295	54	14.2	토광형노지		무	소형수혈→II-2호	
II-3호	장방형	242	223 잔존	20	·	토광형노지	무문토기동체부, 어망추	무		
II-4호	장방형	417	310 추정	25	12.9 추정	벽구, 저장공	무문토기저부, 어망추	무		1,520-1,370·1,350-1,310 AMS

※ 보고자는 II-2호 주거지에서 확인된 저장공을 내부시설로 파악하였지만, 층위관계를 볼 때 주거지보 다 먼저 축조된 다른 시기의 유구로 판단된다. 주거지 주변에서 동일한 형태와 규모의 소형수혈유구 2 기가 조사된 것도 이러한 추정의 가능성을 높이고 있어, 여기서는 소형수혈유구 3기를 청동기시대의 관련 유구로 상정하였다.

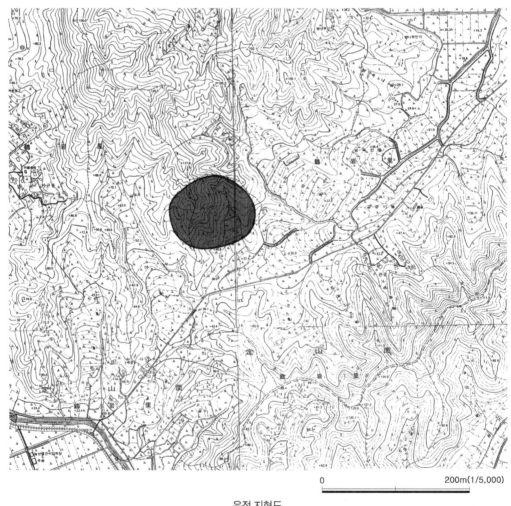

0   200m(1/5,000)

유적 지형도

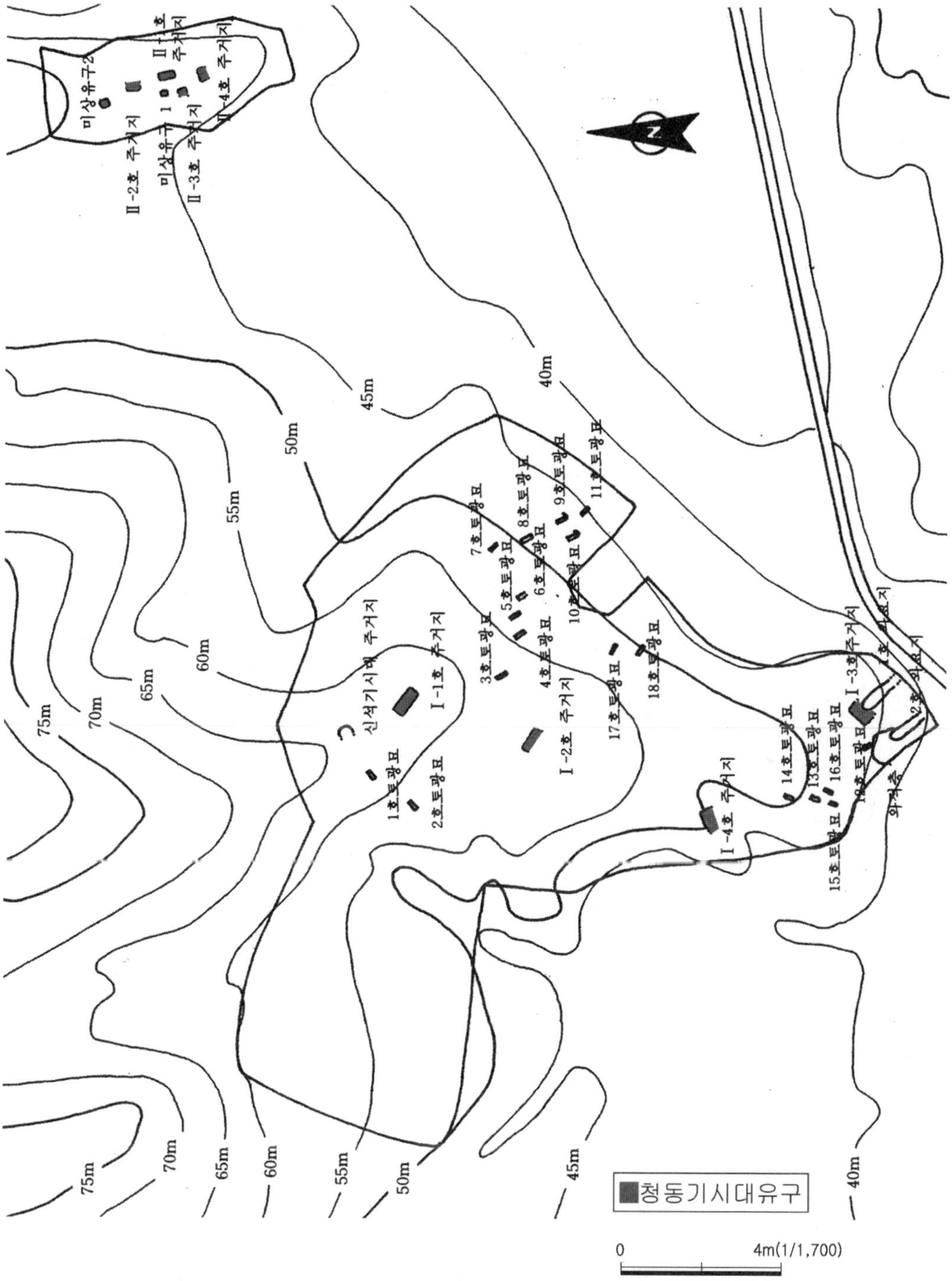

청동기시대유구
0
4m(1/1,700)
75m
70m
65m
60m
55m
50m
45m
40m
Ⅱ-2호 주거지
Ⅱ-3호 주거지
Ⅱ-4호 주거지
미상유구2
신석기시대 주거지
Ⅰ-1호 주거지
Ⅰ-2호 주거지
Ⅰ-3호 주거지
Ⅰ-4호 주거지
1호토광묘
2호토광묘
3호토광묘
4호토광묘
5호토광묘
6호토광묘
7호토광묘
8호토광묘
9호토광묘
11호토광묘
14호토광묘
15호토광묘
16호토광묘
17호토광묘
18호토광묘

유구 배치도

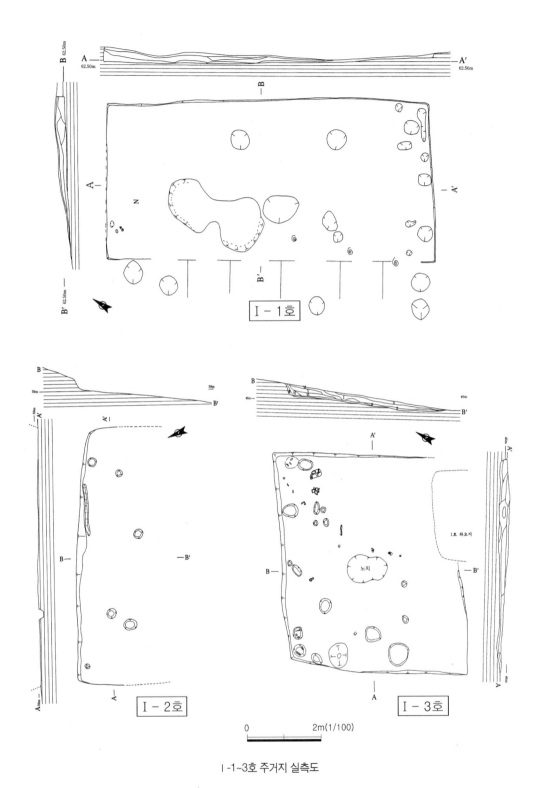

I -1~3호 주거지 실측도

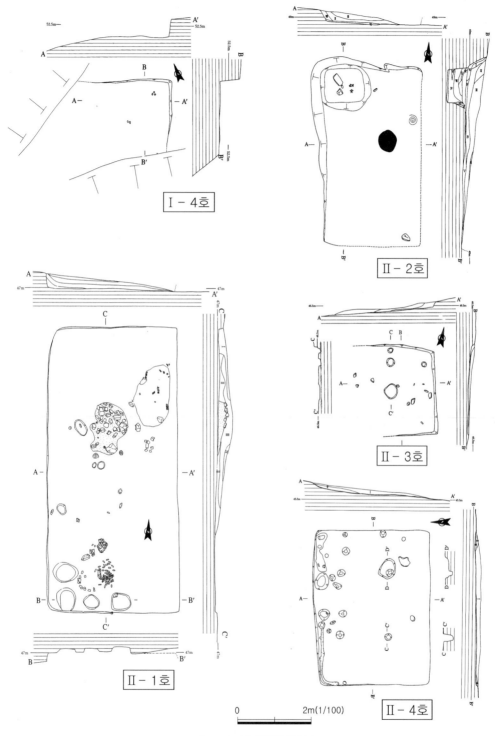

Ⅰ-4호

Ⅱ-2호

Ⅱ-3호

Ⅱ-1호

Ⅱ-4호

0   2m(1/100)

Ⅰ-4 · Ⅱ-1~4호 주거지 실측도

2. 청양 학암리유적(서천-공주 고속도로구간)

1) 조사 개요

유적 위치	충청남도 청양군 정산면 학암리 일대
조사 기간	2003년 8월 26일~2004년 9월 22일
조사 면적	29,040m²
조사 기관	충청남도역사문화원
보고서	충청남도역사문화원, 2006, 『청양 학암리·분향리유적』
주거지 수	22
유적 입지	I 지역-구릉(해발 54~58m), IIA지역-구릉(해발 48~60m), IIC지역-구릉(해발 56~69m)
추정 연대	청동기시대 후기
관련 유구	소형수혈유구 26기, 석관묘 1기, 토광묘 1기

2) 주거지 속성

유구 번호	형태	규모(cm) 장축	단축	깊이	면적 (m²)	내부시설	주요 출토유물	화재 유무	선후 관계	절대연대 (BC)
I-1호	원형	358	332	46	9.3	타원형토광	무문토기구연부, 지석	무		
I-2호	원형	400	392	30	12.3	타원형토광	외반구연토기, 지석	유		930-790 AMS
I-3호	타원형	720 추정	520 추정	54	29.4 추정	타원형토광, 4주	외반구연토기, 석재	무		1,320-990 AMS
I-4호	타원형	600	522 추정	72	24.6 추정	타원형토광, 4주, 점토다짐	무문토기구연부, 편평편인석부, 지석	무	I-4·5호 중복	
I-5호	타원형	604	518 추정	62	24.6 추정	타원형토광, 점토다짐	외반구연토기, 일단경촉	무	I-4·5호 중복	
I-6호	원형	584 추정	532	80	24.4 추정	타원형토광	무문토기저부	무	I-7호→ I-6호	
I-7호	원형	680 추정	640	112	34.2 추정	타원형토광, 4주, 점토다짐	무문토기저부, 주형석도	무	I-7호→ I-6호	
II-A -1호	원형	416	392	94	12.8	타원형토광	구순각목문토기, 점토대토기, 적색마연토기, 유구석부	무		
II-A -2호	원형	600 추정	536 추정	46	25.2 추정	타원형토광, 점토다짐	무문토기구연부, 지석	무		
II-A -3호	원형	512	500	70	20.1	타원형토광	외반구연토기, 일단경촉, 삼각형석도, 석재	무	II-A-3호 →요지	AD1,280-1,520·1, 600-1,620 AMS
II-A -4호	원형	608 추정	592 추정	42	28.3 추정	타원형토광, 불다짐	무문토기저부, 석재	무		
II-A -5호	원형	540	524	85	22.2	타원형토광, 구시설, 점토다짐	무문토기저부, 일단경촉, 편평편인석부	무		830-750·720-540 AMS
II-A -6호	원형	376 추정	352 추정	24	10.4 추정	타원형토광	무문토기저부, 석재	무		
II-A -7호	원형	448	408 추정	50	14.3 추정	타원형토광	외반구연토기, 일단경촉	무		
II-A -8호	말각 방형	560 추정	520 추정	60	29.1 추정	타원형토광	적색마연토기, 무문토기저부, 석재	무		
II-A -9호	말각 방형	440 추정	378 잔존	46	·	타원형토광, 불다짐	무문토기저부, 일단경촉, 지석	무		
II-A -10호	원형	344 추정	328	52	8.9 추정	타원형토광, 점토다짐	적색마연토기	무		AD1,440-1,650 AMS

Ⅱ-A -11호	원형	616	600 추정	64	29.0 추정	타원형토광, 4주, 점토다짐	무문토기저부, 편평편인석부, 지석, 석재	무	
Ⅱ-A -12호	원형	424 추정	356	80	11.8 추정	타원형토광, 점토다짐	적색마연토기, 외반구연토기	무	
Ⅱ-C- 1호	원형	464	432 추정	60	15.7 추정	타원형토광	무문토기저부	무	770-400 AMS
Ⅱ-C- 2호	원형	364 잔존	·	26	·		무문토기동체부	무	
Ⅱ-C- 3호	장방 형	417	260 추정	78	10.8 추정	토광형노지	적색마연토기, 무문토기저부	무	3호수혈→ 3호

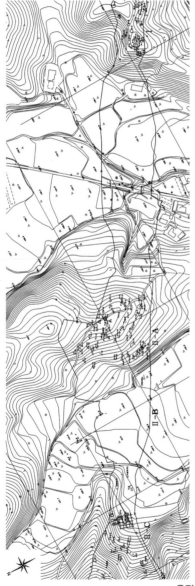

유적 지형도

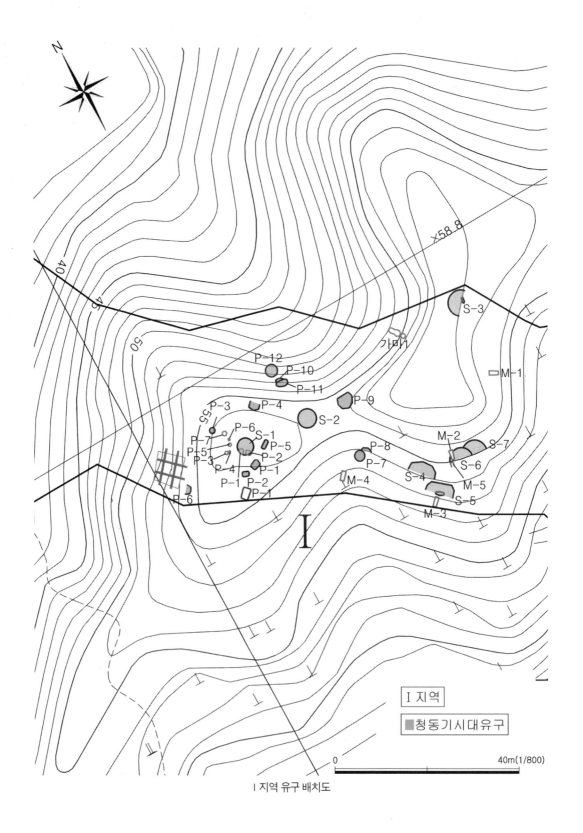

I 지역 유구 배치도

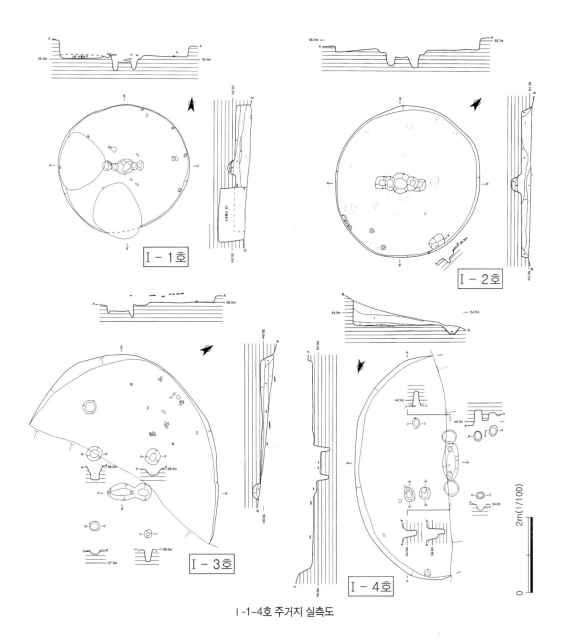

I - 1호

I - 2호

I - 3호

I - 4호

Ⅰ-1~4호 주거지 실측도

2m(1/100)

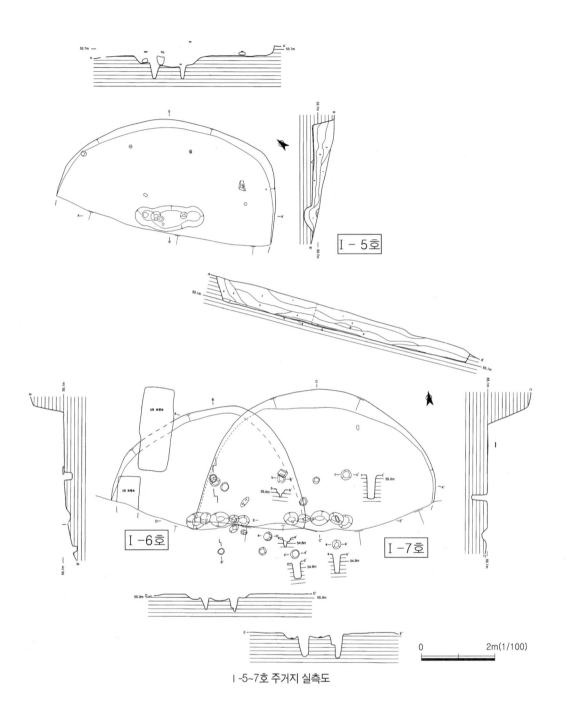

I-5호

I-6호

I-7호

I-5~7호 주거지 실측도

0   2m(1/100)

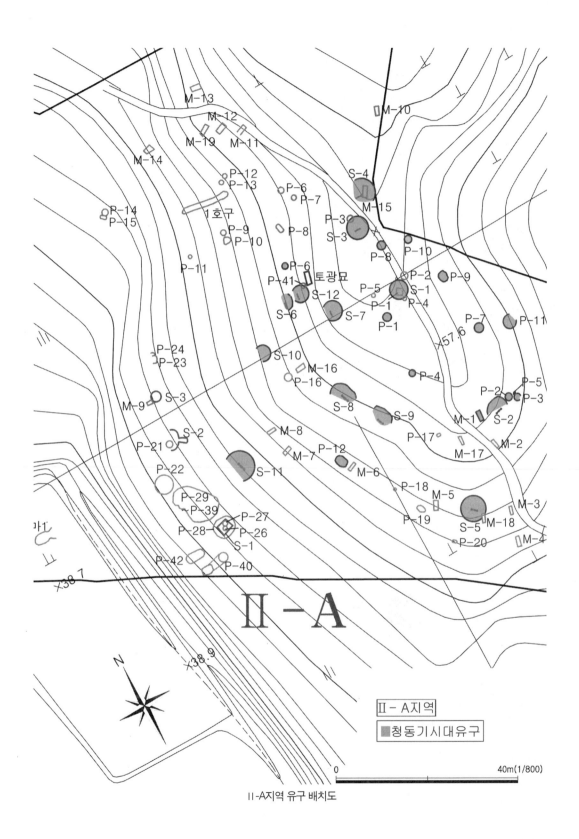

M-13
M-10
M-12
M-19   M-11
M-14
S-4
P-12
P-13   P-6
P-14   P-7   M-15
P-15   1호구   P-9   P-8   P-30
P-10   S-3   P-8   P-10
P-11   P-6   토광묘   P-2   P-9
P-41   S-12   P-5   S-1
S-6   S-7   P-1   P-4
P-1
X57.6
P-24   P-7   P-11
P-23   S-10
M-16   P-4
M-9   S-3   P-16
S-8   S-9   P-5
P-2   P-3
M-1   S-2
S-2   M-8   P-17   M-2
P-21   M-7   P-12   M-17
P-22   M-6
P-29   S-11
P-39   P-18   M-5
P-28   P-27   M-3
P-26   P-19   S-5   M-18
S-1
X38.7   P-42   P-40   P-20   M-4

Ⅱ-A

X38.9

N

Ⅱ-A지역
■청동기시대유구

0   40m(1/800)

Ⅱ-A지역 유구 배치도

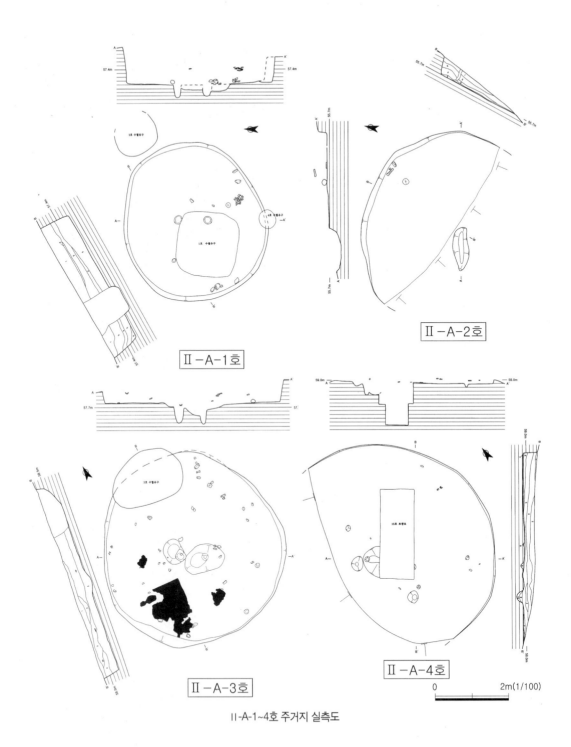

Ⅱ-A-2호

Ⅱ-A-1호

Ⅱ-A-3호

Ⅱ-A-4호

0   2m(1/100)

II-A-1~4호 주거지 실측도

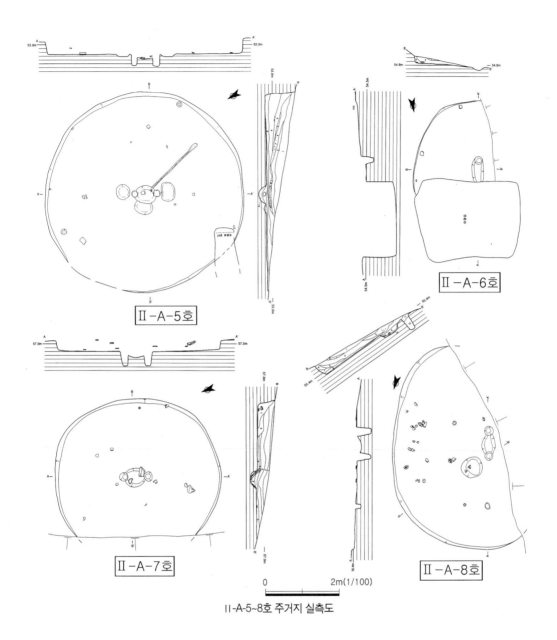

Ⅱ-A-5호

Ⅱ-A-6호

Ⅱ-A-7호

Ⅱ-A-8호

0   2m(1/100)

II-A-5~8호 주거지 실측도

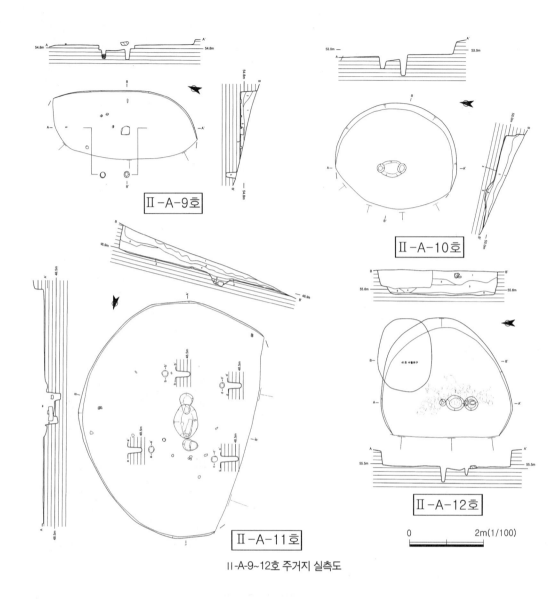

Ⅱ-A-9호

Ⅱ-A-10호

Ⅱ-A-11호

Ⅱ-A-12호

0   2m(1/100)

Ⅱ-A-9~12호 주거지 실측도

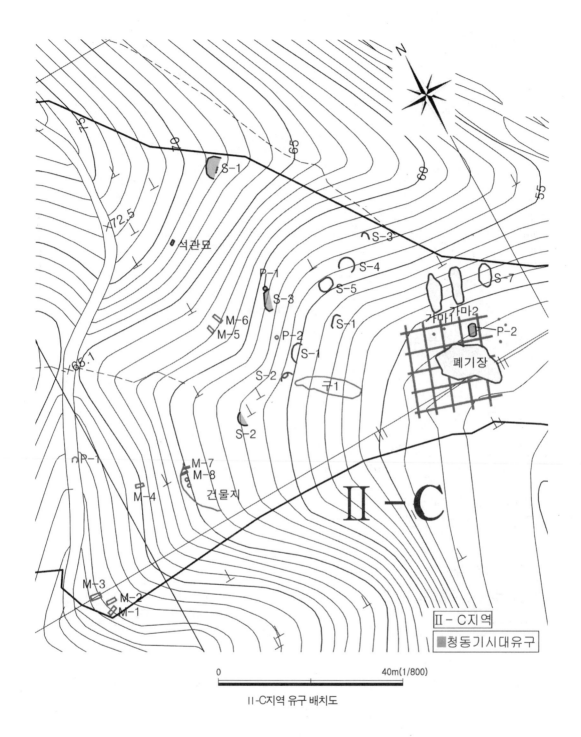

II-C지역 유구 배치도

0   40m(1/800)

II - C지역

■ 청동기시대유구

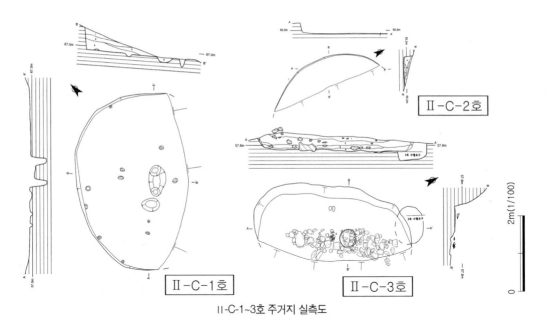

II-C-1호   II-C-2호   II-C-3호

II-C-1~3호 주거지 실측도

3. 청양 분향리유적

1) 조사 개요

유적 위치	충청남도 청양군 장평면 분향리 일대
조사 기간	2003년 8월 26일~2004년 9월 22일
조사 면적	24,147m²
조사 기관	충청남도역사문화원
보고서	충청남도역사문화원, 2006, 『청양 학암리・분향리유적』
주거지 수	8
유적 입지	구릉(해발 27~45m)
추정 연대	청동기시대 전기에서 후기로 넘어가는 과도기적인 단계
관련 유구	소형수혈유구 15기, 석관묘 5기, 옹관묘 1기

2) 주거지 속성

유구 번호	형태	규모(cm) 장축	규모(cm) 단축	규모(cm) 깊이	면적 (m²)	내부시설	주요 출토유물	화재 유무	선후 관계
1호	말각방형	544	472	32	25.7	토광형노지 2개, 타원형토광, 점토다짐, 소형수혈	외반구연토기, 타날문토기, 삼각형석도, 검파두식	무	
2호	타원형	560	448 추정	36	19.7 추정	타원형토광, 점토다짐	적색마연토기, 무문토기저부	유	
3호	장방형	610	226 잔존	56	·	토광형노지, 벽구	무문토기동체부, 무문토기저부	무	
4호	원형	650 추정	620 추정	62	31.6 추정	타원형토광, 4주	무문토기구연부, 무문토기저부	무	
5호		212 잔존	126 잔존	·	·	주공	적색마연토기, 무문토기저부	무	
6호	말각방형	512 추정	408 추정	18	20.9 추정	타원형토광	무문토기저부, 주형석도	무	
7호	원형	488	484	40	18.5	타원형토광	구순각목문토기, 무문토기저부	무	
8호	원형	696	688 추정	15	37.6 추정	타원형토광, 4주, 불다짐	무문토기구연부, 일단경촉	무	8호→14호 수혈

■청동기시대유구

0   100m(1/2,200)

유구 배치도

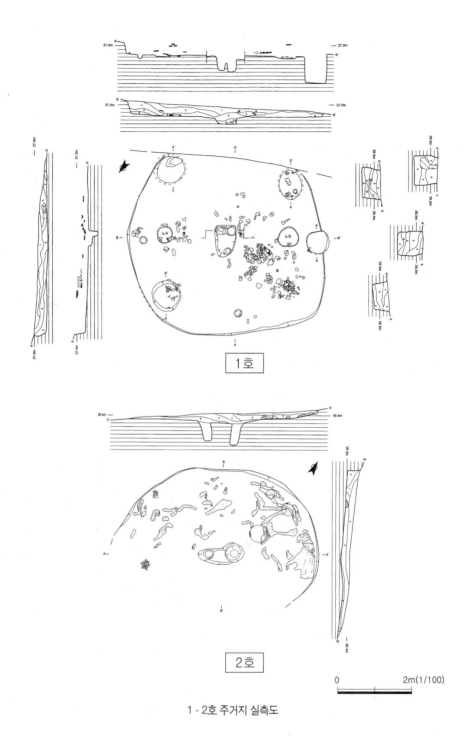

1호

2호

0   2m(1/100)

1 · 2호 주거지 실측도

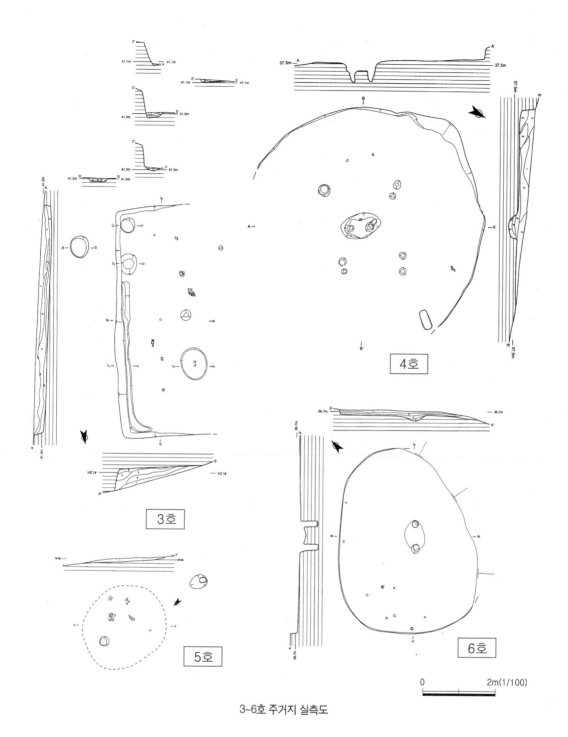

41.1m — 41.1m
41.1m — 41.1m
41.0m — 41.0m
41.2m — 41.2m
41.0m — 41.0m

37.5m — 37.5m

37.5m
37.5m

3호

4호

36.7m — 36.7m

5호

6호

0   2m(1/100)

3~6호 주거지 실측도

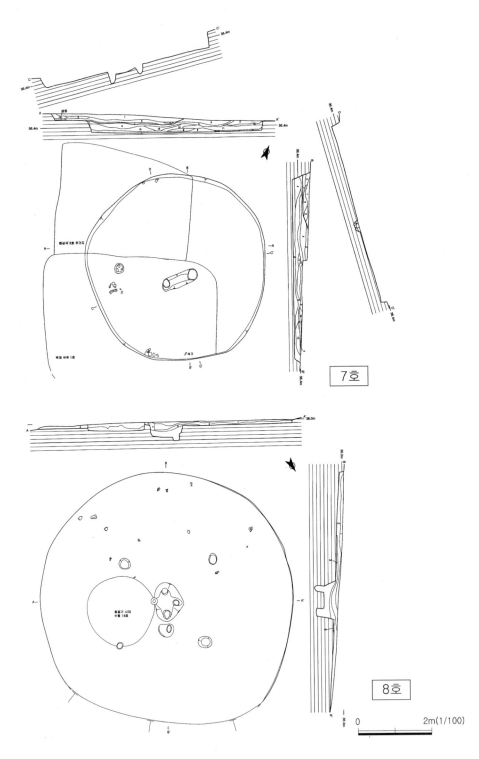

7 · 8호 주거지 실측도

공주시 유적 위치도

1. 장원리유적
2. 귀산리유적
3. 신영리 여드니유적
4. 태봉동유적
5. 제천리유적
6. 신관동유적
7. 산의리유적
8. 장선리유적
9. 안영리유적
10. 안영리 새터유적

1. 공주 장원리유적

1) 조사 개요

유적 위치	충청남도 공주시 정안면 장원리 산440-4번지 일대
조사 기간	1999년 5월 17일~8월 25일
조사 면적	10,725m²
조사 기관	충청매장문화재연구원
보고서	류기정·양미옥·나건주·박형순·류창선, 2001, 『공주 장원리유적』, 충청매장문화재연구원
주거지 수	2
유적 입지	구릉(해발 66~71m)
추정 연대	관창리유적, 진죽리유적, 궁동유적, 도암리유적 등과 비슷한 단계
관련 유구	저장공 5기

2) 주거지 속성

유구 번호	형태	규모(cm)			면적 (m²)	내부시설	주요 출토유물	화재 유무	절대연대 (BC)
		장축	단축	깊이					
1호	원형	560	558	67	24.5	타원형토광	외반구연구각목문토기, 점토대토기, 두형토기, 파수부	무	762-398/790-407 AMS 1,125-541 C14연대
2호	방형	580	420 추정	67	24.4 추정	타원형토광	무문토기동체부, 무문토기저부	무	

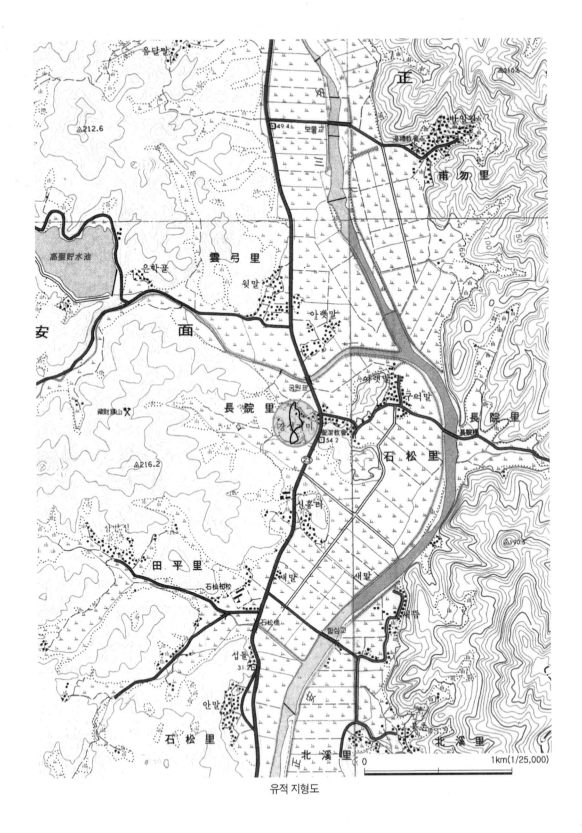

유적 지형도

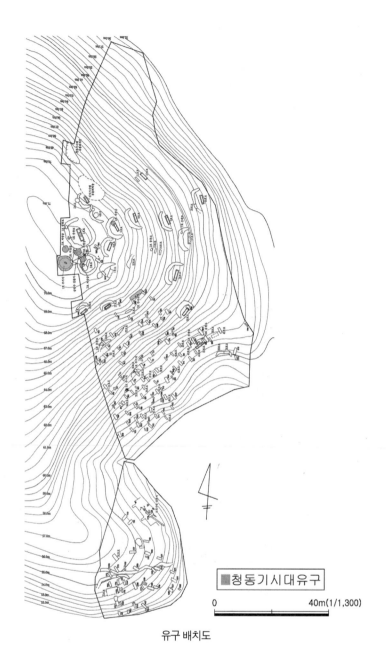

■ 청동기시대유구

0   40m(1/1,300)

유구 배치도

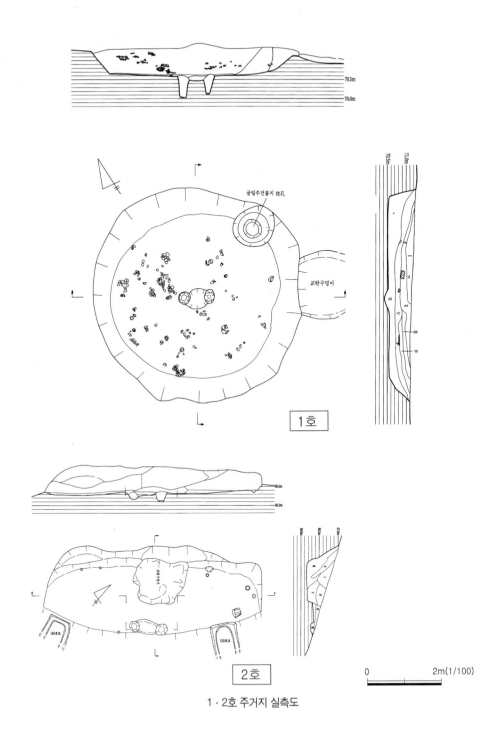

굴립주건물지 柱孔

교란구덩이

1호

2호

1 · 2호 주거지 실측도

0   2m(1/100)

2. 공주 귀산리유적

1) 조사 개요

유적 위치	충청남도 공주시 우성면 귀산리 산129번지 일대
조사 기간	1998년 3월 19일~5월 29일
조사 면적	4,950m²
조사 기관	충청매장문화재연구원
보고서	이상엽·오규진, 2000, 『공주 귀산리유적』, 충청매장문화재연구원
주거지 수	8
유적 입지	구릉(해발 30~33m)
추정 연대	장방형주거지-청동기시대 전기 후반대, 방형주거지-송국리문화의 이른 단계, 원형주거지-송국리·산의리·오석리유적과 유사
관련 유구	소형수혈유구 5기

2) 주거지 속성

유구 번호	형태	규모(cm) 장축	규모(cm) 단축	규모(cm) 깊이	면적 (m²)	내부시설	주요 출토유물	화재 유무	선후 관계
I-1호	원형	510	440	60	17.6	타원형토광	외반구연토기, 무문토기저부, 지석	유	
I-2호	원형	360	330	32	9.3	타원형토광	무문토기저부, 일단경촉, 석도	유	
I-3호	원형	458	432	68	15.5	타원형토광	외반구연토기, 무문토기저부, 지석	유	4호→3호
I-4호	말각방형	320	260	40	8.3	타원형토광	외반구연토기, 무문토기저부, 유경촉	무	4호→3호
II-1호	타원형	382	346	15	10.4	타원형토광, 벽구	적색마연토기, 무문토기저부	무	
II-2호	장방형	630	470	12	29.6	위석식노지	횡침선낟알문토기, 외반구연토기, 합인석부	유	2호→3·4호·1호수혈
II-3호	말각방형	500	460	28	23.0	타원형토광	무문토기저부	유	2호→3호
II-4호	말각방형	368	348	13	12.8	타원형토광	발형토기, 무문토기저부, 편평만입촉	무	2호→4호

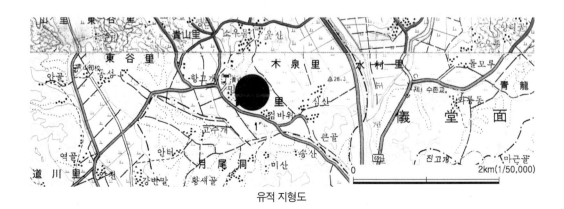

유적 지형도

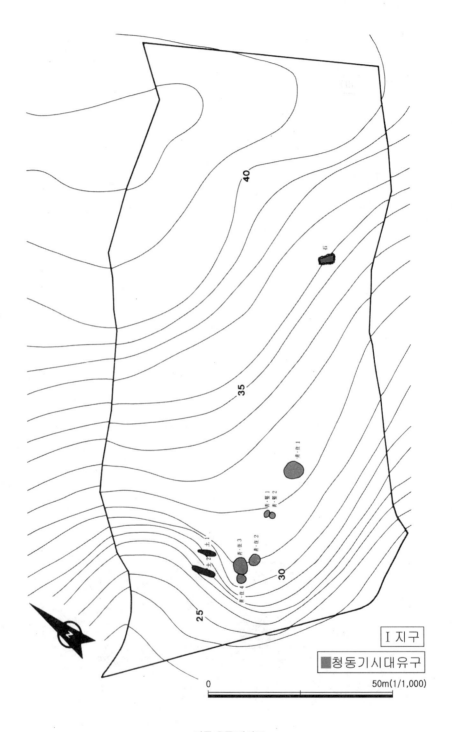

I 지구 유구 배치도

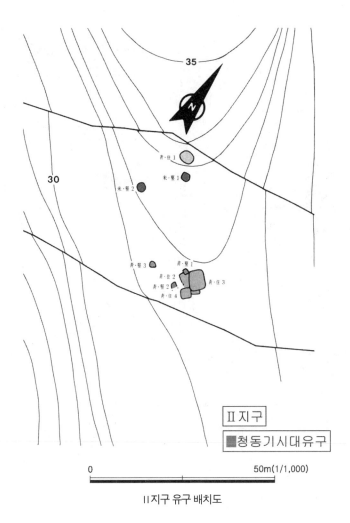

35

30

靑·住1

未·竪1

未·竪2

靑·竪3

靑·竪1

靑·住2

靑·竪2

靑·住3

靑·住4

Ⅱ지구

■청동기시대유구

0   50m(1/1,000)

Ⅱ지구 유구 배치도

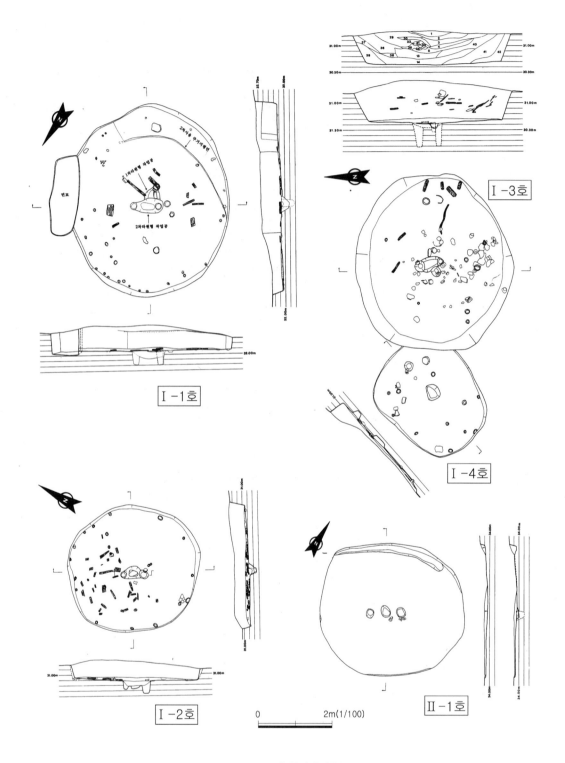

Ⅰ-1~4 · Ⅱ-1호 주거지 실측도

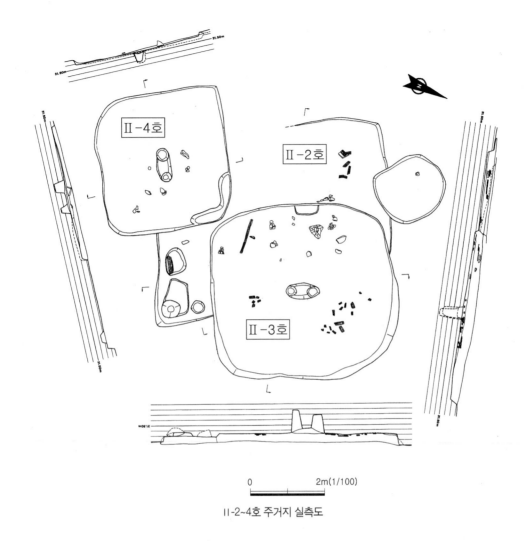

II-2~4호 주거지 실측도

3. 공주 신영리 여드니유적

1) 조사 개요

유적 위치	충청남도 공주시 유구읍 신영리 여드니 일대
조사 기간	2003년 3월 31일~12월 5일
조사 면적	7,500m²
조사 기관	충청문화재연구원
보고서	오규진, 2005, 『공주 신영리 여드니유적』, 충청문화재연구원
주거지 수	4
유적 입지	구릉(해발 90~101m)
추정 연대	송국리문화 단계
관련 유구	저장공 39기, 소형수혈유구 8기, 구상유구 3기, 소성유구 1기, 굴립주건물 1기

2) 주거지 속성

유구 번호	형태	규모(cm)			면적 (㎡)	내부시설	주요 출토유물	화재 유무	선후 관계
		장축	단축	깊이					
1호	방형	325	264 추정	46	8.6 추정	타원형토광	발형토기, 외반구연토기, 타날문토기, 무문토기저부	무	
2호	방형	584	504 추정	100	29.4 추정	타원형토광, 벽구, 점토다짐	외반구연토기, 무문토기저부	무	
3호		428 잔존	144 잔존	34	·		외반구연토기, 타날문토기, 무문토기저부	무	3호구상유구 →3호
4호		360 잔존	74 잔존	54	·		외반구연토기, 적색마연토기, 무문토기저부	무	

유적 지형도

100.0m
102.5m
105.0m
107.4m
105.0m
102.5m
100.0m
97.5m
95.0m
92.5m
90.0m

28호
27호 26호 25호
24호
21호 23호 29호
19호 20호
22호
17호 18호 B주공열
16호
15호 31호 30호
33호
14호
34호
2호 35호
36호
37호
38호 39호

3호

B 굴립자건물지 10호
9호
11호 2호
C 7호 8호
5호
4호
1호
A주공열
C 1호
3호
2호
7호
12호
8호
1호 13호
3호
2호 6호
4호 5호

0   30m(1/600)

유구 배치도

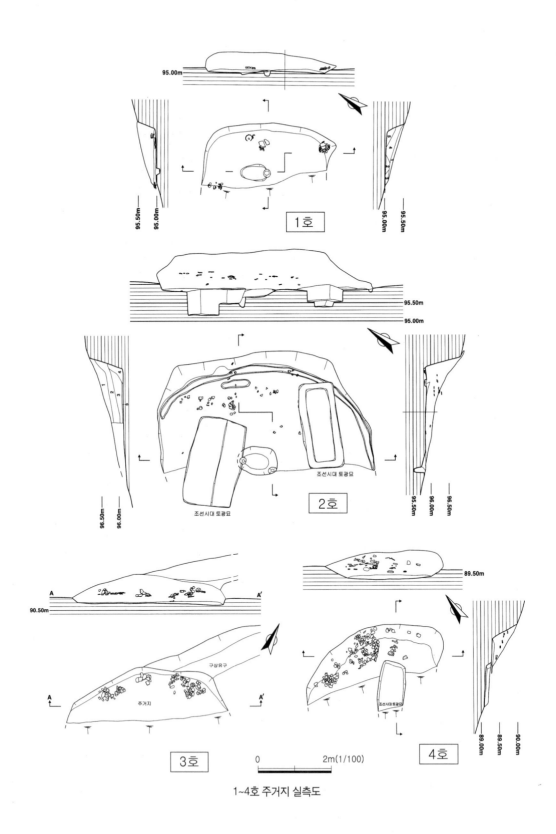

95.00m

1호

95.50m 95.00m
95.00m 95.50m

95.50m
95.00m

2호

조선시대 토광묘

조선시대 토광묘

96.50m 96.00m

95.50m 96.00m 96.50m

A ─────────────── A'

90.50m

구상유구

주거지

A↑

A'↑

3호

89.50m

89.00m 89.50m 90.00m

4호

조선시대 토광묘

0   2m(1/100)

1~4호 주거지 실측도

4. 공주 태봉동유적

1) 조사 개요

유적 위치	충청남도 공주시 태봉동 504-12(전), 검상동 산3-6(임), 3-1(임) 일대
조사 기간	1999년 3월 9일~2000년 5월 8일
조사 면적	10,000㎡
조사 기관	공주대학교박물관
보고서	이남석·이현숙, 2002, 『태봉동유적』, 공주대학교박물관
주거지 수	3
유적 입지	구릉(해발 55m 내외)
추정 연대	청동기시대 후기
관련 유구	없음

2) 주거지 속성

유구 번호	형태	규모(cm)			면적 (㎡)	내부시설	주요 출토유물	화재 유무
		장축	단축	깊이				
1호	원형	430	410	40	13.8	타원형토광	적색마연토기, 무문토기저부, 어망추	무
2호	원형	596	574	50	26.9	타원형토광	외반구연토기, 플라스크형토기, 무문토기저부, 일단경촉, 지석	무
3호	원형	421	391 추정	50	12.9 추정	타원형토광	무문토기저부, 지석	무

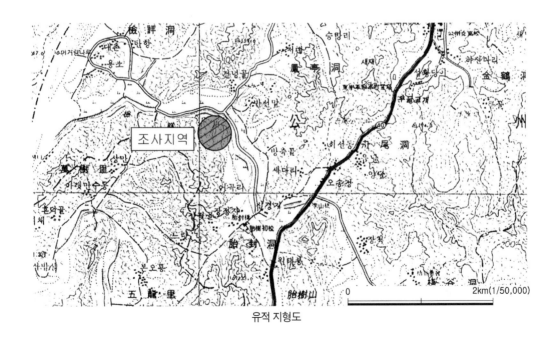

유적 지형도

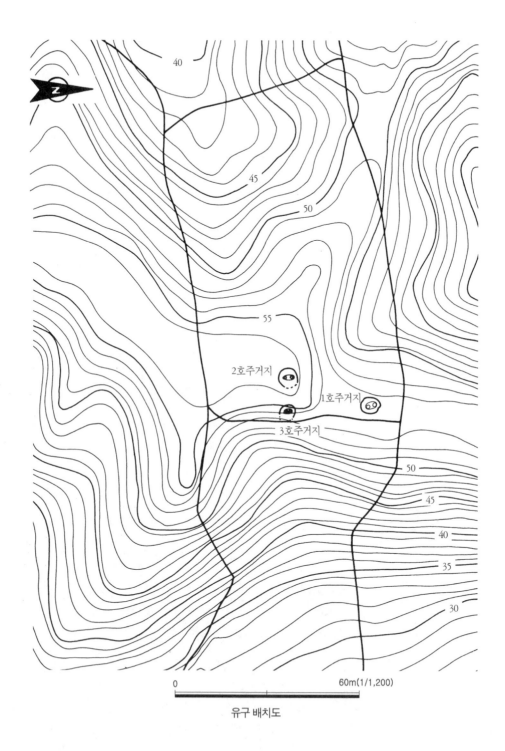

40

45

50

55

2호주거지

1호주거지

3호주거지

50

45

40

35

30

0   60m(1/1,200)

유구 배치도

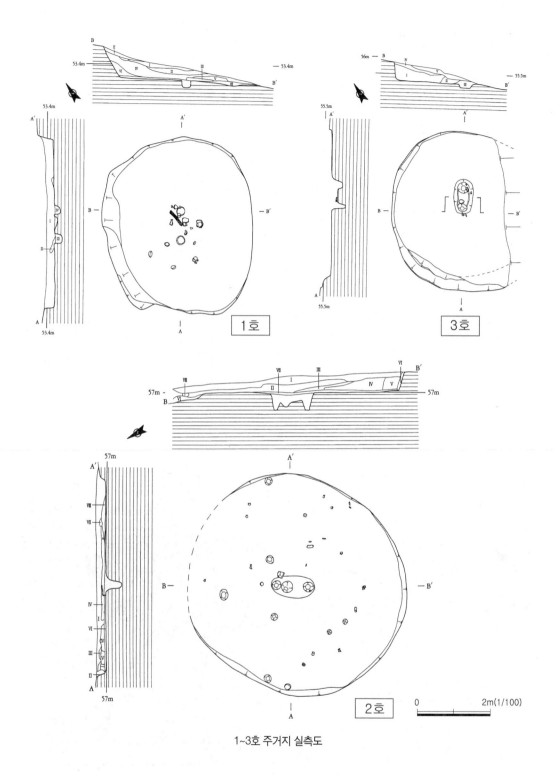

1호

3호

2호

0   2m(1/100)

1~3호 주거지 실측도

5. 공주 제천리유적

1) 조사 개요

유적 위치	충청남도 공주시 장기면 제천리 94번지 일대
조사 기간	2005년 1월 17일~3월 17일
조사 면적	6,643m²
조사 기관	충청남도역사문화원
보고서	충청남도역사문화원, 2007, 『공주 제천리유적』
주거지 수	3
유적 입지	구릉(해발 45~51m)
추정 연대	가락동유형 II기(기원전 11~10세기)의 이른 시기
관련 유구	옹관묘 2기, 석관묘 1기

2) 주거지 속성

유구 번호	형태	규모(cm)			면적 (m²)	내부시설	주요 출토유물	화재 유무	선후 관계
		장축	단축	깊이					
1호	장방형	1,040	560	65	58.2	위석식노지 2개, 초석, 소형수혈	이중구연단사선문토기, 횡침선문토기, 무문토기저부, 어망추	유	
2호	장방형	1,248	520	50	64.9	위석식노지 2개, 초석, 저장공	이중구연단사선문토기, 이중구연토기, 무문토기저부, 합인석부, 어망추	무	
3호	장방형	810	530	80	42.9	위석식노지 2개, 초석, 저장공	무문토기구연부, 무문토기저부	유	3호→2호 옹관묘

유적 지형도

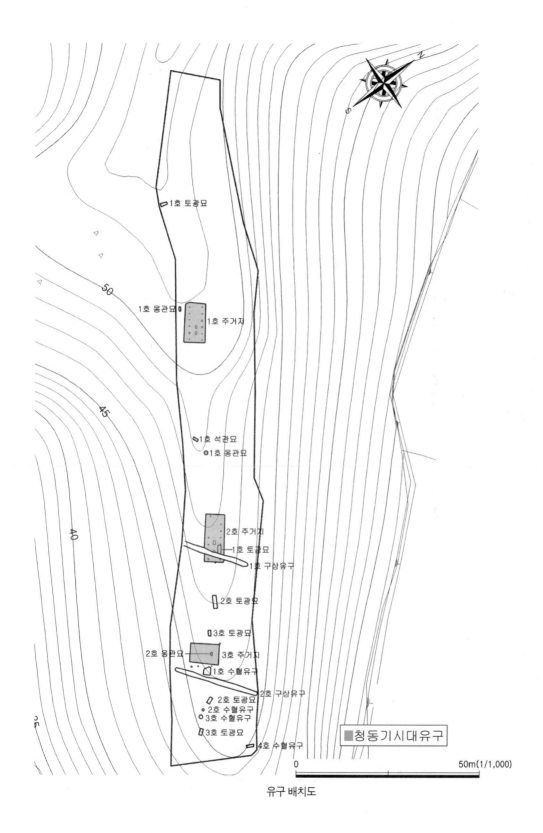

1호 토광묘

50

1호 옹관묘 ─── 1호 주거지

45

1호 석관묘
1호 옹관묘

40

2호 주거지
1호 토광묘
1호 구상유구

2호 토광묘

3호 토광묘

2호 옹관묘 ─── 3호 주거지
1호 수혈유구
2호 구상유구
2호 토광묘
2호 수혈유구
3호 수혈유구
3호 토광묘
4호 수혈유구

■청동기시대유구

0   50m(1/1,000)

유구 배치도

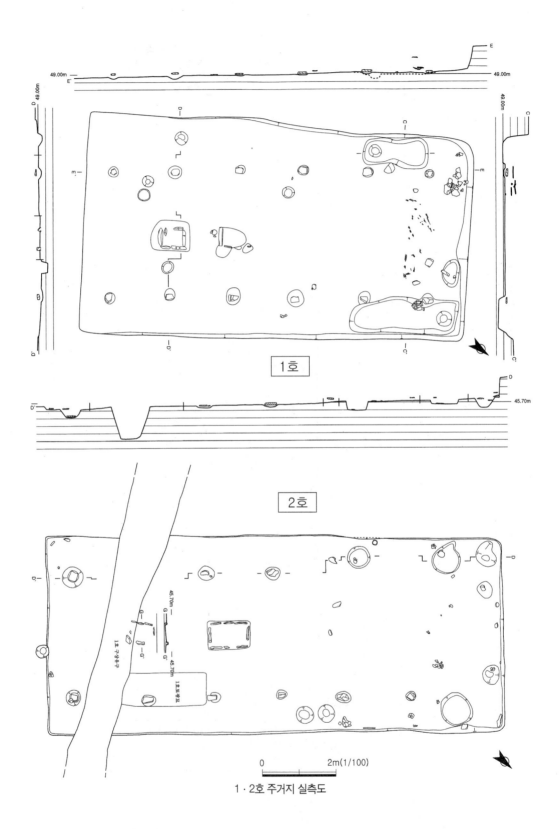

1호

2호

0   2m(1/100)

1·2호 주거지 실측도

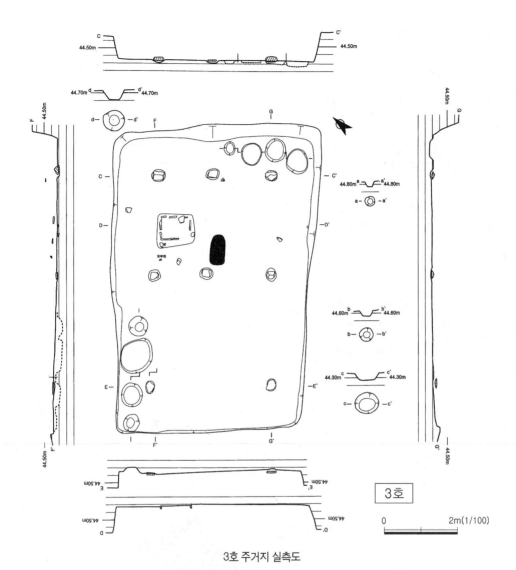

C — 44.50m
C'— 44.50m

44.70m d — d'— 44.70m
d — d'

F —
44.50m

G —
44.50m

d — d'

C —
C'—
44.80m a — a'— 44.80m
a — a'

D —
D'—

b — 44.60m
b — b'— 44.60m
b — b'

E —
E'—
44.30m c — c'— 44.30m
c — c'

F'—
44.50m

G'—
44.50m

44.50m E —
E'— 44.50m

44.50m —
D'— 44.50m

3호 주거지 실측도

3호

0   2m(1/100)

6. 공주 신관동유적

1) 조사 개요

유적 위치	충청남도 공주시 신관동 3-1(전) 일대
조사 기간	2004년 2월 25일~3월 22일
조사 면적	3,890m²
조사 기관	충청문화재연구원
보고서	류기정·류창선·정화영, 2006, 『공주 신관동유적』, 충청문화재연구원
주거지 수	1
유적 입지	구릉(해발 48m 내외)
추정 연대	기원전 12세기 후반~9세기 중반
관련 유구	없음

2) 주거지 속성

유구 번호	형태	규모(cm)			면적 (m²)	내부시설	주요 출토유물	화재 유무
		장축	단축	깊이				
1호	방형	425	420	60	17.9		즐문토기, 이중구연단사선문토기, 발형토기, 석재	무

유적 지형도

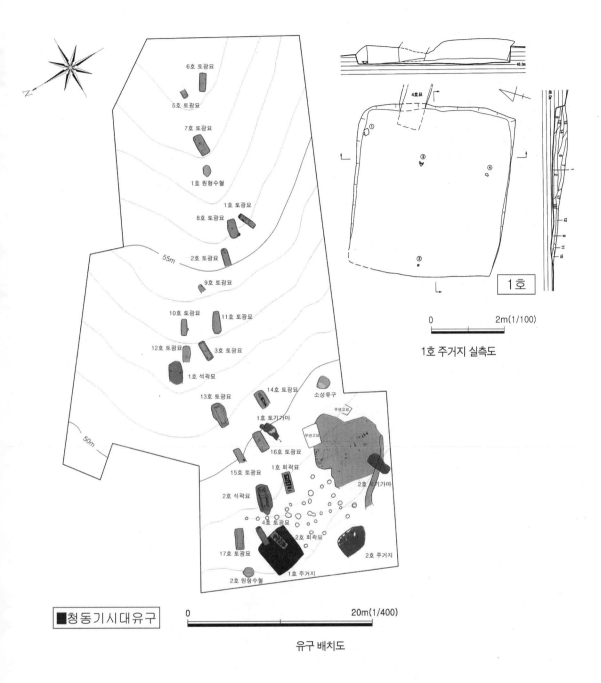

6호 토광묘

5호 토광묘

7호 토광묘

1호 원형수혈

1호 토광묘

8호 토광묘

2호 토광묘

55m

9호 토광묘

10호 토광묘   11호 토광묘

12호 토광묘   3호 토광묘

1호 석곽묘

13호 토광묘

50m

14호 토광묘   소성유구

1호 토기가마

16호 토광묘

15호 토광묘   1호 회곽묘

2호 석곽묘

2호 토기가마

4호 토광묘

2호 회곽묘

17호 토광묘

2호 주거지

2호 원형수혈   1호 주거지

4호묘

1호

0   2m(1/100)

1호 주거지 실측도

■청동기시대유구

0   20m(1/400)

유구 배치도

7. 공주 산의리유적

1) 조사 개요

유적 위치	충청남도 공주시 이인면 산의리 산4-10번지 일대
조사 기간	1998년 10월 7일~1999년 1월
조사 면적	19,800m²
조사 기관	공주대학교박물관
보고서	이남석, 1999, 『공주 산의리유적』, 공주대학교박물관
주거지 수	8
유적 입지	구릉(해발 40~53m)
추정 연대	기원전 6~4세기
관련 유구	소형수혈유구 41기, 석관묘 28기, 옹관묘 8기

2) 주거지 속성

유구 번호	형태	규모(cm) 장축	규모(cm) 단축	규모(cm) 깊이	면적 (m²)	내부시설	주요 출토유물	화재 유무	선후 관계
1호	타원형	504 추정	450	26	17.8 추정	타원형토광, 벽구	무문토기동체부, 지석	무	
2호	원형	375	360	24	10.6	타원형토광	무문토기저부, 지석	무	
3호	원형	455	428	29	15.3	타원형토광, 소형수혈	적색마연토기, 무문토기저부	무	
4호	원형	277	208 잔존	34	·	주공	무문토기저부, 지석	무	
5호	원형	410	171 잔존	38	·			무	
6호	원형	350	150 잔존	40	·		발형토기	무	
7호	원형	488 추정	472	37	18.1 추정	타원형토광	적색마연토기, 무문토기저부	무	
8호	원형	600	600	52	28.3	타원형토광	외반구연토기, 적색마연토기, 무문토기저부, 지석	무	8호→6호 소형수혈

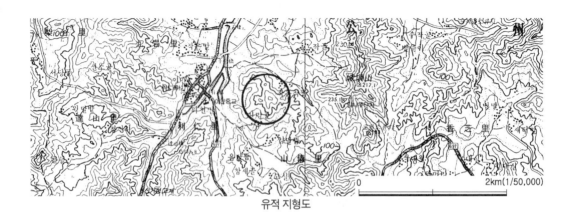

유적 지형도

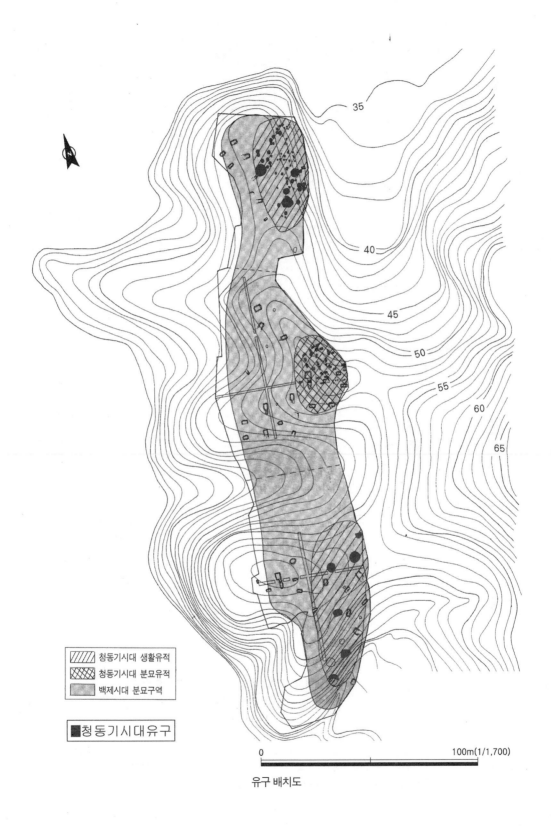

35

40

45

50

55

60

65

청동기시대 생활유적
청동기시대 분묘유적
백제시대 분묘구역

■청동기시대유구

0   100m(1/1,700)

유구 배치도

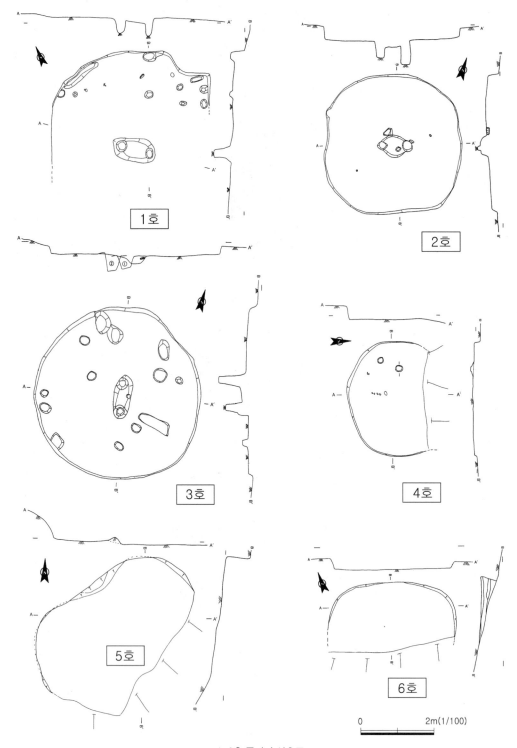

1~6호 주거지 실측도

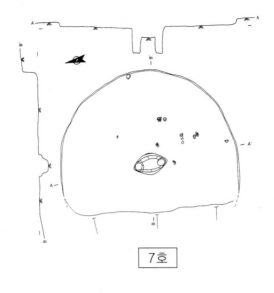

7호

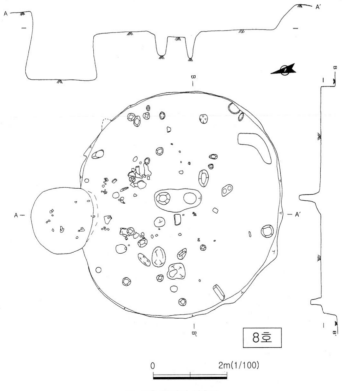

8호

0   2m(1/100)

7 · 8호 주거지 실측도

8. 공주 장선리유적

1) 조사 개요

유적 위치	충청남도 공주시 탄천면 장선리·안영리 일대
조사 기간	2000년 9월 8일~12월 31일
조사 면적	17,000m²
조사 기관	충남발전연구원
보고서	충남발전연구원, 2003, 『공주 장선리 토실유적』
주거지 수	4
유적 입지	구릉(해발 65m 내외)
추정 연대	기원전 7~6세기
관련 유구	저장공 33기, 소성유구 3, 소형수혈유구 1, 옹관묘 1기, 석관묘 1기

2) 주거지 속성

유구 번호	형태	규모(cm)			면적 (m²)	내부시설	주요 출토유물	화재 유무	선후 관계	절대연대 (BC)
		장축	단축	깊이						
1호	원형	520	508	60	20.7	타원형토광	외반구연토기, 적색마연토기, 일단경촉	무	1호→ 12·13호저장공	
2호	원형	370	365	40	10.6	타원형토광, 일부불다짐	적색마연토기, 무문토기저부, 합인석부	무		820-720·70 0-530 AMS
3호	원형	650	650 추정	35	33.2 추정	타원형토광, 4주	발형토기, 일단경촉, 삼각형석도	무	3호→19·20·21 ·22·23호저장공	
4호	원형	615 추정	600 추정	12	29.0 추정	타원형토광, 4주	무문토기저부, 유경촉	무	4호→25호저장공 ·소성유구	

※ 보고서에 제시된 저장공 35기 가운데 8호와 10호는 보고자가 지적한 바와 같이 소성유구일 가능성이
높다. 또, 2호 소형수혈유구도 바닥면의 상태 등을 볼 때 소성유구라 할 수 있어, 장선리유적에서는 총
3기의 소성유구가 조사된 것으로 파악하였다.

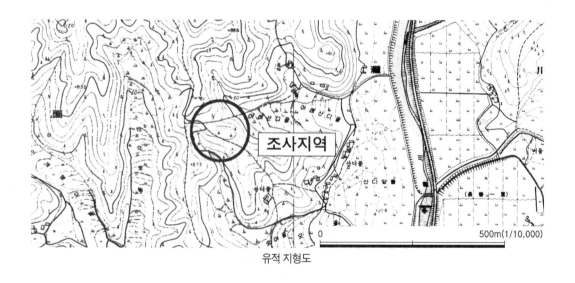

유적 지형도

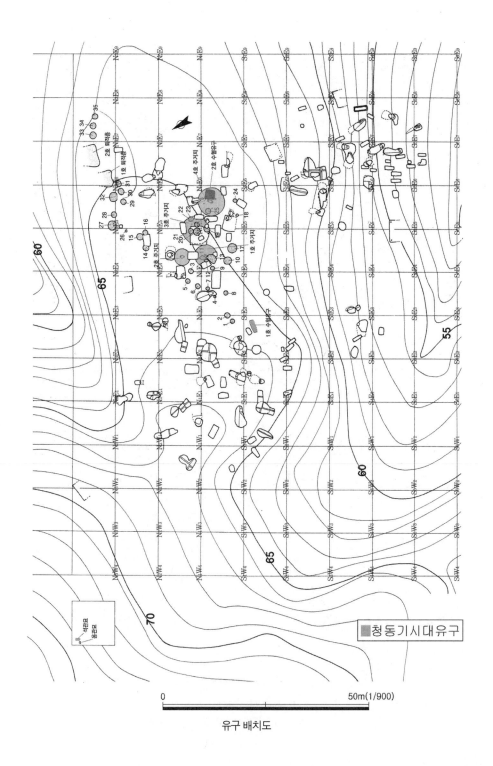

유구 배치도

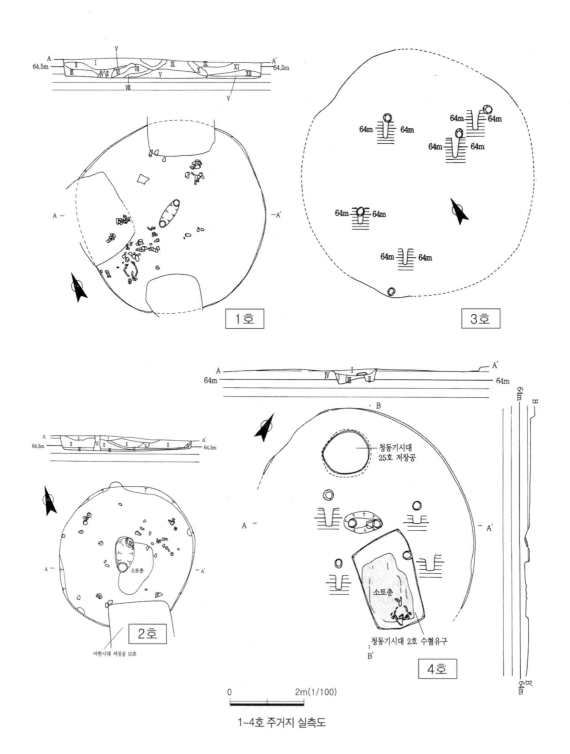

소토층

A — — A′

소토층

청동기시대
25호 저장공

청동기시대 2호 수혈유구

마한시대 저장공 10호

1호

3호

2호

4호

0　　　　　　　2m(1/100)

1~4호 주거지 실측도

9. 공주 안영리유적

1) 조사 개요

유적 위치	충청남도 공주시 탄천면 안영리 일대
조사 기간	1999년 3월 9일~2000년 5월 8일
조사 면적	7,900m²
조사 기관	공주대학교박물관
보고서	이남석·이현숙, 2002, 『안영리유적』, 공주대학교박물관
주거지 수	10
유적 입지	구릉(해발 60~64m)
추정 연대	기원전 7~6세기
관련 유구	소형수혈유구 15기

2) 주거지 속성

유구 번호	형태	규모(cm)			면적 (m²)	내부시설	주요 출토유물	화재 유무	선후 관계	절대연대 (BC)
		장축	단축	깊이						
1호	타원형	464	406	40	14.8	타원형토광, 소형수혈	외반구연토기, 무문토기저부	무		
2호	원형	414	190 잔존	40	·	주공	무문토기동체부	무		
3호	원형	486	480	104	18.3	타원형토광, 소형수혈	외반구연토기, 적색마연토기, 일단경촉, 주형석도	무		
4호	원형	460	446	65	16.1	타원형토광, 일부점토다짐	무문토기동체부	무	5호→ 4호	
5호	원형	320	312	74	7.8	타원형토광		무	5호→ 4호	
6호	원형	630	616	45	30.5	타원형토광, 4주	외반구연토기, 적색마연토기, 일단경촉, 지석	무		
7호	원형	506	506	36	20.1	타원형토광	무문토기저부, 지석	무		
8호	원형	610	607	28	29.1	타원형토광(추정), 4주	무문토기저부, 지석	무		
9호	원형	654	628	67	32.2	타원형토광, 4주	외반구연토기, 적색마연토기	무		
10호	원형	686	680	65	36.6	타원형토광, 4주(추정)	무문토기동체부, 무문토기저부	무		770-410/670-640 ·600-360 AMS

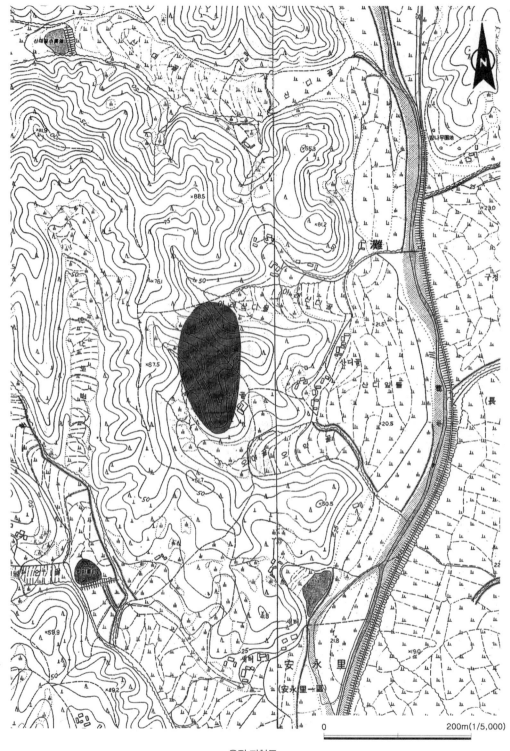

유적 지형도

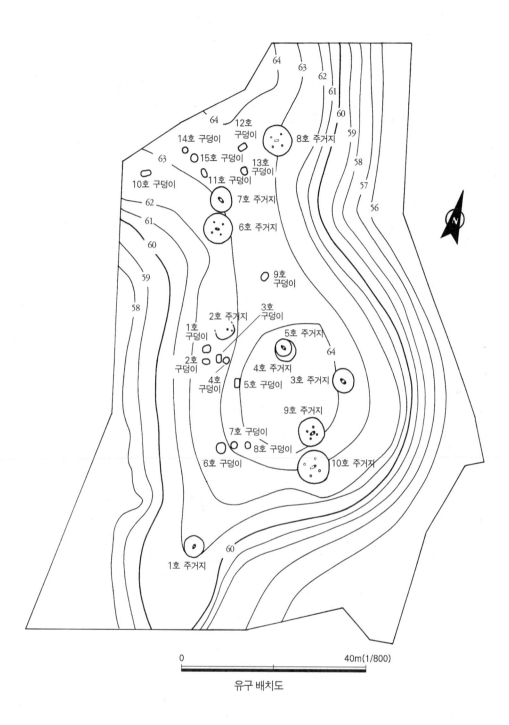

유구 배치도

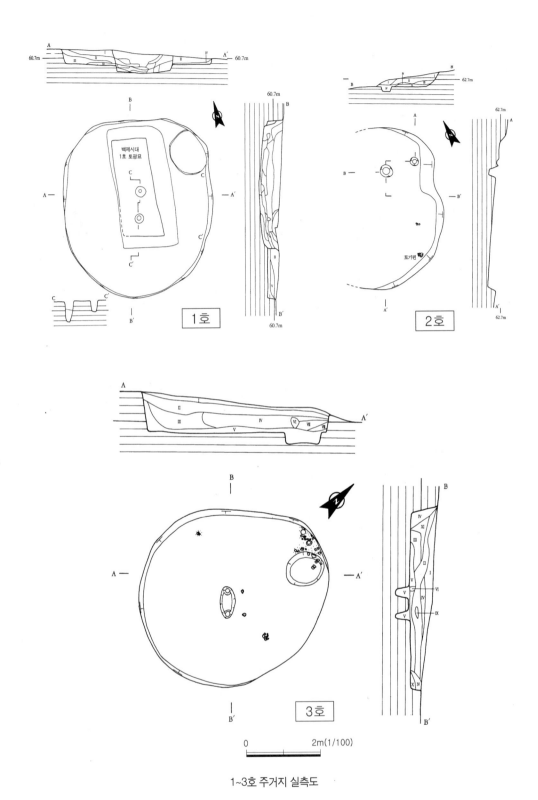

백제시대
1호 토광묘

1호

2호

토기편

3호

0   2m(1/100)

1~3호 주거지 실측도

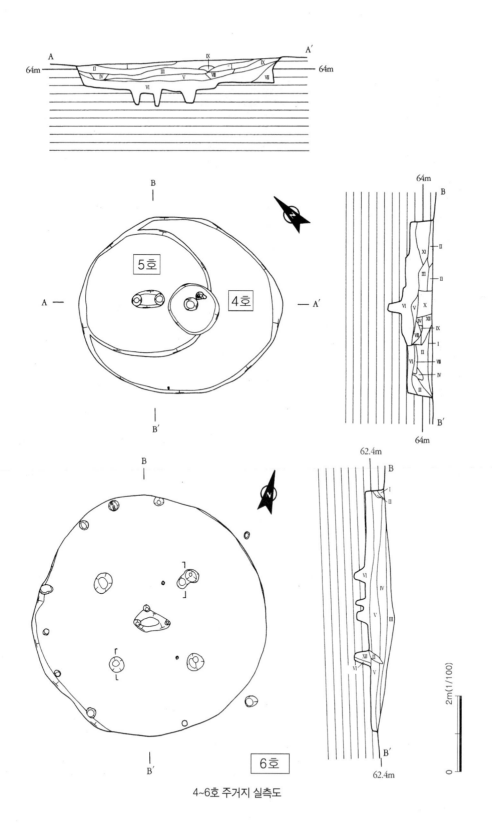

64m

A'
64m

5호

4호

A'

B'

64m

B'

62.4m

B'

62.4m

6호

2m(1/100)

4~6호 주거지 실측도

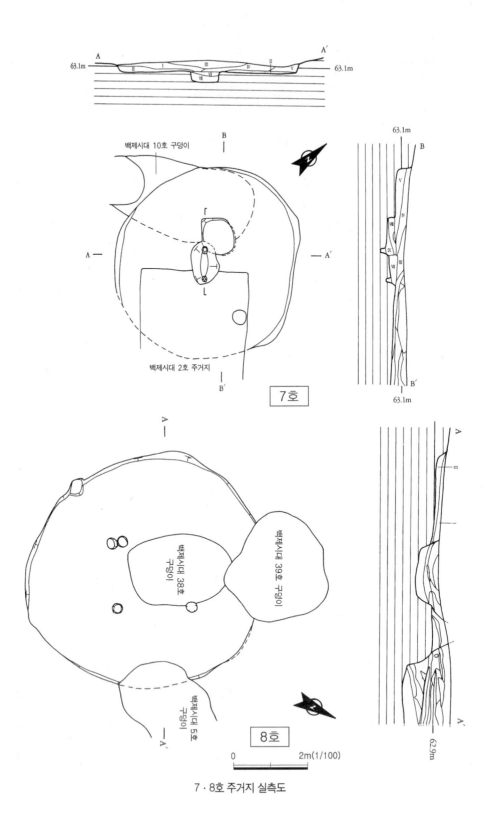

63.1m   63.1m

백제시대 10호 구덩이

백제시대 2호 주거지

63.1m

63.1m

7호

백제시대 38호 구덩이

백제시대 39호 구덩이

백제시대 5호 구덩이

8호

0   2m(1/100)

62.9m

7·8호 주거지 실측도

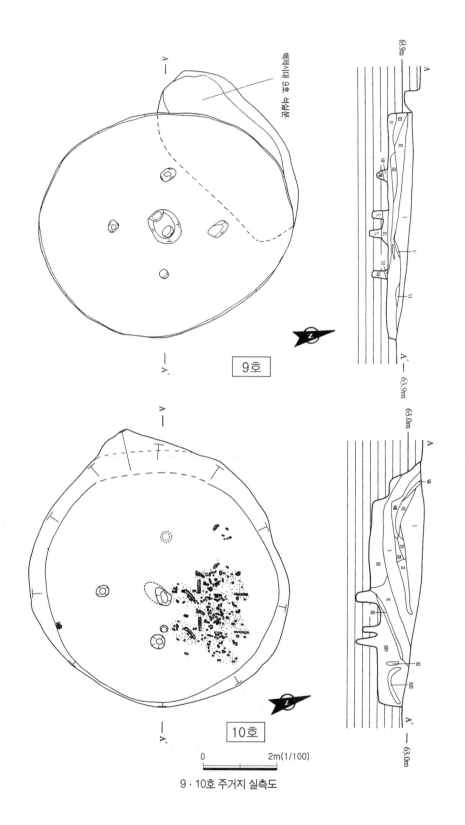

9호

63.9m
A—

A′
63.9m

63.0m
A—

10호

0   2m(1/100)

9 · 10호 주거지 실측도

A′
63.0m

10. 공주 안영리 새터유적

1) 조사 개요

유적 위치	충청남도 공주시 탄천면 안영리 산2-1(임) 일대
조사 기간	1999년 3월 9일~12월 16일
조사 면적	12,000m²
조사 기관	충청매장문화재연구원
보고서	나건주, 2003, 『공주 안영리 새터·신매유적』, 충청매장문화재연구원
주거지 수	4
유적 입지	구릉(해발 36~52m)
추정 연대	송국리문화 단계
관련 유구	저장공 19기, 석관묘 6기, 토광묘 1기, 옹관묘 1기, 소성유구 1기

2) 주거지 속성

유구 번호	형태	규모(cm)			면적 (m²)	내부시설	주요 출토유물	화재 유무	선후 관계
		장축	단축	깊이					
1호	원형	448	419	80	14.7	타원형토광, 벽감	무문토기저부	무	
2호	원형	520	478	75	19.5	타원형토광, 벽감	외반구연토기, 무문토기저부	무	11호저장공→ 2호
3호	원형	348	331	38	9.0	타원형토광, 벽감, 벽구	외반구연토기, 적색마연토기, 무문토기저부, 석검병부	무	15호저장공→ 3호
4호	원형	309	292	46	7.1	타원형토광, 구시설	외반구연토기, 무문토기저부	무	

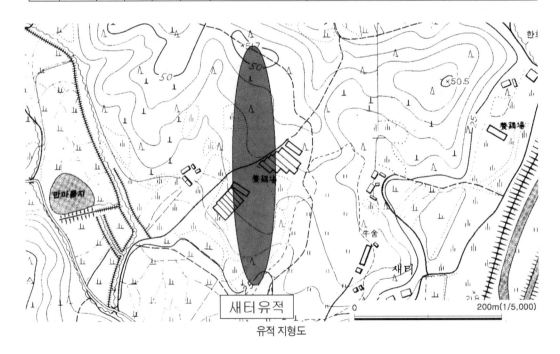

유적 지형도

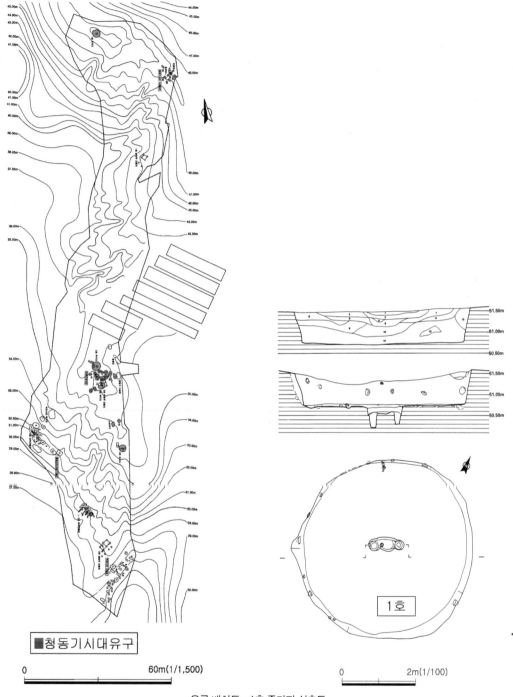

■청동기시대유구

0   60m(1/1,500)

0   2m(1/100)

1호

유구 배치도 · 1호 주거지 실측도

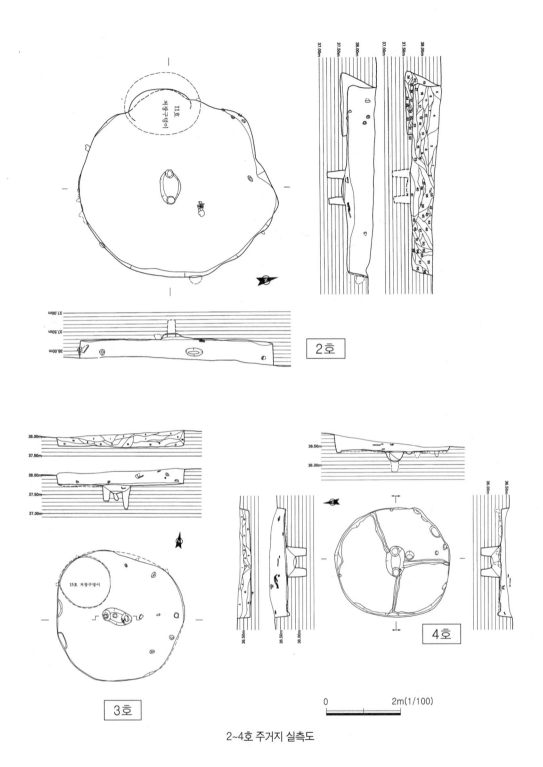

2~4호 주거지 실측도